U0933888

厦门大学哲学社会科学繁荣计划资助项目

2021年卷（总第八卷）

妇女/性别研究

Women/Gender Studies

邓朝晖◎主　　编
徐延辉◎执行主编

厦门大学出版社 XIAMEN UNIVERSITY PRESS
国家一级出版社
全国百佳图书出版单位

图书在版编目(CIP)数据

妇女/性别研究.2021卷:总第八卷/邓朝晖,徐延辉主编.—厦门:厦门大学出版社,2021.12

ISBN 978-7-5615-8474-3

Ⅰ.①妇… Ⅱ.①邓… ②徐… Ⅲ.①妇女问题—研究—中国 ②性别差异—研究—中国 Ⅳ.①D669.68 ②D669.1

中国版本图书馆 CIP 数据核字(2021)第 275217 号

出 版 人 郑文礼
责任编辑 曾妍妍 廖婉瑜

出版发行 厦门大学出版社
社　　址 厦门市软件园二期望海路 39 号
邮政编码 361008
总　　机 0592-2181111 0592-2181406(传真)
营销中心 0592-2184458 0592-2181365
网　　址 http://www.xmupress.com
邮　　箱 xmup@xmupress.com
印　　刷 厦门市金凯龙印刷有限公司

开本 787 mm×1 092 mm 1/16
印张 15.25
插页 1
字数 365 千字
版次 2021 年 12 月第 1 版
印次 2021 年 12 月第 1 次印刷
定价 79.00 元

本书如有印装质量问题请直接寄承印厂调换

厦门大学出版社
微信二维码

厦门大学出版社
微博二维码

编　委　会

刊首寄语

2021年是中国共产党成立100周年，也是厦门大学建校100周年。一百年来，厦门大学始终与党同心同向，紧紧跟随党的步伐，走过了不平凡的历程。站在新的历史起点上，为加强理论创新与实践探索，本刊精心推出第八卷，致敬百年、开创未来，努力促进新时代妇女/性别研究繁荣发展。

厦门大学是国内较早开展中国妇女/性别研究的高校之一。1997年成立“厦门大学工会妇女理论研究会”。2006年成立“厦门大学妇女/性别研究与培训基地”，成为全国首批妇女/性别研究与培训基地之一。2008年9月，海峡两岸性别研究与教学合作中心在厦门大学成立。2014年创办《妇女/性别研究》学术集刊。本刊自创办至今，每年一卷，迄今已出版七卷，受到了读者广泛认可，学术影响力不断扩大。

本期共推出17篇文章，围绕农村女性与乡村治理、生育政策与女性的工作家庭冲突、妇女事业发展与政治、性别研究与地域文化、妇女权益保障与法律体系等问题，从社会学、经济学、政治学、文学、法学等多学科视角进行了深入的理论分析和实证研究，突出跨学科、综合性研究优势，兼具学术性和现实性，理论反思和实践探索相辅相成，集中体现了《妇女/性别研究》的学术情怀、性别情怀、社会情怀和国家情怀的有机统一。

未来本刊将继续学习习近平总书记关于妇女工作的重要讲话

精神，推进新时代妇女/性别研究在不同学科中的对话交流与融合发展，进一步拓展国际视野，为加快实现性别平等、促进全球妇女事业发展贡献力量。

厦门大学副校长、《妇女/性别研究》主编　邓朝晖

2021 年 8 月 18 日

目 录

Contents

Women and Law

Book Review

Summary

女性与乡村发展

Women and Rural Development

Women/Gender Studies

妇女脱贫与乡村振兴共进的思考

——以闽宁模式中厦门大学和隆德县合作为例

邓朝晖*

内容摘要：2020年是决战决胜脱贫攻坚的收官之年和全面建成小康社会目标实现之年，也是开启全面建设社会主义现代化强国的开局之年。建成社会主义现代化强国离不开乡村振兴，而农村妇女脱贫和发展是实现彻底脱贫和实现现代化的重要标志。结合乡村振兴战略，本文在闽宁模式框架下，以厦门大学和隆德县对口帮扶为例，总结了高校帮扶地方妇女脱贫的经验，在明确妇女脱贫与乡村振兴关系的基础上，深入思考两者共进的对策。厦门大学帮扶隆德县妇女脱贫的成效显著，可视为高校帮扶地方摆脱贫困的探索和创新。其经验具体表现为，党建先行，加强妇女思想政治引领；教育落地，提升妇女的智力水平；文化滋养，满足妇女美好生活需要；产业兴旺，促进妇女创业就业；绿色发展，赢得妇女可持续发展；医疗到家，解决妇女身心健康。论文指出为实现乡村全面振兴，要在脱贫攻坚的基础上，结合党的十九大报告提出的实施乡村振兴战略总要求，逐步实现共同富裕，建立现代化强国。在后脱贫时代，要继续巩固妇女脱贫成果，推进与乡村振兴巾帼行动的组织和政策有效衔接；发展妇女特色产业，从产业扶贫走向产业兴旺；注重妇女教育培训，切实筑牢乡村振兴的人才工程；聚焦家庭家教家风，焕发乡村文明新气象；落实环境友好理念，共建共享生态宜居新农家。

关键词：脱贫；妇女脱贫；乡村振兴

1995年在联合国第四次世界妇女大会通过的《行动纲领》中，女性与贫困是列出的需要全世界重点关切的12个领域之一。同年，联合国开发计划署（UNDP）发布的《人类发展报告》强调，贫困具有性别差异，在世界贫困人口中，女性占70%，与男性相比，女性具有更容易陷入贫困、贫困程度更严重以及摆脱贫困更困难的特点。① 妇女贫困是一个世界性难题。在中国，“贫困女性化”趋势同样较为明显。2010年，女性人口的贫困发生率为9.8%，男性为9.4%，女性比男性高0.4个百分点。② 我国贫困人口主要聚集在农村，农村妇女脱贫是农村农民脱贫的重要标志。目前我国正处在全面开启现代化征程的重要历史转折点上，针对新时代主要矛盾的变化和扶贫攻坚的新任务，党的十九大明确提出“实施乡村振兴战略”。总结农村妇女脱贫的经验，探讨妇女脱贫与乡村振兴的关系，对于实现社会主义现代化强国

* 邓朝晖，女，厦门大学副校长，妇女/性别研究与培训基地主任，主要研究方向为性别与公共政策。

① UNDP. Human Development Report[R].New York：Oxford University Press. 1995.

② 一张蓝图绘到底，扶贫妇女谱新曲——全国妇联扶贫工作综述[N].中国妇女报，2014-10-16.

目标具有重要意义。

一、妇女贫困、妇女脱贫与乡村振兴

妇女贫困问题的研究始于美国社会学家戴安娜·皮尔斯(Diana Pearce)。她在1978年研究美国贫困问题中发现,贫困存在性别差异且贫困家庭中女户主家庭和贫困人口中女性所占比重均不断增加。①在她之后,学术界发现妇女贫困的领域,不仅体现在收入和物质层面,还体现在资产、健康、教育、心理和精神等多个层面。② 相关的研究还发现,贫困女性在年龄、婚姻状态和地域等层面呈现出明显的结构性差异,老年女性、单身女性和农村女性相对更容易陷入贫困。③ 皮尔斯和大部分研究者都将家庭结构和市场参与视为"贫困女性化"的主导因素。④ 与此同时,也有不少学者强调,家庭内部资源分配、公共政策、社会排斥等也是造成"贫困以女性面孔"出现的重要因素,"贫困女性化"是一个矛盾综合体。⑤ 对于我国妇女贫困问题,刘欣在对40年来国内妇女贫困研究综述的基础上认为,妇女不仅面临收入、资产、社会保障等物质方面的贫困,还表现为文化、权利、社会资本以及社会网络支持等方面的贫困。⑥ 由于在结构性的两性关系中,男女在分享权力方面存在男优女劣、男强女弱的性

---

① Diana, P. The Feminization of Poverty: Women, Work, and Welfare[J]. Urban and Social Change Review, 1978, 11(1): 28-36.

② Deborah, D., Richard, B. Female-Headed Households and Family Welfare in Rural Ecuador[J]. Journal of Population Economics, 1993, 6(4): 317-336; Johanne Langlois, Daniel Fortin. Single-Parent Mothers, Poverty and Mental Health: Review of the Literature[J]. Sante, M., 1994, 19(1): 157-173; Kirang, Ki., Mi, K., Young-Jeon, S., Sang, S. Factors Related to Household Food Insecurity in the Republic of Korea[J]. Public Health Nutrition, 2011, 14(6): 1080-1087; Sylvia, C. Exploring the "Feminisation of Poverty" in Relation to Women's Work and Home-Based Enterprise in Slums of the Global South[J]. International Journal of Gender and Entrepreneurship, 2014, 6(3): 296-316.

③ Evy, G. The Vulnerable Life Course: Poverty and Social Assistance among Middle-Aged and Older Women[J]. Ageing and Society, 2002, 22(6): 709-728; Pauline, S. Single Mothers and the Dilemmas of Universal Social Policies[J]. Journal of Social Policy, 1997, 26(4): 425-443; Katapa, R.S. A Comparison of Female and Maleheaded Households in Tanzania and Poverty Implications[J]. Journal of Biosocial Science, 2006, 38(3): 327-339; Batana, Y. M. Multidimensional Measurement of Poverty Among Women in Sub-Saharan Africa[J]. Social Indicators Research, 2013, 112(2): 337-362.

④ Diana, P. The Feminization of Poverty: Women, Work, and Welfare[J]. Urban and Social Change Review, 1978, 11(1):28-36; Jane, M., Caroline, G. Gender and Poverty[J]. Journal of Social Policy, 1989, 18(3): 363-381; Catherine, C. Women's Households and Social Exclusion: A Look at the Urbanisation Dimension[J]. Agenda, 2008, 22(78): 106-119; Gülşen, G., Küresel, B. Yoksulluk ve Kadın Yoksulluğu[J]. Yönetim ve Ekonomi,2015, 22(1): 159-181.

⑤ Janice, P. The Feminization of Poverty[J]. Journal of Economic Issues, 1987, 21(1): 329-337; Jane, M., Caroline G. Gender and Poverty in Britain[M]. Wheatsheaf, 1987: 363-381; Anne, B., Alfred J., Marco T. Stressors and Coping Strategies Used by Single Mothers Living in Poverty[J]. Affilia, 2012, 27(2): 190-204.

⑥ 刘欣.近40年来国内妇女贫困研究综述[J].妇女研究论丛,2014(7):11.

别差异。[①] 李芝兰的研究则进一步表明，我国女性更为贫困，女性拥有更少的资源、权力、机会和外部支持，比男性更易陷入贫困。[②] 利用中国综合社会调查2017年的女性样本数据，李颖慧等研究女性贫困的影响因素，认为教育和就业是影响女性贫困最重要的因素；健康对农村贫困女性脱贫作用较大。[③] 发现贫困中的性别差异，并揭示导致女性致贫的影响因素对于女性整体发展和社会进步具有重要价值。

妇女脱贫是彻底消除贫困的重要组成部分，也是实现性别平等道路上的重要一环。2020年中国完成了脱贫攻坚任务，为世界范围内的减贫做出了巨大贡献。习近平总书记指出："脱贫摘帽不是终点，而是新生活、新奋斗的起点。"针对新时代主要矛盾的变化和扶贫攻坚的新任务，党的十九大明确提出"实施乡村振兴战略"。农民是乡村振兴的主体，妇女是乡村振兴的享有者、受益者，更是推动者、建设者。如何有效地把农村妇女脱贫攻坚的成效与乡村振兴的伟大战略衔接起来，把农村妇女动员起来、组织起来，把妇女对美好生活的向往转化为推动乡村振兴的动力，是时代提出的新课题。本文以闽宁协作大局中厦门大学对口帮扶隆德县为例，总结妇女脱贫的经验，同时反思在乡村振兴的后脱贫时代下，如何突破既有的性别分析框架，使女性脱贫行动与中国的本土文化紧密结合；如何协调外部资源输入和女性内生动力培育的关系，实现多元共治，妇女发展与乡村振兴多目标共进。

二、闽宁合作中厦大助力隆德妇女脱贫的主要经验

1996年，党中央、国务院决定东部发达省市对口帮扶中西部欠发达省区，即东西对口扶贫协作。按照中央部署，福建省对口帮扶宁夏回族自治区。20多年来，闽宁两省区携手向贫困宣战，形成扶贫开发强大合力，创建了东西对口扶贫协作的"闽宁模式"。党的十八大以来，以习近平同志为核心的党中央高度重视扶贫开发工作，开展定点扶贫和精准扶贫。2012年11月起，厦门大学与宁夏固原市的隆德县结成了定点扶贫结对关系。厦门大学坚持"隆德所需、厦大所能"原则，充分发挥学校优势，拓展帮扶渠道和方式，帮助隆德县打赢脱贫攻坚战。2019年4月，隆德县退出贫困县序列，实现高质量脱贫摘帽。厦门大学按照脱贫摘帽"四不摘"要求，建立党委常委会常态化研究脱贫攻坚工作机制，持续推进隆德县脱贫攻坚和乡村振兴的有效衔接，确保隆德县可持续发展。认真分析厦门大学助力隆德县妇女脱贫的实践，我们发现了一些值得借鉴的经验。

(一)党建先行，加强妇女思想政治引领

习近平总书记强调："脱贫攻坚越到最后越要加强和改善党的领导。"党的十八大以来，厦门大学始终坚持党建引领脱贫攻坚工作，充分发挥党组织在决胜脱贫攻坚中的"硬核"作

---

① 赵群.将社会性别平等观念纳入农村反贫困政策与实践的主流[J].妇女研究论丛，2005(12)：11-16.

② 李芝兰.我国农村贫困问题中的女性视角：农村妇女更贫困吗[J].开发研究，2007(6)：68-71.

③ 李颖慧，窦苗苗，杜为公.我国城乡女性贫困成因与治理方式研究[J].河南社会科学，2020(9)：113-118.

用。在带领隆德妇女脱贫工作中，以党建带妇建，切实重视发挥妇联组织的作用，实现乡村振兴中的组织振兴。

一是党建结对帮扶。厦门大学注重加强党的建设，发挥组织优势，引领广大农村妇女脱贫。厦门大学组织各学院党委、机关支部与隆德县13个乡镇党委及县机关各支部开展党建结对，实现“乡乡有对接”，在党建对接中充分重视与县级、乡镇妇联以及女党员的联系，团结带领广大妇女听党话、跟党走。二是支持党建平台建设。2019年，学校划拨留存党费100万元，用于修缮乡村党建活动室，支持隆德县智慧党建云平台融媒体建设。隆德县各级妇女在疫情中都受益于云平台部署防控工作的成效。三是举办党建示范班。2019年、2020年，厦门大学连续两年赴隆德县开展“海誓山盟·精准脱贫”志合示范班，提升党建能力。培训对象中其中有相当一部分是女性，这些女性都成了乡村脱贫工作的领头羊和示范者。四是选派优秀挂职干部。接力选派优秀处级干部担任隆德县委常委、副县长，协助分管扶贫工作；选派优秀青年干部担任村党支部第一书记。这些挂职干部具有现代的性别意识，积极落实男女平等的基本国策，一定程度上改善了当地妇女的生产、生活方式。

（二）教育落地，提升妇女的智力水平

习近平总书记强调，让贫困地区的孩子们接受良好教育，是扶贫开发的重要任务，也是阻断贫困代际传递的重要途径。在做好定点帮扶宁夏隆德县的过程中，厦门大学充分发挥智力资源密集和培训经验丰富的优势，全力做好妇女教育扶贫工作，助力乡村妇女人才振兴。

一是培训扶贫。厦门大学以学校的人才队伍为依托，以隆德县党员领导干部、教育和卫生事业骨干、优秀企业家、农村“双带头人”、教师、学生等为对象开展培训工作，据不完全统计，受训人员达到5000多人次。二是支教扶贫。学校自1999年起每年组建研究生支教团，22年来先后派出241名研究生赴宁夏开展支教活动，帮助近万名学生实现大学梦，为他们的家庭带去了脱贫致富的希望。支教团还开展了“留守儿童之家”“解忧杂货铺”“七彩假期”等活动，帮助孩子健康成长。2020年包含厦门大学研究生支教团在内的“闽宁对口扶贫协作援宁群体”被中宣部授予“时代楷模”称号。三是实践扶贫。广泛组织基层党支部赴隆德开展社会实践。厦门大学国际学术交流中心与隆德县职业中学签订协议，设立厦门大学隆德县职业中学学生实习实训基地，每年接收两期、每期半年约20名酒店管理专业学生到厦门大学实习实训，开阔学生的眼界，提高学生专业技能。四是网络教学扶贫。结合远程网络教育等方式，厦门大学积极为隆德县政府部门、企事业管理人员和妇女骨干提供经济、管理、法律等各类教育培训和学历提升服务。援建隆德县青年从“心”出发录播室，运用新媒体形式进行网络宣讲及授课，激发隆德青年在新时代担当新使命、展现新作为。创新举办厦门大学“嘉庚”号海洋大讲堂海上直播课，“嘉庚”号海洋大讲堂跨越了超过2000公里的山海距离，实现了“山海教育相连”。

（三）文化滋养，满足妇女美好生活需要

扶贫先扶志，致富先治心，脱贫致富不仅要注意“富口袋”，更要注意“富脑袋”。厦门大学积极发挥高校优势，不断改善隆德县妇女的文化环境，以文化滋养美丽心灵，满足妇女对美好生活的需要，实现乡村振兴中的文化振兴。

一是捐赠优秀图书和作品。厦门大学出版社多次向隆德县捐赠图书，共捐赠图书 6000 余册，合计 30 余万元，厦门大学发动校友为隆德小学捐赠全英文绘本 3492 册（合计 26.3356 万元），推进隆德县文化发展。二是协助编制相关规划。支持挂职宁夏旅游集团的专家帮助隆德县编制《文化旅游发展总体规划》，指导隆德县文化旅游建设，扩大隆德县旅游产品的知名度和影响力。组织硕士、博士服务团等深入隆德调研并形成了多份调研报告，供隆德县委县政府决策参考。三是推动非遗文化产业发展。帮助发掘、整理和保护红崖老巷子、梁堡传统村落等物质文化遗产，传承保护魏氏砖雕、杨氏泥彩塑等非物质文化遗产，支持传承人开展传承传播活动。举办"厦门大学—宁夏隆德县非遗作品交流展"，鼓励隆德县妇女助推隆德县非遗文化产业发展。

（四）产业兴旺，促进妇女创业就业

产业扶贫是最直接、最有效的脱贫办法，发展产业是实现脱贫的根本之策。厦门大学通过援建扶贫产业园、捐赠设备、选派科研人员等方式，不断积蓄脱贫攻坚的强大动能，从而为产业振兴乡村发展注入力量。

一是建立扶贫产业园。厦门大学康业扶贫产业园位于隆德县六盘山工业园区内，产业园立足本地资源发展特色农业，有力地推动了隆德从"输血式"扶贫到"造血式"扶贫的蝶变。二是推动电商发展。为了更好地开展定点扶贫工作，厦门大学在隆德县张树村出资建立了"张树村电子商务服务中心"，捐赠 100 台电脑作为硬件支持，还从人员培训、销售渠道拓展、物流优化等提供全过程、全方位的服务。三是援建扶贫车间。为了帮助贫困户实现就业增收，厦门大学出资 100 多万元援建张树村扶贫车间，采取"企业＋车间＋贫困户"的扶贫模式，建成人造花生产车间，车间负责人是李康莉，目前车间安排社区及周边村组贫困妇女、残疾妇女、留守妇女、单亲母亲 200 多人在公司就业。四是实现特色产业产品对接。举办校县"对口帮扶暨经贸合作推介会"，学校无偿提供学校黄金地段店面，建设隆德特色产品营销中心，线上线下展示和销售隆德县优质特色产品。

（五）绿色发展，赢得妇女可持续发展

习近平总书记强调，推动形成绿色发展方式和生活方式，是发展观的一场深刻革命。厦门大学始终结合自身优势，不断为妇女脱贫提供绿色可持续发展的空间，做到科技兴农、质量兴农、绿色兴农，实现乡村振兴中的生态振兴。

一是建设农业科技研发示范基地。联合宁夏大学，与隆德县建立"厦门大学—宁夏大学—隆德县人民政府农业科技研发示范基地"。选派专家进行马铃薯加工、中药材方向、药食共用产品、功能性产品的研发。不断改良现有产品，提高作物的先天免疫系统，减少化肥和农药使用，实现农业生产的环境友好与可持续发展。二是建立质量安全控制实验室。向隆德县捐赠气相色谱质谱仪等 8 台价值 148 万元的仪器设备，以及 1 台学校自主研发的拉曼光谱农残检测仪，实现产品质量内控与检测，提升产业扶贫的广度和深度。全国政协主席汪洋同志和国务院副总理胡春华同志分别到研发基地视察。三是实施生态修复。组织有关专家，带领研究生完成隆德县渝河湿地考察报告，为渝河湿地核心保护区规划和动植物物种保护提供支撑。四是推动节能减排又环保省电的科研成果应用。2020 年 10 月，厦门大学光电混能采暖项目正式"落户"沙塘镇张树村。该项目专门针对光资源丰富的地区，白天采

用太阳能集热管进行光热转换，多余的热量储存在相变材料中，供太阳下山至晚上9点之间的取暖，晚上9点以后利用电加热，避开用电高峰。通过太阳能供暖方式，降低甚至完全取代秸秆、煤等的消耗，实现环保减排。同时，大幅降低居民用电成本，减轻群众负担，缓解农村增容配电难度，真正实现了“天更蓝、屋更暖、民更富”的绿色发展。

（六）医疗到家，解决妇女身心健康

没有全民的健康，就没有全面小康。妇女健康对妇女脱贫至关重要。厦门大学关注妇女的健康生活，将健康扶贫作为精准扶贫的重要方面，为脱贫攻坚固本培元。

一是建立5G远程医疗会诊平台。厦门大学附属翔安医院与隆德县人民医院确立对口帮扶关系，并帮助该院搭建了5G远程医疗会诊平台，成为宁夏回族自治区首个5G远程医疗中心，为该院开展智慧医疗、“互联网＋”医疗健康等奠定了良好基础。其他各附属医院根据隆德县情，深入研究分析，通过新技术示教、人员培训、远程诊疗、援建重点科室等途径提供帮扶，让贫困村民不出远门即可享受基本医疗保障。二是开展支医活动。每年组建“厦门大学医疗专家服务团”赴隆德县开展支医活动。附属眼科中心已为14例白内障患者实施手术治疗。三是开发特定人群的健康食品。专家立足隆德实际，带队赴隆德开展马铃薯淀粉及现有产品的消化特性研究，开发符合糖尿病人群的低血糖指数食物。四是解决饮用水源安全。厦门大学研究团队对隆德北部的水库调研后，就提升水源地水源涵养功能方面提出建议，帮助隆德县补齐安全饮水短板，提升饮水用水安全水平。

三、巩固妇女脱贫成果，推进乡村振兴

摆脱贫困是乡村振兴的关键和基本前提，乡村振兴则通过增强乡村内生发展机制提升贫困人口稳定脱贫能力，迈向更高水平的新农村建设。结合厦门大学帮扶隆德的实践，我们一方面要积极借鉴脱贫攻坚中形成的有益的经验和做法，为实现乡村全面振兴奠定坚实基础和保障，另一方面也要结合党的十九大报告提出的实施乡村振兴战略中提出的“产业兴旺、生态宜居、乡风文明、治理有效、生活富裕”总要求，谋划未来妇女发展与乡村振兴工作中的思路。

（一）巩固妇女脱贫成果，推进与乡村振兴巾帼行动的有效衔接

党的十九届四中全会提出“巩固脱贫攻坚成果，建立解决相对贫困的长效机制”，这就要求我们在巩固拓展脱贫成果的基础上，推进脱贫攻坚与乡村振兴有效衔接。首先是组织衔接。推进脱贫攻坚与乡村振兴衔接，各级扶贫工作机构不能简单地撤销并转。厦门大学党委书记张彦说，隆德虽已脱贫，但脱贫不脱钩，不脱帮扶，我们将在东西部对口扶贫协作这一推动区域协调发展、协同发展、共同发展的大战略指引下，持续用力，及早拓展脱贫退出后的新举措，做好与实施乡村振兴战略的统筹衔接。二是政策衔接。脱贫攻坚中实施的医疗、健康和教育扶贫政策可以直接纳入社会兜底政策。一些政策和项目则需要进一步细分群体，强调性别意识。另外，考虑到文化、观念等因素对农村妇女就业创业的影响，要积极探索建立性别公平的社会保障政策。

(二)发展妇女特色产业,从产业扶贫走向产业兴旺

产业扶贫是打赢脱贫攻坚战的基础和支柱,也是促进乡村发展的持续动力。实现乡村振兴,还应继续发展乡村产业。具体来说,要立足农村本地资源优势,发挥女能手、致富女带头人和家庭农场、龙头企业等新型经营主体的作用,大力发展妇女特色产业,带动更多的农村妇女增收;围绕发展新业态,拓宽“互联网+妇女创业”新渠道,加大妇女网上创业技能培训,培育女性创客,引领妇女发展电子商务;支持农村集体经济组织、专业化农业服务组织、服务型农民合作社等发展,提升妇女组织化程度;推动农业产业结构从种养业转到一二三产业融合发展,让农村妇女更多分享产业增值收益,帮助她们在更广领域、更深层次参与农业农村现代化建设;针对女性的特点实施和开展女性友好发展项目,增加农村贫困女性就地就近就业的机会,厦门大学在隆德建立的扶贫车间就是这样的亲女性产业。①

(三)注重妇女教育培训,切实筑牢乡村振兴的人才工程

从全国农村妇女贫困的致贫因素可知,主体能力缺失及其造成的家庭物资匮乏和个体精神、行为能力的缺失是当前农村妇女贫困的重要成因。同样地,人才资本不足也是推动乡村振兴战略落实面临的重要挑战。教育所提供的知识和技能是改变妇女个体发展的内生因素。今后乡村人才振兴可从以下几个方面着手:一是以产业发展留住人才,减少农村妇女人才外流。二是依托制度留住人才。可继续沿用驻村工作队和第一书记制度,把大量受过良好教育、有能力、有担当的青壮年党员干部继续留下来,成为新时代乡村振兴战略实施的“领头羊”。三是教育培训育人。坚持把发展教育作为脱贫的根本之策,积极投入资金改善教育基础设施条件,解决农村女童上学难和教育条件差的问题,同时加强与区域优质教育资源的对接,提升教育教学水平;积极推动职业教育发展、强化技能培训,提升妇女的职业技能水平,从而培育爱农业、懂技术、善经营的新型职业女农民。举办妇女创业就业培训班。以建档立卡贫困妇女、返乡女农民、女经纪人、残疾妇女、单亲母亲、留守妇女等女性群体为重点培训对象,致力于帮助她们掌握一技之长,实现家门口就业。

(四)聚焦家庭家教家风,焕发乡村文明新气象

脱贫攻坚阶段强调在贫困地区“革陈规除陋习,树新风促脱贫”,乡村振兴中乡风文明建设在外延、内涵方面更加全面,特别要注重以社会主义核心价值观为引领,深入挖掘优秀传统农耕文化蕴含的思想观念、人文精神、道德规范,弘扬主旋律和社会正气,培育文明乡风,改善农民精神风貌,提高乡村社会文明程度。面向社会主要矛盾的变化,妇女群体在建设好家庭、涵养好家庭、培育好家风等方面发挥独特作用;结合最美家庭评选,可把核心价值观、生态文明理念等现代元素融汇其中,移风易俗;充分发挥“妇女之家”、妇女维权站、妇女信访维权岗、妇女维权热线的作用,通过宣传引导、维权保障等措施,发动法官、检察官、专职律师、巾帼维权志愿者积极参与,切实维护好妇女儿童合法权益;改变传统观念,调动妇女的主动性和积极性,引导妇女参与基层社会治理,为乡村文明贡献力量。

---

① 李小云,季岚岚.妇女的劳动脱贫——基于产业扶贫案例的性别敏感性分析[J].中华女子学院学报,2021(1):7.

(五)落实环境友好理念,共建共享生态宜居新农家

生态女性主义认为,女性更接近于自然,更能与自然和睦相处。由于女性的生理特征和较多从事家务劳动,周边的环境对妇女生活质量影响更加显著。① 脱贫攻坚中贫困妇女的生活和居住环境有了明显的改善。在脱贫基础上,乡村振兴的目标要求建设生态环境优美、生态宜居的美丽乡村。为此,应建立农村环境治理的长效机制,大力加强农村人居环境整治;大力推进乡村环境基础设施配套,扎实推进农村垃圾、污水、厕所等环卫设施建设,创建"生态优、环境美"的美丽乡村;将绿色理念融入产业发展,倡导绿色发展,追求可持续发展之路,实现百姓富和生态美的有机统一;同时,加大宣传力度,利用各种宣传途径提高农村居民的生态保护意识,使绿色发展切实从理念转变为行动,村民们发自内心想要行动起来保护自己赖以生存的家园。

贫困是一个多维的综合现象。"客观存在的性别差异问题、历史性的性别不平等问题与转型中出现的性别问题相互交织,特别是过去 30 年间中国大规模的贫困变化,使得贫困与女性问题更加复杂。"②相比较男性的脱贫及发展之路,女性脱贫继而实现女性解放的道路更加漫长。厦门大学帮扶隆德妇女脱贫的经验可以视为是女性脱贫路上的成功探索,而与乡村振兴战略的衔接中,细分群体,注重个体差异,运用性别视角进行妇女主体发展的政策和项目设计是必要且紧迫的。

Thinking of Progress Together for Women out of Poverty with Rural Revitalization
—Based on the Case of the Cooperation Between Xiamen University and Longde County of Ningxia Hui Autonomous Region in the Min-Ning Model

Deng Zhaohui

(Xiamen University, Xiamen, 361005)

Abstract: It was the final year of decisive victory over poverty alleviation and the realization of the goal of building a moderately prosperous society in all respects in 2020. Rural revitalization is inseparable from building a modern and powerful socialist country, and rural women's success from poverty and development is an important sign of realizing a modern and powerful China. Combining with the rural revitalization strategy, it is a good case that Xiamen University supported and helped local women to get rid of poverty in Longde County, Ningxia Hui Autonomous Region. Furthermore, that successful experience of counterpart assistance under the Min-Ning Model could be regarded as a wonderful example of exploration and innovation for the experience of colleges and universities in helping rural residents to get rid of poverty. Xiamen University has achieved remarkable results in helping women in Longde County to get rid of poverty, the work has done with

---

① Kourany, J. A. et al. Feminist Philosophies[M]. New Jersey: Prentice Hall, 1992: 451.

② 李小云,张瑶.贫困女性化与女性贫困化:实证基础与理论悖论[J].妇女研究论丛,2020(1):15.

measures specifically as follows: firstly strengthening the construction of local grassroots organization of the Communist Party of China, strengthening women's ideological and political guidance; education implemented to improve local women's intellectual level; cultural nourishment to meet women's needs for a better life; industry prosperity to promote women's entrepreneurship and employment; green development to achieve women's sustainable development; medical treatment is available to solve problems of women's physical and mental health. It is suggested to realize the overall revitalization of the countryside on the basis of poverty alleviation, and gradually realize common prosperity according to implement the general requirements of the rural revitalization strategy proposed in the report of the 19th National Congress of CPC. At the post-poverty era, it is necessary to continue to consolidate the achievements of women's poverty alleviation, and promote effective coordination with the organizations and policies of the rural revitalization women's initiative; develop industries with women's characteristic from helping poor industries to industrial prosperity; pay more attention to women's education and training, and effectively build the talent project for rural revitalization ;focus on the family style of family tutoring, radiate a new atmosphere of rural civilization; implement the concept of environmental friendliness, and jointly build a new shared ecological and livable farmhouse.

Key Words: poverty alleviation; women out of poverty; rural revitalization

社会性别视角下驻村女干部参与乡村治理的实践分析*

向德平 罗珍珍 刘博维**

内容摘要:驻村女干部是参与乡村治理的重要力量,在改善农村女性地位、展现柔性治理和道德关怀、树立榜样示范等方面发挥了关键作用。本文从社会性别视角出发,深入分析驻村女干部参与乡村治理所面临的困境,主要包括传统社会性别文化的桎梏、本土社会结构的排斥、社会性别角色的冲突和身心挑战四个方面。作为具有理性选择能力和能动性的行动主体,驻村女干部通过采取凸显沟通理性、注重情感治理、构建性别角色的"女性化"治理和"争强""做女汉子"的中性化治理相结合的策略,在突破传统社会性别意识限制、打破社会性别角色刻板印象的同时,也提升了其参与乡村治理的整体效能,促进"她力量"在社会治理中的主体培育和作用发挥。

关键词:社会性别视角;驻村女干部;乡村治理;女性化;中性化

一、研究背景与问题

2021年5月,中共中央办公厅印发了《关于向重点乡村持续选派驻村第一书记和工作队的意见》,强调仍需持续选派驻村干部在固牢脱贫攻坚成果的基础上有效助力实现乡村振兴。从2013年中央、省、市、县、乡各级政府开始向贫困村选派第一书记和驻村工作队,到2015年,实现每个贫困村都有驻村工作队、每个贫困户都有帮扶责任人。截至2020年底,全国累计选派25.5万个驻村工作队、300多万名第一书记和驻村干部。① 2019年6月,中共中央办公厅、国务院办公厅印发《关于加强和改进乡村治理的指导意见》,明确提出推进乡村治理体系和治理能力现代化,支持多方主体参与乡村治理,治理主体呈现多元化趋势。驻村帮扶作为国家嵌入乡村治理的重要制度形式,作为治理主体之一的驻村干部在乡村治理的进程中发挥着持续性、长期性、有效性的重要作用。其中,驻村女干部作为驻村干部中的

---

* 基金项目:国家社科基金重大项目:"精准扶贫战略实施的动态监测与成效评价研究"(16ZDA022)。

** 向德平,男,华中科技大学社会学院教授、博士生导师,主要研究方向为发展社会学、贫困治理、社会政策、社会工作;罗珍珍,武汉大学社会学院博士研究生,主要研究方向为社会治理;刘博维,武汉大学社会学院博士研究生,主要研究方向为社会治理。

① 国务院新闻办公室.人类减贫的中国实践白皮书[EB/OL].https://m.gmw.cn/baijia/2021-04/06/34743249.html.

“她力量”，不仅呈现了女性参与社会治理的具体实践轨迹，也体现出其在驻村工作中基于性别优势所发挥的独特治理功能。她们勇于克服客观艰苦条件和生理劣势，帮助村民培育“造血”功能实现脱贫致富；关注农村女性的弱势地位，帮助农村留守妇女发挥自身优势创造新生活；关注农村基础教育问题，帮助和鼓励因家庭贫困而无法读书的女童回到课堂；有力团结农村女性力量，动员组织其参与到乡村治理和新农村建设中去；重视农村文化建设，为村民们提供优质的公共文化服务，提升了农民群众的精神面貌和丰富了农民群众的闲暇生活。

在实际工作中，驻村女干部具有外来者和女性干部的双重身份，同时承担着家庭和职业的双重责任。作为驻村干部，作为母亲、妻子和女儿，不同的社会角色扮演和角色规范置于同一情境中不可避免地会产生冲突。由此，本研究从社会性别视角出发，探讨驻村女干部作为女性参与乡村治理将会面临怎样的困境，进而深入分析她们基于社会性别在参与乡村治理中会运用何种行动策略来破解困境，微观上发现驻村女干部在治理场域中由性别所导致的个体间互动的张力，宏观上呈现社会结构对社会性别的统摄力，旨在探索女性参与社会治理的有效路径。

二、社会性别视角与女性参与乡村治理相关文献回顾

琼·斯科特在其代表作《社会性别：历史分析中的一个有效的范畴》指出“社会性别是各种社会关系构成中的一个重要元素，它基于性别差异，是表达权力关系的一种基本方式”。① 社会性别区别于传统理解中的生物性别，对于男女性别的定义不是依据生理结构，而是根据两性在社会文化的建构和社会制度影响下对男女性别差异的新理解，形成属于两性的群体特征和行为方式，性别成为一种多元取向的社会建构方式。性别平等并不是男性女性必须完全相同，而是在机会权利、责任义务、资源获取等方面的平等，所有的社会行为并不由性别决定。② 女性通过社会规范和习得所形成的所属性格特征、行为方式、社会角色塑造等方面的固有行为模式都是在以男权为主流的社会中形成的。社会性别理论认为，两性所扮演的社会角色是在一定时期和文化背景中通过性别关系和权力运作，塑造出社会所接纳的两性。社会性别理论从人的基本权利出发，以审视和反思两性关系及其规范为基础，致力于全面清理和努力消除影响两性发展的政治、经济和文化等障碍，合理扩大男女的选择权，促进男女两性的平等和谐健康发展。③ 社会性别理论在我国本土化的研究中，主要体现在以追求男女平等的目标，反思性别公正的原则，不仅是关注女性自身，也关注女性作为社会人如何参与社会并持续发展，关注女性的社会角色和社会身份。④ 社会性别视角旨在重新审视男女两性关系，用性别平等的视角对已有社会文化和制度塑造出的社会角色和角色模式进行新的研究，消减在社会、经济、政治、文化等领域内性别不平等的现象，倡导在全社会构建起社会性别主流化的意识，改变传统意义上社会角色的定位，为实现性别平等创造良好的社会

① 琼·斯科特.妇女：最漫长的革命[M].北京：三联书店，1997：153-156.

② 刘伯红.什么是社会性别主流化[J].中国妇运，2005(1)：14-18.

③ 朱春奎.社会性别主流化与国家治理现代化[J].中国行政管理，2015(3)：7-11.

④ 杨雄，李煜.社会学理论前沿[M].上海：上海社会科学院出版社，2016：377-381.

条件。

2019年中共中央印发《中国共产党农村基层组织工作条例》，为女性广泛参与基层民主管理提供了坚实的制度保障。2015年村委会成员中女性所占比重仅22.9%，[①]到2019年，居民委员会成员中女性占比为50.9%，比2015年提高了28个百分点，村委会主任中女性占比为11.9%，[②]女性参与的比例持续上涨，女性参与乡村治理的重要作用逐步凸显。在日益追求性别平等的现代社会，女性参与政治等公共领域的诉求日益强烈，社会性别成为研究乡村治理的重要视角。近年来，国内学者对于女性参与乡村治理的研究发现：女性不断扩展治理参与领域，参与途径呈现多元化趋势，[③]女性更侧重于关注乡村维稳治理发展，并且能充分掌握并运用所学科学技术参与新农村建设，[④]但是仍受制于传统观念、社会偏见和自力的影响；[⑤]女性参与呈现形式上组织化、[⑥]内容上公共性、[⑦]行动目的上自主性[⑧]等特点；政府空心化、性别平等服务外包效果差、村规民约性别不平等、[⑨]农村女性入党难度较大、[⑩]正式与非正式约束影响深刻、家庭性别角色冲突强[⑪]等从宏观和微观方面都制约着女性参与乡村治理的进程；然而女性因自我主体意识和发展能力的持续增强和提高，促进她们发挥着不可或缺的治理"她力量"，[⑫]女性具有较强共情能力的沟通和倾听技巧，柔性治理的方式和对道德关怀的关注在乡村治理中凸显较强的适用性[⑬]，女性榜样力量也在唤醒更多的农村女

---

① 国家统计局.《中国妇女发展纲要(2011—2020年)》中期统计监测报告[EB/OL]. http://www.stats.gov.cn/tjsj/zxfb/201611/t20161103_1423701.html.

② 国家统计局.2019年《中国妇女发展纲要(2011—2020年)》统计监测报告[EB/OL]http://www.stats.gov.cn/tjsj/zxfb/202012/t20201218_1810126.html.

③ 林安红.我国农村社会泛女性化与乡村治理——新农村建设视野下提升乡村治理水平的理性路径寻绎[J].中共福建省委党校学报,2008(3):48-51.

④ 詹虚致.组织引领与多元推进:女性参与基层治理的路径研究——以广东省顺德区为例[J].中国农业大学学报(社会科学版),2019(2):98-106.

⑤ 杨琴.女性村干部参与乡村治理的特征、困境与出路[J].农村经济与科技,2017(S1):132-135.

⑥ 李晓广.乡村自治中留守妇女参政状况的实证研究——基于苏北S市的调查[J].中南大学学报(社会科学版),2015(3):175-182.

⑦ 吴亦明.留守妇女在乡村治理中的公共参与及其影响——来自苏、鄂、甘地区的一项研究报告[J].南京师大学报(社会科学版),2011(2):52-57.

⑧ 金一虹.嵌入村庄政治的性别——农村社会转型中妇女公共参与个案研究[J].妇女研究论丛,2019(4):10-27.

⑨ 南储鑫.村规民约中性别不平等是农村社区治理的棘手问题——访中央党校妇女研究中心教授、博士生导师李慧英[N].中国妇女报,2015-09-25.

⑩ 刘筱红.论农村妇女参与乡村治理支持网络的构建——基于"整体政府"视角[J].妇女研究论丛,2010(1):10-15.

⑪ 裴亚岚,刘筱红.女性参与公共事务管理困境探析——以20位县级女干部为例[J].南京人口管理干部学院学报,2010(3):21-26.

⑫ 海莉娟.从经济精英到治理精英:农村妇女参与村庄治理的路径[J].西北农林科技大学学报(社会科学版),2019(5):48-56.

⑬ 辛湲,孟广宇.女村官治理方式研究[J].黑龙江社会科学,2015(5):105-109.

性参与到公共事务中，[①]推动乡村建设的新发展，也实现乡村治理女性再组织化。

综上所述，已有的关于女性参与乡村治理的研究主要集中在参与状况、参与特点、困难挑战、优势作用等方面，有助于了解作为女性的驻村女干部参与乡村治理下的困境与优势，但是仍有深入扩展的研究空间。首先在研究对象上，聚焦于驻村女干部的研究较少，而通过对驻村女干部的研究，不仅能够挖掘女性在乡村治理中的显性和隐性功能，更能够探析作为国家力量的驻村干部如何与乡土社会中的农户和干部互动，呈现基于社会性别基础上的国家与社会的连接轨迹；其次在研究视角上，基于社会性别的视角更能凸显驻村女干部在参与社会治理中受制于性别约束而面临的主客观困境，也更能体现驻村女干部参与乡村治理的性别特质；最后在分析框架中，乡村治理场域对驻村女干部的治理行动产生了制约等影响，而作为具有理性选择能力和能动性的行动者，驻村女干部基于差异化的性别优势采取了不同的行动策略，这些行动策略不仅打破了场域的制约，为其他女性提供了行动借鉴，也反作用于场域本身的构建。因此，本研究将基于对C市Q区驻村女干部的访谈内容和典型案例相关资料，运用社会性别的视角分析乡村治理场域中传统性别文化、乡土社会结构等结构性和非结构性因素对驻村女干部参与乡村治理的影响，及其所采取的行动策略对于乡村治理的功能塑造，进而充分发挥驻村女干部在乡村振兴背景下参与乡村治理的积极作用。

三、“嵌入”乡村治理场域中的“她者”困境

场域是各种位置之间存在的客观关系的一个网络，是各种资本竞争的结果和表现形式。[②] 乡村作为一个治理场域，有着自身的运作逻辑和惯习，这些惯习也进一步塑造了场域内各主体的价值观念和行为方式。在脱贫攻坚中，Q区采取“供需对接、双向考核”方式，向65个建档立卡贫困村和30个区级深度贫困村选派驻村工作队员285人，其中有83名女性。驻村女干部作为外生性的治理力量，在国家政策指令和制度安排下，以嵌入的方式直接进入到以男性为主导、受传统社会性别文化影响的乡村治理场域中，不仅受到本土性社会关系网络、地方性知识体系和原有的社会治理结构等因素的制约，更因其性别受到根植于传统乡土文化中社会性别观念、社会性别角色、社会性别分工等一系列因素的影响，在参与乡村治理的实践中遭遇重重困境。

（一）传统社会性别文化的桎梏：对女干部的偏见和刻板印象

传统社会性别文化是基于性别差异、受历史和社会影响且形塑人们对性别的价值观念和行为方式的文化，不仅影响人们对女性社会性别角色的认识、女性社会价值的评判，也会影响女性自身的价值观念、成就动机和行为方式等。在男尊女卑、男强女弱等传统社会性别观念以及“男主外、女主内”家庭劳动分工模式扩展而来的社会性别劳动分工模式影响下，特别是在地理和文化空间相对封闭的乡村场域中，女性的功能和角色期待被限定于家庭照顾

① 杨宝强，钟曼丽.乡村公共空间中妇女的参与、话语与权力——基于鄂北桥村的跟踪调查[J].西北人口，2020(1)：43-52.

② 高宣杨.布迪厄的社会理论[M].上海：同济大学出版社，2004：68.

的私领域中。造成私人领域与公共领域对立的“性别政治”将女性排除在政治领域和社会外围，男性占据社会主宰地位和社会主体结构，[①]偏男性化的领导力评价标准不利于女干部的考核，女性获取的资源和机会有限，政治参与和职业晋升的比例也较低，职业发展的“透明天花板”效应降低了女性参与政治和社会领域的动机和职业成就感，不利于驻村女干部的职业规划和职业发展。

其次，“柔弱”等对女性的刻板印象容易让人产生对女干部能力的质疑。传统的社会性别构建中，女性以身体和心理较为柔弱、无法吃苦、适应性不强等为特征。因此，在驻村女干部进入乡村初期，村民和村干部一般先入为主对其持怀疑态度，认为其无法适应乡村艰苦环境和无法胜任工作，是对于村民和乡村发展无实际助益的“花瓶干部”，因此，对驻村女干部的工作会出现因为是女性而不理解和不配合的现象。

> 因为看起文弱、年轻，很多年长的村民对FX没有信任感，又是村外面来的干部，说的话在村里没有多少威信，开展工作大家也不是很配合，这样的状况一度让FX很气馁。[②]

此外，部分媒体宣传和制度的性别盲视也强化了对女干部的刻板印象和性别歧视。尽管国家一直在努力倡导和构建平等的社会性别文化，但部分大众媒介基于男权文化塑造了对女性社会角色的期待，并通过调整男权文化设定传播中的女性形象，[③]进一步加深了社会大众对女性的刻板印象。同时，具有性别盲视的制度规则在设置上剥夺了性别利益，导致女性政治贫穷，加剧了性别不平等的社会现实。[④] 社会性别不平等的意识在大众媒体歧视性话语构建、部分政策的制度盲视和不力执行中被不断强化，以各种各样的形式存在于社会生活各个领域，影响着女性的社会地位、社会价值、社会期待和评价标准等。当前，驻村干部的政策安排和制度设置中仍缺乏对女性的关注，未能发挥对驻村女干部的保障和激励作用。

(二)本土社会结构的排斥:“她者”在地方性实践权力结构中的边缘化

首先，在Q区以熟人社会或半熟人社会为特征的乡土场域中，基于亲缘关系和地缘关系基础上建立起来的社会关系网络和权力关系结构对作为外来的“她者”具有一定的排斥性。驻村女干部要进入到乡村场域中，就必须在场域中获取村民的信任，建立起与村民的社会关系网络，积累参与治理的社会资本。作为乡土社会中的“陌生人”，村民对于外来的、暂时性停留的驻村干部信任度较低，在互动交往中难以建立深度的社会交往。驻村干部是来自乡村场域外的“上面”，在国家动员式治理下有一定任期，而往往具有持续性和长效性的发展项目需要一定的时间和经验积累，村民无法在短期内看到驻村干部给村庄带来的改变，容

---

① 俞湛明，罗萍.社会性别与女性发展[M].武汉：武汉大学出版社，2010：94-96.

② 来源于C市扶贫办《C市驻村干部典型案例》。

③ 刘坚，彭程.社会性别：媒介性别形象传播的一个分析范式[J].湘潭大学学报(哲学社会科学版)，2017(3)：94-97.

④ 汪超，刘涛.社会性别盲视：法治建设中女性政治贫穷化及其解释[J].甘肃社会科学，2017(6)：171-176.

易对驻村干部能力持有质疑、不信任的态度。

> 这些上面派下来的干部,待个一段时间就走了,之前来来往往了已经好几拨,都是为了完成任务嘛。倒也经常能见到他们,但我又不是贫困户,又不做村干部,跟他们打交道的不多,不是很熟。(N6)①

同时,驻村干部外来者及其国家权力代理人的身份容易使原有乡村治理主体产生危机感和疏离感。不论是在富人治村、能人治村或者传统的长老权威型乡村治理模式中,村庄原治理主体都具有丰富的本土性社会知识和实践经验,承担着乡村"家长"和国家政策传递者、执行者的双重角色。驻村干部要顺利进入乡村场域参与治理,则需要处理好与这些能人精英等治理主体的关系。相对于村干部,驻村干部与村民没有利益竞争关系和亲缘关系,综合素质和资源联结能力较强,一些村民会越过村干部直接寻求驻村干部的资源支持或政策帮助。

> 有事情找他们(驻村干部)解决比找村干部有用,她能够跟上面反映,然后就把问题很快解决了,你跟村干部说,可能最后还是得通过他们(驻村干部)来处理。(N3)②

其次,作为女性的"她者"在权力结构中的边缘化是驻村女干部参与乡村治理中的主要障碍之一。性别政治的影响分化出男性主导的公共领域与女性主导的私人领域,女性家庭作用的强化常常会伴随着其社会功能和社会价值的弱化,导致女性在公共领域失去话语权,处于政治和领导权力关系网络的边缘。驻村女干部在男性主导的乡村治理结构中,受到传统社会性别文化的影响,难以获取权力资源。

> 从单位被派驻到S村担任第一书记兼驻村工作队队长时,我没什么农村工作经验,我是在众人质疑的眼光中挑起这个重担的,我是在机关工作的,所以我需要迅速转变角色。当我全身心投入新岗位后才发现工作比我想象中的更难做,比如开会,一开始都没什么人来,明明入户的时候或者开院坝会的时候虽然聊得挺好的,但需要配合的时候大家的积极性也不高。(Z4)③

因此,具有排外和社会性别差异化特征的乡村治理场域极大增加了具有外来者和女性双重身份的驻村女干部在治理中构建社会关系网络以及获取权力资源的现实难度和心理压力。

(三)社会性别角色的冲突:家庭与工作难以兼顾

社会角色是与人们社会地位、身份相一致的一整套权利、义务的规范和行为模式,包含

① 来源于调研访谈资料。
② 来源于调研访谈资料。

了人们对特定身份或者特定地位上的人的行为期待。[①] 社会性别角色则是基于性别和性别差异的角色，体现了社会对不同性别的普遍要求和期望。女性呈现出的生理特征延伸到了女性的社会角色，决定了她们被给予照顾家庭的社会期望，当女性的家庭角色和社会角色产生冲突时，女性将面临两难境地，且被认为要为家庭牺牲个人的职业发展，[②]传统的社会性别观念认为女性对于家庭负有主要的责任，是家庭劳动的主要承担者和家庭成员的主要照顾者。职业女性需要承担起家庭和工作双项任务，完成工作的同时要进行家务劳动、情感照料、亲属陪伴等，“蜡烛两头烧”同时消耗着女性有限的精力。[③] 要兼顾家庭和职场责任的驻村女干部，家庭和工作使其面临双重压力。人口再生产本身已经对其职业连贯性产生了影响，且还要面对来自传统性别观念和刻板印象带来的隐性障碍，多重因素叠加增加了其角色实践的难度。

此外，驻村工作的性质和要求导致了驻村女干部出现角色冲突，一方面由于时间和精力的限制，难以胜任不同角色同时提出的要求，一方面是不同的要求出现了互不相容的情况，甚至会出现角色失败的潜在风险和最终后果[④]。Q 区全面推行下村签到、扶贫日志、在岗抽查等制度，确保驻村工作队员每个月有 2/3 以上的时间吃在村、住在村、干在村，这意味着驻村女干部大部分时间都需要在村中，且由于工作任务繁重长时间才回家一次，家庭的责任由于驻村离家而无法履行。

> 我们本可以像大多数同龄人那样为人妻、为人母、为人女，过朝九晚五的幸福生活，我们没有。在铺设地下水管道的炎炎夏日，我们和全村百姓一样忍受 6 个星期没水的日子不喊一声“苦”；在父母生病的时候，不能到床前尽一尽做女儿的孝心，被亲人误解的时候不喊一句“冤”；在孩子开学和期末表彰会上，永远都是那个“缺席的不负责任的家长”。(Z8)[⑤]

驻村工作的角色实践与家庭照料产生冲突，驻村女干部常常无法同时兼顾驻村干部的社会角色与“母亲”“女儿”“妻子”家庭的性别角色，出现“角色失败”的现象。在工作中表现优秀的驻村女干部往往会表示自己“不是一个称职母亲或者孝顺的孩子”，因家庭照料缺位而对家庭产生愧疚。

(四)身心挑战：面临身体和精神上的双重压力

在身体方面，相对于所在单位和原本生活环境而言，驻村的办公和住宿条件有限，特别对于女性特殊生理条件而言，如何适应驻村环境往往是女干部驻村面临的第一个挑战。同时，驻村工作性质和内容对身体素质要求较高，需要较强的体能。高强度的工作任务和工作

---

① 郑杭生.社会学概论新修[M].第 3 版.北京：中国人民大学出版社，2010：107.

② 闫广芬.妇女社会工作[M].天津：天津大学出版社，2010：38-40.

③ 周旅军.中国城镇在业夫妻家务劳动参与的影响因素分析——来自第三期中国妇女社会地位调查的发现[J].妇女研究论丛，2013(5)：90-101.

④ 郑杭生.社会学概论新修[M].第 3 版.北京：中国人民大学出版社，2010：119.

⑤ 来源于调研访谈资料。

压力、驻村工作中大量的走访、长途的实地考察，都对驻村女干部的身体素质提出了较大考验。此外，除了健康风险，驻村女干部在工作中也会面临一些潜在的安全隐患，需要采取相应的措施进行规避。

> 驻村伊始，事情千头万绪，困难接踵而至。FX遇到的第一难题是生活和身体方面问题。走村串户时农户家养的狗见到陌生人狂吠，也经常来不及吃午饭，生活没有规律，在乡下一待就是几天，农村环境与城市环境相差较大，她一开始很不习惯。更无助的是，别人"新官上任三把火"，FX没放一把火，反而让自己住进了医院，在驻村工作期间由于之前没怎么走过山路，她在走访贫困户时先后崴了三次脚，脚肿得走不动路，只能住院治疗，自信心被打击得"一毛不剩"，甚至有一丝无助无奈的感觉。①

此外，传统社会性别文化中对于女性的歧视和偏见、群体对男女性差异化的角色期待和双重标准、现实中女干部政治角色的边缘化和从属关系等都容易引发女干部的角色认知偏差，对自身的能力和社会价值产生怀疑，从而引发恐惧、自卑、依赖、畏难等心理。而作为驻村女干部，除了面临女性干部的普遍性压力之外，还承受了来自驻村工作所带来的压力。一方面，作为各项工作任务的具体实施者，每年根据整村扶贫规划实施进度所制定的指标完成情况与驻村干部年度考核、评奖评优和职务晋升挂钩，在繁重的工作任务以及严格的考核体系当中，处于层层压力传到底端的驻村女干部面临着极大的工作和考核压力。由于传统的社会性别文化及其所带来的刻板印象，驻村女干部在工作中也更加难以进入并融入乡村场域中，工作的难度加大。同时，驻村工作与家庭所导致的角色冲突、在家庭中的长期缺位所导致的角色失败等容易引起驻村女干部对于家庭产生内疚心理。此外，驻村工作任期有限，大部分驻村干部在完成驻村工作后都会回归原来工作岗位，对于一些专业性较强的岗位，随着技术更新换代的加速和岗位要求的提升，一些驻村女干部也在担忧与原岗位产生脱节，无法适应。当多重心理压力叠加无法得到纾解时，则会导致其情绪紧张、心理失衡等多种问题，其副作用会进一步弥散于驻村女干部的身体和工作当中，使其身体、心理和工作陷入恶性循环当中。

四、"女性化"与"中性化"：驻村女干部参与乡村治理的策略

驻村干部进入到乡村场域后，其理性选择和行动策略也会受到场域内逻辑、惯习的影响。有学者将社会性别分为女性化、男性化和中性化，社会性别被社会形塑，可以相互转换，比如男性的女性化气质和男性的女性化特征。② 建立在社会性别意义上的领导力各有优势，作为具有理性选择能力和能动性的行动主体，驻村女干部在乡村治理场域中积极构建社会资本，发挥"女性化"和"中性化"治理优势，积极探索和践行融入乡村治理场域的不同策

---

① 来源于C市扶贫办内部资料。

② 高焕清，李琴.村级女干部的"去女性化"：性别、社会性别和领导力[J].妇女研究论丛，2011(1)：34-39.

略。这些驻村女干部勇于担当、勇于奉献的精神丝毫不亚于男性。在熟悉情况时积极对接，在入户走访时不辞辛劳，在宣讲政策时耐心细致，在落实任务时不折不扣，在融入群众时真诚热情……她们以十足的干劲和特有的韧性，以更加坚定的决心、更加积极的态度、更加有力的措施，扎实推进驻村工作。在突破传统社会性别意识、打破性别角色刻板印象的同时，也能够提升社会治理的整体效能，增强驻村女干部在乡村治理场域中的社会联结和正向功能。

（一）“女性化”治理

治理中需要关注“人”的要素，将国家的政策转化为对基层群众的关爱和关怀，突出村民和村干部的主体地位，将治理行动作为关注贫困弱势群体实现人文关怀、发展产业推动经济社会发展的重要契机。女性的特质在治理当中具有男性无法比拟的优势，通过发挥“女性化”特质在治理中的功能和优势，则更能够凸显治理中“以人为本”的人文关怀理念和对治理主体情感的重视。

1. 凸显沟通理性：走访、做工作和协商民主

哈贝马斯提出沟通行动是人们为了协调相互行动、运用语言进行沟通的行动，即语言行动，沟通理性化程度越高，越能够运用平等的对话和沟通来协调主体间的行动，解决人际的冲突。[①] “沟通”“精神上的激励”都有利于推动具有“公共性”和“公益性”的乡村治理，村干部需要在复杂琐碎的村务中运用各种沟通技巧来处理问题和化解矛盾。[②] 在以人情关系面子为基础的乡土社会中，人际沟通互动能力、社会资本的积累是衡量个体综合能力和决定其地位的重要因素。驻村女干部一般具有较强的语言能力、沟通谈判技巧和人际交往能力，善于将国家的政策性话语转化为群众易于接受的地方性表达，通过沟通来了解群众需求，化解冲突和矛盾，澄清村民对相关政策的认知错误和对村干部治理行动的误解，从而促进治理目标的实现。

首先是通过入户走访掌握信息，建立人际关系网络，获取信任资本。驻村女干部在初步到达村庄后，会通过走访了解村庄和村民的基本情况，掌握基本信息资源，包括村里的人际关系网络、权力关系结构状况、村民的价值观念和行为模式、村里的集体经济和产业分布状况等，从群体到个体、从经济到文化，对基本状况的把握既可以在与村民的互动当中占据主动位置，为工作的开展、相关决策的制定和实施提供参考和依据，提升治理的效能。同时，也可以拉近与村民的距离，增强与村民的情感交流，并逐步建立起与村民和村干部的社会关系网络。

> 刚到村里的时候，我一头雾水，除了村干部谁也不认识，也不知道怎么开展工作。我选择入户走访了解情况，刚开始村干部带着去的，先从重点贫困户走起，有点尴尬，村民都很好，他们还是挺愿意和我聊的，后来慢慢熟悉了，他们对我的工作也越来越配合

---

① 侯均生.西方社会学理论[M].天津：南开大学出版社，2007：357.

② 高焕清，李琴.村级女干部的“去女性化”：性别、社会性别和领导力[J].妇女研究论丛，2011(1)：34-39.

了，我的工作越开展越顺。（Z7）[①]

信任是社会互动中重要的社会资本，利于双方建立共同目标，并通过协作产生实现最终目标的集体行动。驻村女干部通过不断强化沟通行为，拉近与村民、村干部间的关系，逐渐改善传统社会性别意识下人们对女性组织力、领导力的偏见。通过一次次入户工作，驻村女干部与村民的关系从陌生到熟悉，从戒备到信任，从被动配合到主动支持。逐渐在乡村中建立起了个人人际关系网络，获得了村民的支持和信任，为参与乡村治理积累了一定的社会资本和群众基础。

其次是通过“做工作”来进行政策宣传、基层动员以及澄清村民对政策和干部工作的误解，推动政策的普及和执行，有效化解治理中的冲突。在脱贫攻坚时期，为了提升扶贫的精准度，发挥扶贫政策的最大效用，贫困群体对扶贫政策的知晓度成为衡量驻村工作成效的重要指标。驻村女干部通过入户走访、院坝座谈、与村民拉家常等方式，宣传国家政策，倾听村民所需所盼。在集中与分散、动态与静态、阶段性与长期性、普遍性与精准性全面结合的宣传教育中增加村民对扶贫政策的了解。

扶贫政策和项目旨在通过改变贫困群体现状来优化其生存生活条件和环境。在乡村传统文化观念影响下，村民特别是贫困户生计资本和生计能力薄弱，村民更倾向于“以不变应万变”，追求安稳和保险，对于需要改变和具有未知风险的扶贫政策和项目接受度都较低。

很多村民的想法还是很保守的，他们宁可维持现状也不愿意冒险。所以我们要努力做好他们的思想工作，比如易地搬迁项目刚下来的时候，报名的人很少，他们都不愿意搬，说在村里水不花钱，菜不花钱，搬过去了他们怎么生活，我们就通过不断开会宣传，后面又到家里一个个做思想工作，跟他们讲政策、讲好处，同意搬的人越来越多。村里面刚发展前胡种植业的时候，村民们也是持观望的态度不愿意参加，因为多年前村里号召种植的紫荆树至今未见收入，这些年搞的地膜土豆也没见多大效益，最近发展的豆腐柴、脆李离现实收益也还需 3 年，甚至有人说扶贫干部根本不懂种地，是瞎指挥。我们就找一些通过种植前胡致富的群众来给他们做工作，大家才开始渐渐加入前胡种植中来。（Z2）

易地搬迁对于安土重迁的村民不仅意味着离开原来的居住地，脱离原有人际关系和社会支持网络，也将带来生活方式、生计方式的改变；而扶贫产业项目可能会改变贫困户家庭的土地种植结构甚至经济收入结构，产业项目现实收益需要一定时间，还具有一定的风险，这都需要驻村女干部不断做工作，“动之以情，晓之以理”，通过摆政策、举例子、讲道理，动员村民参与和配合，女性的优势得到凸显。

“不患寡而患不均”是社会资源分配中的常见现象，相较于资源总量，人们更关注资源分配数额的差异，倾向于在对比中产生满足感或相对被剥夺感。高福利的扶贫政策和为了提升精准度因户施策、因人施策所采取的差异化扶贫措施容易引发贫困户与非贫困户以及贫困户之间的比较，从而导致非贫困户和一般贫困户的不满。

① 来源于调研访谈资料。

一些非贫困户和一般贫困户经常会不理解我们工作，说："我和他差不多，为什么不能评上贫困户，评上了的又觉得凭什么他能得这个补贴，而我没有，是不是因为和村干部关系好？"我需要耐心地一一分析，跟他们讲政策，讲我们的工作流程和要求，大部分听过之后就能理解，也不闹了。（Z5）①

最后是通过民主协商达成重要决策，培养村民参与村庄公共事务的兴趣和积极性，为有效构建乡村治理共同体奠定基础。女性干部具有善于沟通和平等协作的特征，相对于男性领导指导型、命令加控制型的领导风格，女性更倾向于采用柔性、民主的方式，采用民主决策，推行民主管理。② 且女性干部能够团结同志，与同事、与群众建立长久且稳定的合作关系，③在公共事务中也更倾向于采用民主决策的方式，聆听他人意见，注重并调动每个村民的积极性，通过协商达成最后的决策，培养村民关心和参与村庄公共事务的兴趣和观念，推动村级自治的发展。驻村女干部在工作中，注重引导村民对村庄公共事务的关注，并通过相对平等和尊重的方式，强调每个村民在乡村治理中的主体性和互动性，鼓励村民以个体化或者组织化的方式参与到乡村治理当中。同时，也注重对乡村妇女的组织和引导，鼓励其主动争取话语表达和权力诉求，为推动乡村自治、构建治理共同体奠定人才基础。

2. 注重情感治理：柔性化治理、共情和诉苦

女性干部通过女性特有的关爱实施领导，更突出人性化和人情味，有较强的亲和力、韧劲和承受力，善于察言观色，领导风格柔中带刚，以柔克刚④。驻村女干部发挥女性在沟通、交流和换位思考中的相当优势，注重情感在治理当中的重要作用，通过对情感的关注、唤起和共鸣，来传递对村民特别是对弱势群体的关怀，并通过诉苦等方式来获取理解和支持，将情感能量转化为治理效能。

驻村女干部主要采取柔性化治理方式，来执行国家意志和传递政策资源。相对于男性而言，女性在情感治理中更具有优势，也更注重情感在治理当中的作用，关注与村民、村干部之间的情感建立。在工作当中倾向于使用说服、鼓励和引导的方式进行治理，推动工作的展开。在治理效果评价中，相对于数据化、可视化的满意度分析，驻村女干部更喜欢隐藏于语言和文字表达下村民的态度和情感流露。驻村女干部以其细腻的性格特征，也经常能够发现村民的隐性需求，并及时采取有效措施加以满足。同时，驻村女干部较强的同理心也能使其更关注村民中的弱势群体，这与脱贫攻坚扶贫济困的目标要求具有内在一致性。她们不仅关注治理中的物质生活需求，也能关注到精神、心理、文化等其他各项需求，通过差异化、个性化的措施来提升驻村帮扶工作的针对性和有效性。

---

① 来源于调研访谈资料。

② 高焕清，李琴.村级女干部的"去女性化"：性别、社会性别和领导力[J].妇女研究论丛，2011(1)：34-39.

③ 贺羡.中国女性领导干部的协商民主认知——基于地方官员问卷调查结果的分析[J].经济社会体制比较，2016(5)：77-83.

④ 贺羡.中国女性领导干部的协商民主认知——基于地方官员问卷调查结果的分析[J].经济社会体制比较：2016(5)：77-83.

> 她以女同志特有的细腻情感，关注留守儿童等特殊群体存在的问题，并投入真心、真情，创新运用网络媒体平台等方式吸引社会帮扶力量。针对农村留守儿童问题策划了“留守儿童一对一成长守护计划”，招募了一批年轻、有热情、有文化的志愿者作‘代理家长’，来守护他们成长。YF 便是其中的一个受益者，自父母离异分别外出后，寄人篱下的他从品学兼优变得敏感内向，不愿与他人交流，成绩一落千丈。志愿者××选择与他“结对”，在××的细心陪伴和疏导下，YF 在学习和思想上进步很大，很快在学期末便收到了来自亲人的报喜短信。①

驻村女干部通过发挥“善解人意”优势，与治理主体共情和换位思考，及时了解治理对象和其他治理主体的处境和需求。驻村女干部在与村民和村干部的互动过程中，通过分析隐藏于语言表达和行为中的动机、需求和原因，找到问题的解决办法，更精准地满足对方需求，获取对方的肯定，提升互动的效果。当村民和村干部处于困境中时，采取与其产生共鸣的方式，尊重其主体性和能动性，协助其自主解决问题，发挥村民间自助和互助功能，把握好在乡村治理当中支持者、引导者和协助者的角色定位。在发生冲突时，也能够及时缓解冲突，并进行积极的关系调适，利用情感资源达成治理目标。

诉苦也是驻村女干部在治理当中的一大策略②，在治理当中适度的诉苦，将其消极性影响转化为积极性作用，能够推动相关工作的开展，提升工作的效率。诉苦是一种变相“示弱”的表现，即将其压力和紧张直接通过语言传递给上级领导、同事或者村民，引起对方的关注和同情，从而转向对其行动的理解和支持。这里的“诉苦”不是因为能力不足或者工作积极性不够，以及对工作任务和职责的推诿，而是驻村女干部利用性别上人们对女性柔弱和需要保护的印象，通过诉苦以获取对方对驻村工作和对驻村女干部的理解，从而转向对其工作的支持与配合。

3. 构建性别角色：亲情化的称呼和建立亲密关系

在关于驻村女干部的事迹报道中，经常可以看到“扶贫闺女”“扶贫妈妈”“管家婆”等亲情化的称呼，这些称呼是驻村女干部在与村民互动中基于性别和家庭分工的角色构建。特别是在空心化较为严重的村落，大部分青壮年女性选择流入到乡镇、城市中务工，家庭中承上启下的角色出现缺位，年迈的老人和年幼的孩童只能相互陪伴和照顾，家庭亲情化的关怀缺失，造成了这些留守群体的孤独，也由此衍生出了社会隔离、行为失范等社会问题。驻村女干部通过主动关心和帮助留守儿童和留守老人，在进行物质资源帮扶的同时，提供生活的照料和精神的慰藉，成为这些家庭中缺失角色和功能的替代。长此以往，村民对驻村女干部逐渐产生认可。亲情化的称呼是村民与驻村女干部互动中，对其从公领域的“干部”向私领域“家人”转变的主要表现，不仅逐渐靠近村民个人人际关系网络中心，也是获取村民信任和情感的重要表征。

① 资料来源于来源于 C 市扶贫办内部资料。

② 这里的“诉苦”是指驻村女干部通过叙述性的方式表达在驻村工作中遇到的困难，以期获得对方的理解和支持。“诉苦”既是一种情感、情绪的传达，也是一种事实的呈现。既是对缓解上级工作压力传导的一种策略，也是争取村干部、村民支持的一种方式。

村里的年轻人都打工去了，就剩下一些六十多岁的老人在带孩子，他们看起来很孤独。我就经常在休息的时候去他们家里陪他们聊天，了解他们的需要，帮他们打扫屋子，自掏腰包给他们带一些生活用品。我每次去他们都很开心，久了之后他们就把我当家人一样，特别是王阿婆，每次我去家里都拉着我的手说我对她比她的闺女对她都亲，你离他们越近，就和他们越亲。（Z5）①

这种亲情化的称呼和亲密的类亲情化关系的构建，是驻村女干部在工作和情感上的双份投入所获取的回报，也是空心化家庭中核心成员因外出务工缺位而造成家庭部分功能缺失的补充性需要。驻村女干部基于女性优势，在与这些老人和儿童互动中，自动自觉地承担起了“女儿”“母亲”的角色功能，在治理中体现了温情的关怀。

（二）中性化治理

中性化治理是以中性化或偏男性化为特征参与社会治理。在以男性为主的政治意识的驱动下和政治制度的保障下，女性参政行为在主流政治行为中难以与男性拥有平等的人格和机会②。受传统社会性别意识和男性为主的权力关系结构制约，驻村女干部在乡村社会治理当中容易处于被动和从属状态。因此，驻村女干部通过撕掉标签和突破刻板印象，在治理当中通过“争强”“做女汉子”等方式，在与其他治理主体和治理对象的博弈与合作中争取获得在治理当中的话语权、主动性和主导位置。

1.“争强”：提升能力和获取认可

驻村女干部在工作当中通过努力学习和不断探索创新，主动提升自身各项综合能力，在工作当中表现出了丝毫不逊色于男性干部的组织能力、领导能力和创新能力等，在团队中积极贡献自身的智慧，发挥自身的价值。同时，为了证明自身能力并不比男性干部弱，会采取主动竞争等方式，去掉“柔弱”、无能力等标签。创新工作方法、提升工作的效能，“以能力服人”，从而在治理当中突破人们对女性的刻板印象。

为做好做实扶贫工作，FX倍加珍惜每一次扶贫培训机会，悉心聆听各类扶贫培训，熟练操作全国扶贫开发信息系统，对系统内全村贫困人口的基本情况进行全面核查，提高了扶贫系统数据质量，确保NX村脱贫攻坚工作底数清、情况明。③

驻村女干部还通过出色的治理成绩获取村民和其他村干部的认可。工作的成绩是最客观的证明能力的一种方式，虽然受到公共领域中男性化评价标准的限制，主观评价不利于女性干部的晋升和发展，但是驻村女干部会通过策略的转变和方法的探索，积极利用个体性社会资本、单位的资本以及政策性资源，通过记好“扶贫日记”，重点针对平时调研中发现的问题、群众诉求、民生需求等分门别类做好记录，制订计划、倒排日期及时解决，推动工作的开展，从而取得出色的工作成效。

---

① 来源于调研访谈资料。

② 鲍静.政策过程与女性参政机会分析：以社会性别为视角[J].新视野，2010(5)：72-76.

③ 资料来源于C市扶贫办内部资料。

> WC村地质条件差，蓄水非常困难，缺水成为村里发展最大的痛点。我决定利用自身的水利专业优势和派出单位的大力支持，来破解这一难题。一年多的时间，我走遍村里的山头和林间，只要村民反映哪里发现优质的水源点，不管是否道路崎岖、荆棘遍布，我都欣然前往。今年，以集中为主、分散结合的覆盖全镇的饮水提升项目通过评审并得以实施，同时我协商镇党委政府抢先出台管护机制，项目完工投用后将彻底解决长久以来的缺水问题。(Z8)①

Q区坚持“标准＋精准”联动，高进优选促“尽锐出战”，“缺什么人就派什么人”，对党建基础薄弱的村，选派党群部门干部，帮助抓班子带队伍；对产业发展滞后的村，选派涉农部门干部，帮助兴产业提质增效；对社情复杂的村，选派政法信访部门干部，帮助调矛盾解纠纷，确保应派尽派、精准选派。驻村女干部立足于自身专业和派出单位部门优势，通过链接各方资源，解决了乡村发展的最大痛点。通过这种扎实的工作作风和显著的治理成效，打破人们对女性的固有印象，塑造了治理的成效只因个体、不因性别而影响的合理性观念。

2. 做女汉子：塑造中性化风格和展现权威

在以男性为主导的乡村治理场域当中，为了能够融入其中，驻村女干部会在发挥一些女性特质的同时在一些场景和事件中试图通过隐藏或者掩盖女性特质，通过言语表达、行为方式及形象塑造等，“像男人一样”方式进行治理，塑造大胆泼辣、风风火火、雷厉风行的“女汉子”角色形象，在乡村治理中站稳脚跟，发挥作用。越来越多的女汉子在驻村干部中出现，她们偏中性化的气质和做事风格消除了性别在治理当中的差别和局限。她们与其他干部一起，积极克服工作环境以及自然环境和气候带来的对女性身心的不利影响，翻山越岭实地考察，探索产业发展的路径，烈日下在田间地头与农民交流，突破人们对女性的刻板印象，用接地气的方式融入村民和村干部日常工作和日常生活中，积极参与到乡村建设和乡村治理当中。

> FX以“软萌妹子”的形象走进群众，她为人亲切有耐性，说话轻言细语，不畏风雨路遥、不惧骄阳严寒，经常进村入户问需于民，沉下身心研究产业，千方百计给群众找致富的路子。她以深厚的感情、坚忍的意志、扎实的作风投身扶贫事业，细化工作举措，拓宽帮扶思路，落实帮扶项目，解决群众困难，成为贫困群众的贴心人，被群众、驻村工作队员笑称为“女汉子”。②

随着乡村社会的流动性和开放性增强，外来文化冲击传统价值观念，维持乡土秩序的礼俗和道德规范逐渐失去作用，基于地缘和亲缘关系的人际关系网络随着人口外出务工的季节性流动和搬入城镇的长期性迁移等空间位置的变动日渐式微，利益本位思想不断强化，人情面子的自我约束和相互监督作用也不断弱化。而且随着税费制度的改革和村庄自治性质的强化，政府对基层的治理也出现“悬浮”状态，乡土社会秩序出现瓦解，更多为了利益的失范现象不断增多。

---

① 来源于调研访谈资料。

② 资料来源于C市扶贫办内部资料。

特别是脱贫攻坚时期，大量福利性资源投入到贫困村和贫困户中，大部分村民配合工作的同时，部分村民为了获得更多利益，采用“闹”等方式去争取资源，乡土社会因此出现了不少不讲道理，只讲暴力的强人、狠人、横人、恶人。[①] 驻村女干部采取了“比狠更狠”的方式，不仅有利于解决或者制止这些暴力行为或者纠正不合理观念，也能够缓解高福利政策中“福利依赖”现象。

> 在工作当中遇到一些不讲道理的，这个时候就不能表现得太过柔弱，不然他们会来拍桌子闹，我经常要表现出狠一点，他大声我比他更大声，不能妥协，不然有些村民会效仿，觉得只要我闹了我就可以达到目的。有时候我们女干部做工作就得不把自己当成女的，要彪(悍)一些，他们反而就不闹了。(Z7)[②]

在此情境之下，说服、宣传等柔性治理无法发挥作用，柔性化的沟通甚至会助长不讲道理者的气势。更不能向其妥协，防止按闹分配以及引发的这种不合理的暴力争取方式示范效应。所以，要“比狠更狠”，在话语中和气势上占据主动位置，展示作为驻村干部的权威，保障工作的顺利开展。

五、发挥驻村女干部治理优势，助推乡村振兴

Q区在驻村女干部的助力下，全区44242人贫困人口年均收入稳定达标，72个村(社区)集体经济经营性收入实现大幅提升，成为全市首批退出国家扶贫开发重点县的区县，被列入全国首批19个“贫困县摘帽案例研究”样本区县之一。驻村女干部不仅在脱贫攻坚时期发挥了重要的作用，也为新农村发展整合了优质社会资源，维护乡村社会稳定与发展，促进乡村治理共同体的构建，充分展现女性在乡村治理这一公共领域的独特力量。

第一，“女性化”和“中性化”的优势叠加能发挥治理的最大效能。不论是在公领域还是私领域，女性都受到了社会性别文化和意识的影响。在社会性别文化的影响下，通过叠加“女性化”和“中性化”的治理优势，既能够更好地发挥女性特质在公共领域中特别是社会治理领域中的正向作用，也能够通过在适当情况下追求“中性化”的发展克服性别歧视和性别偏见，增强女性的能力，从而提升女性的社会价值和社会地位。

第二，有差别的性别平等才是真正的性别平等。性别平等是指在社会公共领域和家庭私人领域，男性与女性享有平等的机会和权利和义务。[③] 不是强化男女差异，也不是要求男女一样，而是去发现两者的不平等，充分考虑政策规范等对女性和男性的不同影响，[④]只有在价值、权利、机会等方面平等，才能缓解性别当中的不公平冲突，获取相同的政治和生活地

---

① 高焕清，李琴.村级女干部的“去女性化”：性别、社会性别和领导力[J].妇女研究论丛，2011(1)：34-39.

② 来源于调研访谈资料。

③ 董晓艳.女性领导的特质及其领导能力的提升[J].领导科学，2009(24)：52-53.

④ 程艳敏.妇女社会工作概论[M].哈尔滨：黑龙江人民出版社，2016：46-47.

位。因此，上至相关政策制度，下至各用人单位管理细则方面，都应注重基于生理差别基础上的性别差异，实现制度设置主流化，保护女性权益。

第三，沟通理性和情感治理是驻村女干部的治理优势。沟通理性能够有效化解互动当中所产生的冲突，使集体行动变得更合理化和可行化。而情感治理关注个体的情感和需求，更能体现治理中的人文关怀。驻村女干部在参与乡村治理中运用高度同理心的沟通技巧，结合柔性治理对人文关怀与道德关怀的重点关注，使乡村治理发展充满“人情味儿”，在新农村快速发展的进程中不遗忘，以此优质、健康地实现乡村治理，提高乡村治理能力现代化水平。

第四，驻村女干部的参与能够推动乡村自治的平等性发展。驻村女干部在参与治理当中，注重村民的主体性和能动性，通过民主协商调动村民关心和参与村庄公共事务，强调了村民的主人翁地位，并且逐步将社会性别意识纳入政策和管理考虑之中，助推农村女性主体意识的崛起，特别是基于当下男性多外出务工的状况，更加需要发挥农村女性的主体性作用。驻村女干部以榜样力量影响更多农村女性参与到民主建设上来，实现基层民主广泛性和真实性，促进乡土社会男女平等的社会性别主流化趋势在乡土社会的发展，推动女性积极参与乡村治理公共事务。充分激发女性参与政治生活的积极性、创造性、主动性，整合女性联盟社会支持资源，通过女性组织化发展使民主运转起来。

除了驻村女干部努力汇聚“她力量”之外，要进一步发挥驻村女干部治理优势助推乡村振兴战略的实施，也需要政府与社会力量的共同支持。

1. 加强对驻村女干部的制度性支持

在驻村干部或者干部的管理、激励制度中常常会出现性别盲视，即没有对女性干部采取足够的制度性支持。即使有制度，在制度的理解和执行中也容易出现异化，女性干部包括驻村女干部的晋升通道受限，对于女性干部职业发展、动机成就产生了一定的压抑。因此，不仅要完善对驻村女干部的制度管理和制度奖励，对于优秀驻村女干部也要及时采取奖励、提拔等方式，提升驻村女干部的职业成就感。着重营造社会性别主流化的生态政治环境，将性别意识贯穿至制度设置、工作岗位、社会生活等等方面，与此同时要保障制度执行落地，加大政策倡导，平衡父母双方社会责任和男女家庭责任，注重生育保护政策的制定和执行，强调人口再生产中家庭和社会的责任，加大婴幼儿集中看护和教育服务的社会化提供，减轻女性的负担。① 构建驻村女干部参与驻村工作的家庭福利政策，完善相关的社会福利政策和家庭照料的社会支持，②鼓励男性参与家庭生活，承担家庭分工主要责任，并通过宣传报道传播家庭角色再分工的新趋势和正能量，由此缓解驻村女干部家庭和事业中不能同时兼顾的冲突。

2. 注重对驻村女干部的关怀，构建先进性别文化

加强对驻村女干部的关爱，注重驻村女干部的群体性和个性化需求，构建驻村女干部话语表达的权力和通道。发挥妇联和相关女性社会组织在关心关爱驻村女干部和实现驻村女干部组织化方面的中介作用，向驻村女干部自上而下传递国家和政府对其政策性支持和生

---

① 张李玺.将性别视角纳入新征程促进妇女全面发展[J].妇女研究论丛，2018(2):9-11.

② 杨菊华.健全托幼服务推动女性工作与家庭平衡[J].妇女研究论丛，2016(2):11-14.

活关怀，以集体的方式自下而上向国家和政府表达驻村女干部群体的需求。持续关注驻村女干部的身心状况，定期开展健康检查工作，确保在驻村工作中的身体健康，解决因生理条件在适应驻村环境引发的不适；适时开展心理疏导工作，加强驻村女干部的心理资本构建，缓解工作和家庭上的压力，增强驻村工作的抗逆力。尊重两性差异，倡导先进性别文化，破除传统性别观念对女性特别是女性在政治生活中的桎梏。[①] 营造社会性别意识为主流化的社会文化氛围，对媒体文化产品加大规范管理，防止带有性别歧视和偏见属性的文化产品的传播；大力宣传驻村女干部参与乡村治理的优秀事迹，帮助大众了解“她力量”在社会治理中的优秀事迹，通过对她们正面形象的建构，鼓励更多的女性走出家庭“私领域”，走进公共政治“公领域”，充分发挥女性力量参与乡村治理和乡村振兴事业的作用。

3. 发挥驻村女干部示范作用，激发农村“她力量”

驻村女干部在乡村治理中能够通过个人魅力的感召和在驻村工作中人际关系网络的建构，鼓励更多村民参与到乡村产业发展、生态文明和乡风文明建设等助推乡村振兴的公共事务中，从而为实现“治理有效”积累坚实的人力资本。特别是中西部欠发达地区的劳务大省、劳务大县，大部分青壮年劳动力外出务工，农村女性在家庭和乡村治理中的主体性责任和主力军作用得到有力凸显。驻村女干部可以发挥其天然优势及示范效应，通过赋权式动员让农村女性参与到农村社区公共事务中来，鼓励她们发声，支持她们行动，重视她们诉求；并挖掘当地“隐形”女性民间组织，积极培育当地的女性精英，用优带弱传帮带激发农村女性“她力量”；并通过妇联或社会组织为女性参与治理提供平台，破解农村女性在乡村治理中边缘化困境。

4. 完善驻村女干部的能力培养和职业晋升机制

驻村女干部在治理场域中的选择理性和行动策略都是基于其能力基础之上的，如自身能力较弱会使其局限于完成常规工作任务和目标，极大程度影响其治理效能最大化的发挥，进而在一定程度上会固化人们对驻村女干部作为女性的性别偏见。由此要加强对驻村女干部的能力建设和综合素质提升，通过开展各项针对女性干部特别是驻村女干部成长成才规律的各类特色教育和培训活动，并结合自身驻村工作经验，总结强化基层知识结构，培养继续教育和终身教育的理念，不断学习新知识，掌握新技能，在完成各项常规工作的同时大胆开拓创新。同时，要完善相关晋升奖励机制，落实驻村女干部的待遇政策规定，对于在基层工作表现突出的驻村女干部要给予政治激励，激发她们在乡村振兴中发挥女性优势的新动力，提升驻村女干部参与乡村治理的可持续性，使“她力量”在乡村振兴的实践中发挥最大能量。

---

① 张李玺.将性别视角纳入新征程促进妇女全面发展[J].妇女研究论丛，2018(2)：9-11.

A Practical Analysis of the Participation of Female Village Cadres in Rural Governance from the Gendered Perspective

Xiang Deping[1] **Luo Zhenzhen**[2] **Liu Bowei**[3]

(1. Huazhong University of Science and Technology, Wuhan, 430074;
2. 3. Wuhan University, Wuhan, 430072)

Abstract: As a rational choice ability and the initiative action of the main body, female village cadres will highlight communication through adopting rational, pay attention to emotional management, construct the gender role "feminine" governance, "ambitious" and "being a wo-man" strategy of combination of the neutralization of governance, They not only break through traditional social gender consciousness restrictions and the social gender role stereotypes, Which has improved the overall effectiveness of female cadres stationed in villages participating in rural governance and promoted the cultivation and play of the main role of "her power" in social governance, but also enhance their overall effectiveness of female village cadres in participating in rural governance, which promotes the main cultivation and role of "female strength" in social governance.

Key Words: gendered perspective; female village cadres; rural governance; feminization; neutralization

互联网使用对农村女性创业概率的影响机制研究

彭丽芳　张娜*

内容摘要：本文利用 CFPS(2018)数据，通过 Probit 模型估计了互联网使用对农村女性创业概率的影响。实证结果表明，互联网使用能显著促进 20～60 岁农村女性创业，互联网使用率每提高 1%，农村女性创业比率将提高 4.1%。进一步研究发现，互联网使用对农村女性的社会网络资本及正规金融机构借款偏好都有显著影响，进而能间接促进农村女性创业概率。

关键词：互联网；农村女性；女性创业；创业概率

一、引言

我国迎来了一个辉煌的大众创业新时期，“大众创业、万众创新”已是新常态下经济发展的重要引擎。面对越来越多的机遇，大量的资本注入市场，创业者前仆后继地投入创业的浪潮，而其中女性创业的占比也越来越高。阿里研究院在 2019 年 3 月发布《女性创业社会责任大数据》，报告显示在阿里巴巴平台上创业的女性占到总人数的 49.25%，女性在公益、脱贫、文化传承等领域正发挥着关键的作用。[①] 2020 年 7 月 20 日，阿里巴巴集团合伙人、公共事务总裁闻佳女士在“金砖国家女性工商联盟（WBA）”的第一次线上会议上表示：“这是一个女性就业创业的黄金时代。”女性创业被认为是提高女性地位、缓解就业压力、摆脱女性贫困、促进经济发展和社会进步的非常重要的途径。[②] 随着乡村振兴战略的提出，农村女性创业也为助推乡村振兴、农村经济转型带来了勃勃生机。

据中国互联网络信息中心（CNNIC）第 46 次《中国互联网络发展状况统计报告》显示，截至 2020 年 6 月，我国网民规模达 9.4 亿，其中女性所占比重由 2000 年的 30.4%增加到 49.0%；农村网民规模已达到 2.85 亿，占网民整体的 30.4%。[③] 互联网时代的到来以及技

* 彭丽芳，女，厦门大学管理学院教授、博士生导师，主要研究方向为电子商务、信息系统、现代服务；张娜，女，厦门大学管理学院博士研究生，主要研究方向为电子商务。

① 王转弟，马红玉.创业环境、创业精神与农村女性创业绩效[J].科学学研究，2020(5)：868-876.

② 居凌云，梅强.女性创业的现状与需求分析[J].软科学，2014(4)：78-82.

③ 依据中国互联网络信息中心（CNNIC）2020 年 9 月第 46 次《中国互联网络发展状况统计报告》中数据整理得到。详见：http://www.cac.gov.cn/2020-09/29/c_1602939918747816.htm.

术的进步影响了用户的工作方式、生活方式及娱乐需求，更使得创业的方式、创业的观念及内容都发生了改变，对于农村地区创业也产生了一些潜移默化的影响。[①] 那随着互联网应用服务的不断丰富，互联网使用能否促进农村女性创业？如何影响？这是个值得研究的现实问题。

二、文献综述

关于女性创业的国内外研究文献比较多，主要集中从个人、家庭和社会三个层面对女性创业的影响因素展开研究。

在个人层面，主要从个人特征入手，如年龄、受教育程度、个人工作经验等。年轻女性创业意愿更高。[②] Bennett 等针对英国、美国、澳大利亚女企业家的研究发现，具有商科教育背景更能促进女性创业。[③] Farr-Wharton 等提出商业网络等社会资本也能促进女性创业。[④] 国内赵荔等学者发现女性在创业方面有着天然的性别优势。[⑤] 在家庭层面，主要从婚姻、子女、父母创业选择及家庭经济支持等方面研究其对女性创业的影响。Powell 等发现家庭对创业活动的支持可以帮助女性获得人力、社会及资金等创业资本，从而促进女性创业成功。[⑥] Noseleit 发现子女的数量增加也会促使女性创业，因为女性更需要弹性工作。[⑦] Greene 等发现家庭中母亲对女性和工作的态度直接会影响女儿的创业倾向。[⑧] 国内李雪莲等学者发现若家庭成员具有公务员背景，能提高家庭中女性创业的概率。[⑨] 在社会层面，主要从性别差异、创业政策环境、经济发展等方面去研究对女性创业的影响。Rosa 等早在

---

① 周洋，华语音.互联网与农村家庭创业[J].农业技术经济，2017(5)：111-119.

② Gupta，V.K.，York，A.S.The effects of geography and age on women's attitudes towards entrepreneurship：evidence from the state of Nebraska[J]. The International Journal of Entrepreneurship and Innovation，2008，9(4)：251-262.

③ Bennett，R.，Dann，S. The changing experience of Australian female entrepreneurs[J]. Gender Work & Organization，2010，7(2)：75-83.

④ Farr-Wharton，R.，Brunetto，Y. Women entrepreneurs，opportunity recognition and government-sponsored business networks[J]. Women in Management Review，2007，22(3)：187-207.

⑤ 赵荔，苏靖，赵静.“互联网+”新业态中的女性创业特征分析——基于 47 位最值得关注创业女性榜单[J].企业经济，2017(9)：100-105.

⑥ Powell，G. N.，Eddleston，K. A. Linking family-to-business enrichment and support to entrepreneurial success：Do female and male entrepreneurs experience different outcomes? [J]. Journal of Business Venturing，2013，28(2)：261-280.

⑦ Noseleit，F. Female self-employment and children[J]. Small Business Economics，2014，43(3)：549-569.

⑧ Greene，F. J.，Han，L.，Marlow，S. Like Mother，Like Daughter? Analyzing Maternal Influences Upon Women's Entrepreneurial Propensity[J]. Entrepreneurship Theory & Practice，2013，37(4)：687-711.

⑨ 李雪莲，马双，邓翔.公务员家庭、创业与寻租动机[J].经济研究，2015(5)：89-103.

1996 年就提出社会资源在女性创业中的重要性。[①] Kanze 等发现性别偏见会抑制女性创业活动。[②] 国内学者李新春等发现，女性创业者社会资本与创业选择呈现倒 U 型关系。[③] 尹志超等学者发现通过正规金融机构渠道获得贷款可以提高女性的创业概率，[④]但连军等学者却发现女性想要获得正规金融机构贷款需要付出更高的代价[⑤]。

目前关于农村女性创业的研究文献并不是太多，但国内学术界已经开始关注农村女性创业就业问题了。王转弟等主要研究了创业环境、创业精神是如何影响农村女性创业绩效的；[⑥]霍红梅等研究了农村女性创业的现状及问题，并给出对应的策略；[⑦]周萍等通过实证分析从性别平等角度研究农村女性创业绩效问题；[⑧]乐燕子等研究日本转型期的农村女性创业活动模式。[⑨]

农村女性作为独特的群体，其创业就业活动受到非常多因素的影响，性别歧视、地域歧视现象依然严重，同时由于观念原因，农村女性自主创业精神比较缺乏，农村女性创业依然存在绩效低、不稳定等问题。[⑩]

互联网发展到现在已经 20 多年，它从根本上改变了我们信息传递的方式和效率，降低了我们信息获取和沟通的成本，更给我们传统的商业世界带来了全新的视角，同时也促进了个体就业与创业，并对就业创业活动产生了重要的影响。国内外已有一些文献把互联网等数字技术与创业理论相结合，研究其影响机制等问题。

互联网与女性就业创业的问题近几年也得到了很多学者的关注。Marie-Pierre 等研究发现社交媒体等互联网应用会提高女性对创业机会的识别和女性应对技术发展的能力；[⑪] Eva 等发现 Facebook 能增加女性个人社会资本，从而促使其更容易开展小微型创业活动；[⑫]

---

① Rosa, P., Carter, S., Hamilton, D. Gender as a determinant of small business performance: Insights from a British study[J]. Small Business Economics, 1996, 8(6): 463-478.

② Kanze, D., Huang, L., Conley, M. A., et al. We ask men to win and women not to lose: closing the gender gap in startup funding[J]. Academy of Management Journal, 2018,61(2): 586-614.

③ 李新春，叶文平，朱沆.社会资本与女性创业——基于 GEM 数据的跨国（地区）比较研究[J].管理科学学报，2017(8):112-126.

④ 尹志超，宋全，等.金融知识、创业决策和创业动机[J].管理世界，2015(1):87-98.

⑤ 连军，刘星，杨晋渝.政治联系，银行贷款与公司价值[J].南开管理评论，2011(5):48-57.

⑥ 王转弟，马红玉.创业环境、创业精神与农村女性创业绩效[J].科学学研究，2020(5):868-876.

⑦ 霍红梅，戴蓬军.农村女性创业的现状、问题及对策研究——以辽宁省九市调查数据为例[J].农业经济，2013(4):71-72.

⑧ 周萍，赵康生，蔺楠.性别平等环境与农村女性的创业绩效——基于上海财经大学“千村调查”数据的实证分析[J].产经评论，2019(2):67-82.

⑨ 乐燕子，周维宏.转型期日本农村女性创业活动新模式研究[J].现代日本经济，2020(1):40-51.

⑩ 霍红梅.基于社会资本理论的农村女性创业问题研究[D].沈阳：沈阳农业大学，2013.

⑪ Marie-Pierre, L.M., et al.Entrepreneurs' use of internet and social media applications[J]. Telecommunications Policy, 2017,41(2):120-139.

⑫ Eva, D., P.Béatrice, Florence, B.M.Digital subsistence entrepreneurs on Facebook[J]. Technological Forecasting and Social Change, 2019, 146(C): 887-899.

Dettling 等研究证实互联网使用会显著影响女性的劳动时间配置和就业决策；[①]国内关于互联网与女性创业研究的文献不多，主要集中在研究互联网使用对女性创业的影响机制上。马继迁等探讨了互联网使用影响女性创业的内在机制；[②]赵婷等运用 Probit 模型和工具变量法估计了互联网对已婚女性创业的影响；[③]丁栋虹等研究了互联网使用与女性创业概率；[④]周洋等，[⑤]庞子玥等实证研究了互联网使用对农村地区家庭创业的影响[⑥]。

由于不同群体在创业影响因素上存在差异，本文基于已有的女性创业研究文献，利用中国家庭追踪调查 2018 年的数据进一步分析互联网使用对农村女性创业的影响。

三、研究假设

互联网的发展打破了时间、空间及地域的限制，使得获取信息的方式变得更加方便和快捷，农村女性群体有了更多的渠道接触到更多的信息，以帮助其更好地识别潜在的创业机会和更能抵御创业的风险，同时对于有意向创业的农村女性来说，其成本也会降低。另外，互联网的发展对传统行业产生了很大的冲击，增生了很多新的商机，创造了更多的创业机会。据此提出假设 1：

H1：互联网使用会直接影响女性创业概率。

另外，根据肖薇等人关于互联网嵌入女性创业领域后的赋能作用的研究文献，可得知网络社群嵌入为女性创业者提供了重要的社会资本。[⑦] 创业女性以沟通、分享、社交为目的，通过一些即时通信工具的交互功能形成网络社群，以互动方式在评论和沟通中结成关系并发挥影响。互联网可以扩宽女性创业者的社会网络，从而帮助女性积累更多资源，发现更多创业机会。据此提出假设 2：

H2：互联网使用通过社交网络间接影响女性创业概率。

互联网普及之前很多女性创业主要是依靠自身存款或找亲朋好友借款，而不是去正规银行或其他正规金融机构借款来作为创业资金。[⑧] 互联网发展起来后，创业者可以更容易获得正规金融机构的信息，并能通过其线上服务，缓解创业女性信息不对称的问题及资金约

① Dettling, L. J. Broadband in the labor market: The impact of residential high speed internet on married women's labor force participation[J]. Finance and Economics Discussion Series, 2013, 70(2): 451-482.

② 马继迁，陈虹，王占国.互联网使用对女性创业的影响[J].华东经济管理，2020(5)：96-104.

③ 赵婷，岳园园.互联网使用对已婚女性创业的影响机制研究[J].经济与管理评论，2019(4)：53-63.

④ 丁栋虹，袁维汉.互联网使用与女性创业概率——基于微观数据的实证研究[J].技术及经济，2019(5)：68-78.

⑤ 周洋，华语音.互联网与农村家庭创业[J].农业技术经济，2017(5)：111-119.

⑥ 庞子玥，曾鸣.农户互联网使用对家庭创业的影响及作用机制——基于"互联网＋电商创业"背景分析[J].调研世界，2020(8)：19-25.

⑦ 肖薇，李成彦，罗瑾琏.赋能：互联网双重嵌入对女性创业能力的影响[J].科技进步与对策，2019(14)：18-24.

⑧ Robb, A. M., Wolken, J. D. Firm, Owner, and Financing Characteristics: Differences between Female-and Male-Owned Small Business[J]. Social Science Electronic Publishing, 2002, 24(9): 11-23.

束问题。[①] 据此提出假设3：

H3：互联网使用通过正规金融机构借款偏好间接影响女性创业概率。

四、变量选取与模型设定

（一）数据来源

本文基于北京大学中国社会科学调查中心（ISSS）实施的中国家庭追踪调查（CFPS）2018年的数据。CFPS样本覆盖全国25个省、市和自治区，目标样本规模为16000户，调查对象包含样本家户中的全部家庭成员。CFPS调查问卷共有社区问卷、家庭问卷、成人问卷和少儿问卷四种主体问卷类型，并在此基础上不断发展出针对不同性质家庭成员的多种不同问卷类型。其提供的数据已经成为研究中国社会调查最主要的数据来源。[②] 本研究采用的是最新2018年的数据，该数据对互联网的使用情况有比较全面的表述。

本文选取农村女性作为研究样本，在年龄方面选取20～60岁之间的女性，剔除空缺值及样本数据中的不知道、拒绝问答等无效数据，最后选取的微观有效样本数为7821个，其中创业的样本数为714个，使用互联网的样本数为4428个，不使用互联网的样本数为3393个。

（二）变量选取

第一，被解释变量。本文的被解释变量选取"是否创业"这个二分变量。CFPS(2018)问卷中，使用了"主要工作类型：(1)自家农业生产经营；(2)私营企业、个体工商户或其他自雇；(3)农业打工；(4)受雇；(5)非农散工"。回答(2)的样本作为创业样本，赋值为1，否则为0。

第二，解释变量。解释变量为"是否使用互联网"。CFPS(2018)中提供了"您是否使用移动设备，比如手机、平板等上网"和"您是否使用电脑上网"，将选取至少有一种上网方式的赋值为1，否则为0。

第三，控制变量。基于陈刚[③]和周洋等[④]的关于女性创业影响因素的文献，本文将控制变量分为个人、家庭和社会三个方面。在农村女性的个人固定特征变量中，控制变量纳入了年龄、是否是党员、婚姻、受教育程度、健康水平和是否有过工作经历等变量，其中由于年龄与农村女性创业选择可能存在倒U型关系，所以本文同时选取了年龄的平方作为其中一个控制变量（年龄平方/100）。在家庭固定特征变量中，纳入了家庭规模（家庭总人数）和家庭总收入（家庭全年总收入）这2个变量；在社会固定特征变量中，选取医疗服务（对政府提供的医疗服务满意度）和本地社会地位（本人在当地的社会地位），良好的医疗体系可以帮助女

---

① Chot, C., Rhee, D. E. Information and Capital Flows Revisited: the Internet as a Determinant of Transactions in Financial Assets[J]. Economic Modelling, 2014, 40(8): 191-198.

② 依据中国家庭追踪调查(CFPS)官网介绍整理。详见 http://www.isss.pku.edu.cn/cfps/.

③ 陈刚.管制与创业——来自中国的微观证据[J].管理世界，2015(5)：89-99.

④ 周洋，华语音.互联网与农村家庭创业[J].农业技术经济，2017(5)：111-119.

性减轻家庭负担以让其更好地投入创业活动中;[①]“本人在本地的社会地位”用来反映女性的社会网络的大小[②]。

(三)模型设定及描述性统计

本文主要研究互联网使用对农村女性创业的影响,由于是否创业为二分变量,因此使用Probit模型来考察互联网使用对创业决策的影响,具体模型设定如下:

$$Pr(entrepreneurship_i=1)=\phi(\alpha_i internet_i+\beta_i X_i+\varepsilon_i)$$

其中,$entrepreneurship_i$ 是被解释变量,表示第i个农村女性的创业选择,创业为1,否则为0;核心解释变量为 $internet_i$,表示是否使用互联网,包括移动设备上网和电脑上网;X_i 表示控制变量,包括个人、家庭和社会特征变量。α_i、β_i 分别表示其他控制变量对于创业的边际影响,为估计系数;ε_i 为随机误差项。如果 α_i 显著为正则说明互联网使用促进了农村女性的创业倾向,否则抑制。

表1为变量定义和其描述性统计结果。

表1 变量定义及描述性统计分析

变量		变量定义	全样本				使用互联网样本			
			均值	标准差	最小值	最大值	均值	标准差	最小值	最大值
主要变量	是否创业	从事创业活动赋值为1(问卷中回答为选项2),否则为0	0.07	0.255	0	1	0.105	0.307	0	1
	是否上网	使用互联网赋值为1,否则为0	0.455	0.498	0	1	1	0	0	1
	互联网获取信息的重要程度	非常重要=5,比较重要=4,一般=3,不重要=2,非常不重要=1	3.02	1.616	1	5	3.97	1.143	1	5
控制变量	年龄	调查年份——出生年份	46.16	16.71	16	95	33.39	11.32	16	82
	年龄平方	年龄的平方项/100	24.1	15.84	2.56	90.25	12.43	8.456	2.56	67.24
	婚姻	已婚赋值为1,否则为0	0.802	0.398	0	1	0.752	0.432	0	1
	最高学历——小学	回答“小学”赋值为1,否则为0	0.086	0.281	0	1	0.107	0.309	0	1
	最高学历——初中	回答“初中”赋值为1,否则为0	0.179	0.384	0	1	0.337	0.472	0	1

① 丁栋虹,袁维汉.互联网使用与女性创业概率——基于微观数据的实证研究[J].技术及经济,2019(5):68-78.

② 刘汉辉,李博文,宋健.互联网是否影响了女性创业?[J].贵州社会科学,2019(9):153-161.

续表

变量		变量定义	全样本				使用互联网样本			
			均值	标准差	最小值	最大值	均值	标准差	最小值	最大值
控制变量	最高学历——高中/中专/技校/职高	回答“高中/中专/技校/职高”赋值为1,否则为0	0.085	0.279	0	1	0.181	0.385	0	1
	最高学历——大学(大专及以上学历)	回答“大专/大学本科/硕士/博士”赋值为1,否则为0	0.066	0.248	0	1	0.149	0.356	0	1
	健康水平	健康水平为非常健康、很健康、比较健康和一般赋值为1,否则为0	0.79	0.408	0	1	0.915	0.279	0	1
	是否党员	是党员为1,否则为0	0.006	0.797	0	1	0.012	0.109	0	1
	是否有过工作经历	有过工作经历为1,否则为0	0.036	0.187	0	1	0.027	0.163	0	1
	家庭规模	家庭人口总数	4.42	2.055	1	21	4.58	1.958	1	15
	家庭总收入	家庭全年总收入的对数	4.558	0.459	0	6.2	4.697	0.398	0	6.2
	本人社会地位	在本地的社会地位:很低1—2—3—4—5—很高	3.07	1.085	1	5	2.95	0.994	1	5
	医疗服务满意度	1=很不满意,2=不满意,3=一般,4=满意5=很满意	3.65	0.779	1	5	3.61	0.768	1	5
其他变量	人情礼支出	人情礼支出的对数	3.51	0.421	2	5	3.52	0.418	2	5
	外出就餐支出	外出就餐支出的对数	2.58	0.436	0.3	4	2.61	0.416	0.3	4
	通信支出	通信费用的对数	2.37	0.306	1.08	3.7	2.37	0.298	1.08	3.7
	正规金融机构借款偏好	回答“银行”或“非银行正规金融机构”赋值为1,否则为0	0.282	0.459	0	1	0.337	0.473	0	1

五、实证分析

(一)基本模型检验

本文采用stata软件分析了使用互联网对20~60岁农村女性创业决策的影响,结果如表2所示。表2中的三列分别代表加入了个人特征、家庭特征及社会特征变量之后,使用互联网对农村女性创业的影响。结果显示，使用互联网能显著促进20～60岁农村女性创业，互联网使用率提高1%，对于创业的促进比例为4.1%，且在1%的水平上显著。而且从这三列的结果看，互联网使用对于农村女性创业的促进作用是稳定的，H1得到证实。

个人特征变量方面，随着年龄的增长，农村女性选择创业的比例会增加，年龄和创业之间存在一种倒U型曲线关系，达到一定年龄的农村女性其创业的可能性会有所下降。从婚姻状况看，已婚女性相比之下创业概率更高。学历方面，学前学历（文盲/半文盲）的农村女性其创业概率出现了负向影响，说明小学未读完的女性其创业概率较低；初中学历和高中学历能显著促进其创业选择，但随着教育程度的提高，其创业概率反而会降低甚至到大专以上出现了负向影响，这说明对农村女性来说，低学历就业机会较少，反而会选择去创业的概率比较大，而受过比较好的教育的女性可能就选择直接就业。健康水平可以显著促进农村女性的创业决策。"政治面貌是党员"及"有过工作经历"的农村女性其创业影响是负向的，也说明政治资本提高了女性就业的概率，工作经验也能促使女性继续就业。

家庭特征变量方面，家庭规模的大小和创业概率是呈现负向影响的，家庭规模越大，越不利于做出创业选择，可能创业面临的风险更高。家庭年收入能显著促进创业概率，家庭经济状况越好，就越利于农村女性做出创业选择。因为经济能力能提高女性创业的资金基础，同时也能抵御创业失败风险。社会特征变量方面，社会医疗体系对女性是否选择创业没有显著的影响，但本人的社会地位会负向影响女性创业概率。

表2 使用互联网对创业的影响

变量	(1)加入个人特征变量	(2)加入家庭特征变量	(3)加入社会特征变量
互联网使用	0.055*** (0.008)	0.042*** (0.008)	0.041*** (0.008)
年龄	0.013*** (0.003)	0.011*** (0.003)	0.011*** (0.003)
年龄平方项	−0.015*** (0.004)	−0.013*** (0.004)	−0.013*** (0.004)
婚姻	0.027(0.020)	0.021(0.021)	0.022(0.021)
学前学历	−0.018(0.015)	−0.015(0.015)	−0.014(0.015)
小学学历	0.014(0.013)	0.012(0.014)	0.012(0.014)
初中学历	0.061*** (0.013)	0.054*** (0.013)	0.053*** (0.012)
高中学历	0.045*** (0.016)	0.034** (0.016)	0.031** (0.016)
大专及以上学历	0.003(0.017)	−0.022(0.018)	−0.024(0.018)
健康水平	0.033*** (0.010)	0.027*** (0.010)	0.029*** (0.010)
是否是党员	−0.482(0.045)	−0.069(0.053)	−0.067(0.053)
是否有过工作经历	−0.492(0.019)	−0.054*** (0.019)	−0.054*** (0.020)
家庭规模		−0.003* (0.002)	−0.003(0.002)
家庭年收入		0.072*** (0.009)	0.072*** (0.009)
社会医疗			−0.004(0.004)
社会地位			−0.007** (0.003)

注：表2中报告的是平均边际效应，括号内为标准误差，* $p<0.1$，** $p<0.05$，*** $p<0.01$，下同。

(二)互联网使用如何间接影响女性创业

以上实证表明,互联网使用能显著促进农村女性(20～60岁)的创业概率,那互联网使用如何间接促进农村女性创业呢。以下从三个方面分析。

1. 互联网作为信息来源渠道的重要性

已有多位学者的研究表明,"互联网作为信息来源渠道"能显著促进创业决策的实现(周洋等;[①]史晋川等;[②]马继迁等[③];赵婷等[④];丁栋虹等[⑤]),表3是针对农村女性20～60岁样本做回归分析,结果表明,将互联网作为信息来源的重要渠道更能促进农村20～60岁女性创业概率。

表3 互联网作为信息渠道对农村女性创业的影响

变量	创业决策
互联网作为信息渠道的重要性	0.014*** (0.002)
控制变量	是
观测值	7821

2. 互联网通过其社交特性间接影响创业决策

互联网的使用可以使得农村女性更进一步扩大自己的社交范围,通过人脉资源等促进彼此之间的交流,以便更能发现创业商机,提高创业概率。考虑到国内传统文化中通过聚餐、电话、送礼等形式扩大社交范围,同时参考周洋等[⑥]和赵婷等的研究,本来采用每月人情礼支出、外出就餐支出和通信费支出作为社会网络的代理变量,进一步研究互联网的使用对社会网络资本的影响,运用OLS回归模型,结果如表4、表5所示。由结果可以看出,互联网使用会显著促进农村女性在人情礼、外出就餐、通信费上的支出,说明互联网使用能扩大其社交网络。表5表明互联网使用通过社会网络资本间接影响女性创业决策。H2得到验证。

表4 互联网使用对社交网络资本的影响

变量	人情礼支出(对数)	外出就餐支出(对数)	通信费支出(对数)
互联网使用	0.029* (0.018)	0.11*** (0.019)	0.045*** (0.013)
控制变量	是	是	是
观测值	7781	7781	7781

① 周洋,华语音.互联网与农村家庭创业[J].农业技术经济,2017(5):111-119.

② 史晋川,王维维.互联网使用对创业行为的影响——基于微观数据的实证分析[J].浙江大学学报(人文社会科学版),2017(6):159-175.

③ 马继迁,陈虹,王占国.互联网使用对女性创业的影响[J].华东经济管理,2020(5):96-104.

④ 赵婷,岳园园.互联网使用对已婚女性创业的影响机制研究[J].经济与管理评论,2019(4):53-63.

⑤ 丁栋虹,袁维汉.互联网使用与女性创业概率——基于微观数据的实证研究[J].技术及经济,2019(5):68-78.

⑥ 周洋,华语音.互联网与农村家庭创业[J].农业技术经济,2017(5):111-119.

表 5　社交网络对农村女性创业决策影响

变量	创业决策
人情礼支出	0.030* (0.015)
外出就餐支出	0.042*** (0.016)
通信支出	0.087*** (0.022)
控制变量	是
观测值	7781

3. 互联网使用通过改善正规金融机构借款偏好间接影响创业决策

农村一直存在融资难的问题，农村女性长期以来很难从正规金融体系借贷到创业资本，大多数是依靠亲缘关系建立起来的社会网络。如今，互联网的飞速发展在金融领域也掀起了一股浪潮，传统的金融业态出现了互联网化的发展方向，①这将会进一步提高女性的金融知识水平，进而改善女性的借贷渠道偏好及应对风险的偏好②。本文参考尹志超等人的做法，③取 CFPS 中“首选借款对象”问题作为正规金融机构借款偏好的代理变量。研究发现，互联网使用能显著改善农村女性对于借款渠道的偏好，而正规金融机构借款偏好也能促进女性创业的选择。(见表 6、表 7)

表 6　互联网使用对正规金融机构借款偏好的影响

变量	创业决策
互联网使用	0.031** (0.013)
控制变量	是
观测值	7821

表 7　正规金融机构借款偏好对农村女性创业决策影响

变量	创业决策
正规金融机构借款偏好	0.016* (0.007)
控制变量	是
观测值	7821

(三)内生性检验

由于是否创业与使用互联网之间可能存在反向因果关系，即创业的农村女性更倾向于使用互联网。为了验证结果的稳健性，本文使用工具变量法解决潜在的内生性问题。参考

① 吴晓求.互联网金融：成长的逻辑[J].财贸经济，2015(2)：1-8.

② 赵婷，岳园园.互联网使用对已婚女性创业的影响机制研究[J].经济与管理评论，2019(4)：53-63.

③ 尹志超，宋全云，等.金融知识、创业决策和创业动机[J].管理世界，2015(1)：87-98.

丁栋虹等(2019)使用的方法,①本文也将选择上网媒介作为"是否使用互联网"的工具变量。上网媒介是指个人通过电脑还是其他移动设备或工具上网(本文只选取电脑媒介)。一方面电脑媒介会直接影响农村女性的上网倾向,从而满足了相关性要求;另外,电脑媒介不会通过互联网之外的其他渠道对农村女性创业概率产生直接作用,这满足其外生性要求。由于创业决策为虚拟变量,本文采用二阶段的 ivprobit 模型进行估计。

表 8 报告了工具变量回归的估计结果。可以看出农村女性是否上网作为解释变量,第一阶段回归的系数都在 1%水平上显著为正,这表明上网媒介对农村女性是否上网有显著的正影响。由此可见,工具变量具有很强的相关性。第一阶段回归检验后得到的 F 值为 280.20,根据周洋等(2017),②F 值大于 10%偏误水平下的临界值,这进一步说明了电脑媒介工具变量对农村女性是否上网具有较强的解释力,不存在弱工具变量问题。Wald 外生性检验 P 值为 0.064,拒绝了"是否上网"不存在内生性的原假设。在纠正了内生性后第二阶段回归结果显示互联网使用对农村女性创业概率的影响仍然在 1%水平上显著为正,这进一步表明是否使用互联网对农村女性创业概率有显著的正向影响。

表 8 工具变量回归的估计结果

变量	第一阶段	第二阶段
互联网使用		0.213*** (0.015)
上网媒介(电脑)	0.817*** (0.302)	
控制变量	是	是
一阶段 F 值	280.20	
Wald 检验 P 值		0.064
观测数	7781	7781

六、结论

本文根据 CFPS(2018)的微观调查数据,实证分析了互联网使用对 20～60 岁农村女性创业的促进作用及间接影响机制。结果表明,使用互联网能显著促进农村女性创业。同时发现,互联网使用可以拓宽农村女性的社会网络,也可以改善农村女性的正规金融机构偏好来间接促进其创业行为的实现。

鉴于互联网使用对农村女性创业的促进作用,而创业也能带动就业,所以农村地区互联网基础设施的全面建立需要更加快脚步,更高的互联网普及率将会更多地促进女性创业或就业,进而改善在农村地区的生活处境。

① 丁栋虹,袁维汉.互联网使用与女性创业概率——基于微观数据的实证研究[J].技术及经济,2019(5):68-78.

② 周洋,华语音.互联网与农村家庭创业[J].农业技术经济,2017(5):111-119.

Research on the Influencing Mechanism of Internet Use on Rural Women's Entrepreneurship

Peng Lifang Zhang Na

(Xiamen University, Xiamen Fujian, 361005)

Abstract: Based on the data of China Family Panel Studies (2018), this paper adopts the probit Model to estimate the impact of Internet use on Rural Women's Entrepreneurship. The empirical results show that Internet use can significantly promote the entrepreneurship of rural women aged 20～60, with every 1% increase in Internet usage, the rate of entrepreneurship increases by 4.1%. Further research shows that Internet use has a significant impact on rural women's social network capital, also can improve the rural woman's preference for regular channel borrowing, and thus indirectly promote the entrepreneurial probability of rural women.

Key Words : internet ; rural women ; women's entrepreneurship ; entrepreneurial probability

多元协同治理中农村女性的庭院改造行动
——基于江苏苏州J村女性行动的实证研究*

武艳华　侯金豆　杨静静**

内容摘要:在我国大力推行乡村振兴战略的背景下,农村女性参与乡村治理的行动亟须关注。本文植根苏州"美丽庭院"项目中妇女联合会、社会组织与农村女性多元协同的结构性互动,通过个体、圈子、志愿队、例外状况等四种行动分析J村女性参与庭院改造的行动演进过程,剖析妇女联合会、社会组织与农村女性的联合互动机制,探索激发农村女性参与村庄公共事务治理的有效机制。研究发现,农村女性的行动方式历经"关系上悬浮的个体",到"圈子中的互助",再到"规范的志愿队"及部分例外状况的转变,女性的性别气质、社会组织支持及政府的权力保障构成其行动的保障机制,但妇女联合会、社会组织及农村女性的多元协同治理模式中潜藏着如何向效果导向下深度可持续互动转型的困境。如何探究妇女联合会、社会组织与农村女性间灵活、高效的协同治理机制,是回应乡村振兴建设中女性高质量发展的应然要求。

关键词:农村女性;庭院改造;多元协同治理;改造行动

一、问题提出

在乡村振兴战略的推动下,各地农村不断吸引各种力量参与农村社区治理,促使农村社区治理探索行动日益多元化。为凝聚农村女性力量,引导她们以特色优势参与农村人居环境改善,进而实现农村女性发展和乡村振兴的双重目标,苏州市吴江区妇女联合会于2018年开始"美丽庭院"的探索行动。该行动采取市区妇女联合会统筹下镇、村妇女联合会及社会组织三级联动的模式,围绕美丽庭院建设、美丽庭院示范户评比及庭院管理维护等内容,经局部试点后全区铺开。经过近三年的实践探索,美丽庭院项目落地村取得农村女性积极参与村庄公共事务、村庄人居环境明显改善及村庄社会治理朝良性发展的治理成效。这得益于妇女联合会的多重保障、社会组织的专业支持及农村女性的深度参与,而三者间如何协调联动及其背后的运作机制值得深究。

---

* 基金项目:中央高校业务费项目"来华婚姻移民社会空间的实践研究"(2019B37214)。

** 武艳华,女,满族,河海大学公共管理学院社会学系副教授、硕士生导师,主要研究方向为移民社会学、女性社会学;侯金豆,女,汉族,河海大学公共管理学院社会学系硕士研究生,主要研究方向为女性社会学;杨静静,女,汉族,河海大学公共管理学院社会学系硕士研究生,主要研究方向为女性社会工作。

为此，本文根植妇女联合会、社会组织与农村女性深度互动的结构性背景，选取苏州J村女性的庭院改造行动为例，深入挖掘庭院改造行动中农村女性行动变化过程、社会组织的行动方式、妇女联合会系统的统筹行动及三者间协同治理的黏合机制，以期系统呈现多元协同下农村女性深度参与村庄公共事务的逻辑。这利于我们审视乡村治理中农村女性群体的作用，探究农村女性主体性发展的形式及其社会参与的路径等内容。同时，J村女性参与庭院改造的行动对农村女性的组织化也有借鉴意义。

二、文献回顾

有关农村女性参与社区治理，现有研究主要从性别、主体性、资源及政治等视角，依循农村女性由个体到社群再到组织的发展脉络，剖析其参与乡村治理的原因、影响因素、行动策略、作用机制及发展趋势。本文将重点探讨乡村治理中农村女性的行动方式及影响因素，已有研究主要从以下两方面展开：

一是立足性别与政治制度结构框架分析农村女性的政治参与行动。刘筱红以能力、权力及暴力为特征的治理形式分析农村女性边缘性乡村治理地位。① 黄粹立足制度视角探究农村留守女性组织化的影响因素，强调父权制性别格局、过度依赖政府、集体身份认同缺乏等非制度性因素与女性组织发展迟滞、组织功能薄弱及组织空间被挤占等制度性因素，共同影响留守女性组织化。② 金一虹关注转型社会中农村政治与性别政治的互动，强调农村女性自身与性别群体的能动性作用对改善其在村庄的政治参与空间有积极作用。③ 杨宝强、钟曼丽从话语、参与和权力框架，阐释乡村公共空间中妇女议事会、妇女服务队等形式，助推农村女性由权力边缘向权力中心转变。④ 陈义媛、李永萍强调项目制下家庭卫生事务引导农村女性参与村庄治理、带动公共身份重建，政府支持、社会规范及村委保障是重要影响机制。⑤

二是从主体性与资源视角分析农村女性的社群或组织化行动。张良广以女性小组探索农村女性组织化路径，发现小组工作促进农村女性经历被服务对象、相互分享及最终合作共进的转变，但女性自身时间限制、农村社区空间缺乏及妇女组织服务能力欠缺等因素影响女性的深度组织化。⑥ 朱静辉探究皖北农村女性交往形式、圈子特征及制约女性交往的因素，强调农村女性形成家门交往圈子、地域圈子及休闲网络圈，这些圈子呈现出不以群体自我为中心、非制度化、无权威与核心、交往断层及交往变动等特征，进而影响农村女性的社会参

---

① 刘筱红.以力治理、性别偏好与女性参与——基于妇女参与乡村治理的地位分析[J].华中师范大学学报，2006(4)：2-6.

② 黄粹.农村留守妇女生存困境：身份认同与组织化发展[J].华南农业大学学报，2018(5)：49-56.

③ 金一虹.嵌入村庄政治的性别——农村社会转型中妇女公共参与个案研究[J].妇女研究论丛，2019(4)：10-27.

④ 杨宝强，钟曼丽.乡村公共空间中妇女的参与、话语与权力[J].西北人口，2020(1)：43-52.

⑤ 陈义媛、李永萍.农村妇女骨干的组织化与公共参与[J].妇女研究论丛，2020(1)：56-66.

⑥ 张良广.妇女：个人成长—组员互助—社区行动[J].中华女子学院学报，2010(1)：61-65.

与。[①] 张凤华、魏红英提及农村社区治理需要女性组织化参与，应完善农村女性组织化参与机制、提升女性组织化参与能力、拓展女性组织化参与空间。[②] 闫红红等研究女性参与乡村旅舍项目发现，优势挖掘、资源投入与能力建设对农村女性经济增权、集体认同及互助合作至关重要，彰显合作经济对农村女性社会参与的作用。[③] 乔运鸿从主体性视角探究山西农村女性组织成长过程，指出性别平等观念的改变及社会环境的变革促进女性主体性的觉醒，法律、制度保障及地方政府引导影响女性社会组织发展，增强农村女性社会组织对乡村治理的作用。[④] 丁瑜指出，农村女性的社会参与经历帮助其实现从走出个人小圈子、成为个人主体到逐步转化为社群主体的理念转变，而这些转变源于关注女性日常生活、培育女性社群感及营造女性自组织任务，尤其强调女性形成社群的关键在于重视女性日常生活经验与需求并改善女性日常处境。[⑤] 杜洁等对农村女性主导的合作社的研究发现，农村女性不只是弱势群体也是动力群体，互助合作组织是激发农村女性内生动力的有效机制，制约合作组织发挥作用的关键在于女性的性别特质、合适的参与空间及女性需求，所以适合激发农村女性动力的自组织是带有文化与生态视角、具有自我学习与反思能力。[⑥]

上述研究对探究农村女性行动的分析视角、行动方式及影响因素颇有价值。不同地区的实践研究彰显了农村女性不同的社会参与方式、参与影响因素及可能的发展路径，不过现有研究大多偏重对农村女性社会参与的整体性描述，对农村女性不同阶段的社会参与、不同社会参与形式间的逻辑演进关系及不同社会参与结果等论述偏少。同时，不同研究所植根的社会结构性背景差异较大，需要探究不同社会结构背景下农村女性的社会参与。

三、J村“美丽庭院”项目改造案例

J村位于江苏省苏州市吴江区七都镇，地处太湖南岸，距苏州市区50公里，是有名的鱼蚕之乡。J村总面积4.5平方公里，2014年J村共有752户，2845人。过去，村民以养蚕、捕鱼及种地谋生。目前，村民以化纤纺织、羊毛衫编织和水产养殖三大产业谋生。2017年，J村致力打造特色田园乡村。2018年，J村启动“美丽庭院”试点改造项目。2019年被认定为全国乡村治理示范村，2020年入选江苏省第二批传统村落名录。

2018年9月，J村成为“美丽庭院”项目试点村，按照吴江区妇女联合会统筹，七都镇妇女联合会、J村妇女联合会及蓝天环保社会组织三方联建的方式，围绕巾帼志愿队挖掘、美

① 朱静辉.圈子：农村妇女日常生活中的交往互动[J].西南石油大学学报，2011(3)：60-66.

② 张凤华，魏红英.村庄治理中的妇女组织化参与[J].社会主义研究，2014(5)：90-94.

③ 闫红红，郭燕平，古学斌.合作经济、集体劳动与农村妇女——一个华南村落的乡村旅舍实践案例[J].妇女研究论丛，2017(6)：36-47.

④ 乔运鸿.乡村妇女主体性的成长：意识与实践——兼评山西省永济市寨子村农民妇女组织[J].山西师范大学学报，2017(1)：13-18.

⑤ 丁瑜.妇女何以成为社群主体?——以G市L村妇女自组织营造经验为例[J].妇女研究论丛，2019(4)：49-64.

⑥ 杜洁，宋健，何慧丽.内生性脱贫视角下的农村妇女与合作组织——以山西PH与河南NH两个农民合作社为例[J].妇女研究论丛，2010(1)：67-79.

丽庭院示范户打造与维护及人居环境改善等内容，开展庭院建设。2018年10月至11月，在七都镇妇联、J村妇联及蓝天环保社会组织三方联动下，经项目宣传、建立专业关系、筛选美丽庭院示范户等工作，最终择取20户庭院改造家庭。同时，蓝天环保社会组织协同专业庭院设计师，为20户家庭设计庭院改造图纸。2019年1月，七都镇妇联、J村妇联及蓝天环保社会组织共同开展J村美丽庭院建设推进会，重点探讨美丽庭院实践优化方案和美丽庭院评比活动。2019年2月至9月，蓝天环保社会组织协同村民开展清理院内杂物杂草、培养种植庭院绿植、规划庭院整体风格、评选美丽庭院示范户等活动。2019年5月，七都镇妇联、J村妇联及社会组织参加苏州市美丽庭院建设调研会，将会议中强调的项目化运作、专业人员参与及引导妇女参与人居环境政治要求贯彻到J村美丽庭院建设过程中。2019年6月，苏州市妇联、吴江区妇联先后召开美丽庭院建设现场会，引入苏州农职院资源为J村庭院改造提供指导。此时，J村"美丽庭院"建设户已达45户，其中20户被评为星级示范户，还形成一支"美美J村"志愿者队伍。2019年7月，苏州市农业农村局联合苏州市妇联召开全市范围内的美丽庭院建设讨论会，发布《苏州市美丽庭院建设实施方案》和《苏州市美丽庭院建设标准(试行)》，组建苏州市美丽庭院建设指导队伍，明确社会组织在美丽庭院建设中参与、跟踪、评估及退出的机制，这为J村美丽庭院建设提供了指导标准，也明确了社会组织在美丽庭院建设中的角色定位。2019年8月，苏州市妇女联合会开展美丽庭院骨干培训班，通过实地走访及专家授课等方式提升美丽庭院骨干成员的能力，这对改善J村妇女美丽庭院建设能力不足问题有较大作用，极大扩展J村美丽庭院建设的力量。2019年9月，J村美丽庭院一期建设项目结束，后续J村继续推进美丽庭院二期、垃圾分类及村内自组织培育等项目。

本文选取该案例，主要基于三点思考：一是J村美丽庭院改造行动的发起部门是妇女联合会，行动的骨干成员绝大部分是女性，参与成员均为农村女性；二是J村女性在美丽庭院项目建设中主体性及行动方式均有动态发展，提供了观察农村女性社会参与行动体系的窗口；三是J村美丽庭院改造行动是多主体联动，妇女联合会统筹、社会组织承接及村民共同参与的新形式，有效引导女性参与农村人居环境改善，对其他地区如何引导妇女参与乡村振兴建设有参照效应。

四、庭院改造中农村女性的个体、圈子、志愿队与游离

在"美丽庭院"项目实施过程中，妇女联合会系统、社会组织与农村女性围绕项目初期阶段的项目宣传、专业关系建立及问题与需求认定，中期阶段的改造方案制订、杂物清理及美丽庭院营造，结束期的美丽庭院运营与管理问题等内容，谱写农村女性参与人居环境改善的多元互动图景。

(一)农村女性初尝庭院改造："关系上悬浮的个体"

按项目要求，"美丽庭院"项目初期需完成项目宣传、专业关系建立及问题与需求认定三项工作，而这均需J村女性的参与。但吸纳J村女性参与庭院改造项目并非易事，因为绝大多数J村女性都身处繁重的家庭与工作中无法抽身。也就是说，要让J村女性从本就繁忙

的家庭与工作中抽时间参与庭院改造，难度颇大。后多方协同讨论确定J村妇女联合会系统统筹协调、女性领头人带头参与及蓝天环保社会组织入户招募相结合的动员方式，协调完成项目初期任务。

区镇妇女联合会统筹下，J村妇女主任先后通过确定美丽庭院规划路线、选取美丽庭院参与农户名单、对接承接社会组织等工作，确定J村“美丽庭院”改造项目的框架。在此过程中，J村妇女主任杨女士参照区镇有关“美丽庭院”建设的文件要求，初步确定J村小清河北岸20户为改造户，但实地执行过程中发现只能招募到10户改造户，其他户均以工作忙没时间无法参与。后J村妇女主任杨女士调整项目思路，转向小清河南岸招募改造户，最终招募到10户。这样，J村小清河南北两岸共20户改造户（均为女性参与）成为服务对象。对招募的20户改造户，J村妇女主任杨女士充分利用了亲缘关系、邻里关系及业缘关系挖掘农村女性带头人加入，然后再通过农村女性带头人撬动其他群体参与。

具体来说，J村妇女主任招募的第一位改造户是自己刚从工厂退休的妈妈——芳女士。之所以招募芳女士参与，是因为其家有开民宿且改造庭院的需求，芳女士出于支持女儿工作及民宿发展的需要，乐于参与项目。芳女士参与项目后，先把自己的表亲妹妹邀请参加，后又带动6位亲朋参与庭院改造，还有4户是芳女士亲戚动员的亲朋参与，这充分体现了亲缘关系在改造户招募中的作用。此处，7户改造户通过邻里关系参与项目，还有1户是通过与妇女主任的业缘关系参加项目。尽管20户改造户通过熟人关系参与项目，但在庭院改造中这些改造户并未将熟人社会关系的功能延伸，致使原本植根在熟人社会的关系主体在庭院改造中成为“关系悬浮上的个体”。当然，除关系功能未延伸外，这种悬浮还体现在因项目而结成的新群体缺乏互动的主体性与能动性。而这种主体性与能动性的相对薄弱，源于互动场域、内容及主体的改变，致使其主体性及能动性发挥受到限制。

确定改造路线与改造对象后，J村妇女主任负责将经过招投标中标的社会组织——蓝天环保社会组织引入村内，并协助其开展项目宣传、入户建档、问题与需求确认工作。作为项目承接方，蓝天环保社会组织要在J村进行为期一年的庭院改造活动。项目初期，蓝天环保社会组织主要面向选定的20户改造户进行机构宣传、项目宣传及寻找项目的支持者。因为J村之前并没有社会组织入驻，村民普遍对社会组织缺乏基本认知，导致蓝天环保社会组织的宣传遭遇困境。为扭转困境，蓝天环保社会组织通过J村妇女主任引介进入J村村民微信群，借助该平台完成组织及项目执行团队介绍。同时，蓝天环保社会组织通过线上和线下相结合的方式进行项目宣传。线上，主要是向改造户介绍“美丽庭院”改造的工作内容及进度安排；线下，主要利用J村大讲堂面对面宣传项目及解答项目中的疑惑，结合入户调查的机会宣传项目。入户调查是社会组织了解改造户问题、需求及寻找项目支持者的重要机会，社会组织通过走访活动建立了20户改造户的档案，并挖掘多名项目志愿者。

（二）庭院改造中的农村女性社群：“圈子中的互助”

经过项目初期的工作，项目中期主要围绕庭院改造方案制订、杂物清理及美丽庭院营造三项内容展开。此过程中，农村女性由项目初期的“关系上悬浮的个体”逐渐发展出不同的圈子。这些圈子在庭院改造过程中发挥出促进女性成长、推动庭院改造完善及促使女性参与村庄其他公共事务的功能。

庭院改造方案的制订撬动农村女性圈子的互助。针对各家庭院的情况，制订专业化的改造方案,改造方案通过后才能开始庭院改造实施行动。但庭院改造方案的专业性较强,既要符合改造户的需求,又要具备科学性、审美性及可操作性,这远超出蓝天环保社会组织和20户改造户的能力。为此,蓝天环保社会组织通过专业资源链接到专业老师,邀请其在结合社会组织入户调查档案和实地考察的基础上,为20户庭院改造户设计庭院内外的改造图纸。但庭院改造图纸设计后,又遭遇大多数改造户因文化、阅历等原因无法理解图纸的困境。后续,蓝天环保社会组织专门邀请专业教师详细为改造户讲解图纸内容。整理20户改造户的庭院改造图纸来看,庭院改造主要围绕室内空间布局、功能分区,室外功能改善、绿植营造等展开。有趣的是,在同设计师商定庭院改造图纸方案的过程中,亲缘关系构成的改造户圈子和邻里关系构成的改造户圈子开始互助。这种互助主要体现在提出对其他家庭院改造图纸的建议,并主动提出将自家闲置的庭院改造资源共享给圈子内的成员,并承诺会一起改造庭院。比如,芳女士在与亲缘改造户圈子沟通后提出庭院内要改善功能分区,既要增设茶水间功能、垃圾分类功能,还要改善庭院的观赏功能。同时,室内物品的收纳需更系统设计。在改造过程中,伴随亲缘圈子成员庭院改造知识不断丰富及能力的提升,她们开始相互参与各家的庭院改造。惠女士家的庭院比较大、地面都是水泥地、栅栏围墙,但整个庭院杂物较多、东西摆放不规整。惠女士与设计师沟通多次,但仍不能满足其要求,这导致其庭院如何改造陷入困境。后蓝天环保社会组织多方取经,尤其听取惠女士邻里圈子成员提及其喜欢古色古香的庭院风格建议,最终形成将其主屋西侧水池区域规划成农具杂物的收纳区,西侧侧门南区改造成休闲区,西侧屋前布置花架,东侧狭长过道布置植物景观,栅栏围墙上种花的改造方案。而栅栏围墙上种花这条改造建议最令惠女士满意,而该建议主要是源自社会组织吸纳惠女士邻里圈子成员的信息。庭院改造方案制订过程中农村女性开始思考庭院的风格、资源、庭院规划后的用途及圈子成员的互助,这些均体现了农村女性主体性发展,对人居环境改善有积极作用。

庭院杂物、杂草整理过程中,社会组织与外部志愿者共同推进农村女性圈子的黏合。庭院改造方案确定后,需完成小清河沿岸家庭破旧围栏的拆除、庭院杂物整理及清除杂草等工作。结合20户改造户本身空余时间有限与庭院清整工作耗时耗力,担心清整工作耗时影响改造进程的实际情况,蓝天环保社会组织通过宣传部文明办搭建的志愿者平台招募大学生志愿者协助庭院清整工作。为确保大学生志愿者能深度持续参与本项工作,蓝天环保社会组织经协调沟通,确保参与的大学生志愿者可得到学校实践学分,又能体验农村生活,还能从社会组织处获得相应奖励。大学生志愿者加入20户改造户的庭院清整工作,不仅消除了改造户无暇清整的负担,女性改造户圈子又在此过程中延伸出"外人都来帮忙,自己也得努力""庭院都清理了,需要好好改造庭院""社会组织做事还是专业"等观念,进一步撬动圈子成员黏合起来参与庭院改造。经过庭院清整,改造户庭院呈现可改造样态,为庭院改造铺设空间基础。

庭院改造中社会组织、家庭成员及妇女联合会系统合力激发农村女性圈子的深度互助。庭院清整后,参照庭院设计图纸选择适合的花木、整理架、景观点物品及按照图纸施工,成为摆在庭院改造户面前的现实任务。针对改造户对花木不了解、整理架及景观点物品制作与采买不清晰的问题,社会组织通过开展专业知识讲座、改造旧物及上门指导相结合的方式,开展辅导服务。社会组织开展了为期四周的专业知识讲座,重点介绍花卉植物选取、庭院改造要求、庭院改造方式及花卉植物养护等内容。培训中倡导农村女性庭院改造要切合本土化、可行性与可操作性。同时，社会组织倡导旧物利用，通过专门讲座和上门指导相结合的方式，将庭院清整出的旧物（轮胎、酒缸、渔网、玻璃瓶、木具、农具、砖块等）改造转化成庭院营造的景观。比如，兰女士原本在家庭中地位不高，家庭成员关系也不和谐。参加庭院改造后，兰女士结识一群对花草感兴趣的改造户，形成自己这么多年都没有形成的圈子。她们相互分享家长里短、互相帮助庭院改造，彼此价值感得到增强。庭院改造后，丈夫对兰女士“客气了很多”，身为泥瓦匠的公公主动帮助她用废旧砖头砌墙、将废酒缸改造成花盆，婆婆帮助她打理花草，家庭关系因庭院改造变得和谐。同时，她公公还主动帮助其他家庭进行围墙改造，圈子里的人也帮助兰女士种花草。庭院改造不仅改善了庭院，也拓展完善了兰女士的村庄关系，还增强其价值感。整个过程中，村镇妇女联合会通过上门指导、入户调研及多方链接资源等方式保证改造过程有序完成。

（三）庭院改造后的农村女性维持:“规范的志愿队”

庭院改造完成后，“美丽庭院”项目后期主要围绕美丽庭院示范户评选、庭院后续管理与维护等内容展开。此过程中，农村女性由项目中期发展的不同圈子逐渐演化成“规范的志愿队”，并在庭院改造的管理、维护与后续发展中，乃至乡村公共事务治理中发挥作用。

庭院改造完成后，吴江区妇女联合会通过系列做法巩固美丽庭院建设成果。一是通过美丽庭院的评选促进美丽庭院建设。蓝天环保社会组织依照吴江区妇联发布的《吴江区美丽庭院建设工作实施方案（试行）》的要求，组织庭院改造户申请美丽庭院示范户。经社会组织动员及改造户申请，最终 20 户改造户中 6 户获奖，并分别获得 2000 元的物质奖励。同时，吴江区妇女联合会通过新媒体、报刊宣传栏等方式，宣传吴江区范围内美丽庭院特色做法、庭院改造成果及感人事迹，营造了良好的美丽庭院改造氛围。吴江区妇女联合会有关美丽庭院示范户的评选，使农村女性认识到政府对美丽庭院建设的重视，增强了妇女参与美丽庭院建设的积极性，促使更多家庭参与庭院改造。二是建立美丽庭院多方共治的长效监督机制。吴江区妇女联合会提出美丽庭院“三分在建，七分在管”，要建立健全长效管护机制，实现由“以建为主”向“建管结合”转变。为落实该机制，配套制定了美丽庭院的进退出机制，倡导各村配套制定美丽庭院监管机制，充分利用村民互评、活动激励、挂牌摘牌机制等举措，维护好美丽庭院建设成果，营造良好创建氛围，激发村民自治，助力乡风文明建设。三是通过宣传与参访等外部形式巩固美丽庭院建设成果。因 J 村美丽庭院建设取得显著成效，吸引政府、媒体及学界前往参访及调研，一定程度上督促居民维护美丽庭院建设成果。我们在项目点调研的一个月内，就先后有 6 个参访团到 J 村参访调研美丽庭院。

在妇女联合会系统全力保障的推动下，改造户的圈子在项目过程中逐渐分化整合组建一支名为“美美 J 村”的志愿者队伍。这支队伍由 20 户改造户中的 17 人构成，由蓝天环保社会组织的项目负责人担任队长。这支队伍的成员主要来源于两个途径：一是 J 村传统志愿成员的再激活；“美美 J 村”志愿队成员中原本就有一部分成员就是 J 村志愿队成员，因该志愿队经营不善，志愿队陷入名存实亡的状态，后该志愿队的成员加入“美丽庭院”项目，这个项目促使这些志愿队成员重新激活了志愿者的身份和志愿行动，因而成为“美美 J 村”志愿队的成员。二是“美丽庭院”项目中的成员转化成“美美 J 村”志愿队成员。志愿者队伍形成“美美与共”小组契约，契约共计 11 条，重点要求志愿者队伍成员参与志愿活动、参与村委管理、维护公共环境卫生、维护庭院美化、做好垃圾分类及遵守基本的行为规范。在小组契约的要求下，志愿者队伍成员除在私领域进行美丽庭院维护外，还积极参与公领域的改造（围墙改造、垃圾分类房建设、花籽取用亭的建设），担任专职美丽庭院项目监督员、美丽庭院项目二期的志愿者及成立备案自组织。志愿队在公领域的工作，不仅巩固扩大"美丽庭院"建设成果，还促使更多村民参与乡村公共事务建设。其中，社会组织与志愿者队伍共同搭建的"中国J村花籽取用亭"，由社会组织和庭院改造家庭的村民将花种放置到花籽房，供其他有需要的村民取用，为庭院改造项目延续提供了一个自治的公领域。同时，志愿队成员担任专职庭院项目督导员，利于志愿队及庭院改造项目的可持续发展及庭院改造成果的维持。项目结束后，所培育的志愿者队伍及备案自组织已成为乡村人居环境改善的自治力量。

(四)农村女性庭院改造中的例外："游离者"

参与庭院改造的20户并非全然经历"个体—圈子—志愿者队伍"的行动方式演进，也存在2户例外的情况。她们因工作与家庭照顾负担较重，不能按时参与社会组织的活动，也无法参与项目内的互助及分享，致使其成为项目中的"游离者"。尽管是"游离者"的身份，但她们也陆续完成了既定任务。这说明，尽管农村女性对美丽庭院项目有充分的参与动机，但沉重的家庭照顾负担会限制其行动，进而限制其参与其他事务的可能性。如何将农村女性从固化的家庭任务中暂时解脱出来，进而撬动农村女性发展可能性，需深度思考。

五、"气、社、政"协同推动农村女性的庭院改造

庭院改造中J村女性的行动方式经历了从个体到圈子再到志愿队的发展，J村庭院也呈现出从破败杂乱向别致整洁的转变，J村公共事务中女性的声音与行动逐渐增强。这些转变，都是女性性别气质、社会组织专业支持及妇女联合会系统多维保障共同构筑的结果。

(一)女性性别气质是农村女性参与庭院改造的独特优势

传统性别文化赋予农村女性参与庭院改造的基础，女性庭院改造活动又重塑其原有的性别气质内涵。按照"男主外、女主内"的分工模式，女性通常被赋予在家庭内工作的角色，负责照顾家人生活起居、打扫院落及农业生产活动。此过程中，女性逐渐内化了家庭范围内事务处理的经验、技巧及责任。"美丽庭院"项目就是吴江区妇女联合会试图将女性与特殊优势相结合，促进女性在熟悉领域发光发热，同时，带动女性在熟悉领域向村庄治理等政治领域发展，进而促进女性发展。可以说，项目初衷切合了两性分工中女性的性别气质。"美丽庭院"项目实施过程中所要求的花木植物打理技巧、庭院功能分区及庭院管理维护，都是农村女性日常生活的组成部分。当原本属于农村女性私领域的"分内"工作转变成公领域的项目任务，农村女性在自己熟悉领域获得展现机会，不断在个体、圈子及志愿者队伍等多个层面激发改造的创造力，使其生活技能、交往圈子及个人特质均得到提升，带动其主体能动性的发展。尤其是当被评选为美丽庭院示范户后，女性的价值观、信心与荣誉感被极大激发，为其后续参与公共事务奠定基础。可见，私领域的庭院整理工作变成公领域的庭院改造活动，技术、资源及政策的带入，虽未能促使传统分工发生质变，但带动农村女性发生认知及行动改变，凸显了女性的价值及独特优势。

(二)社会组织为农村女性庭院改造行动护航

社会组织保证了美丽庭院项目的持续推进,所提供的技术、资源及管理规范至关重要。“美丽庭院”项目开展过程中,蓝天环保社会组织开展了庭院改造规划方案、帮助清整杂物、免费提供花卉植物培训、协同开展旧物改造、志愿者队伍组建与管理、美丽庭院示范户评比、建设花籽取用亭等主要工作,这些工作保障了农村女性参与积极性、项目的有序推进及项目成果的产出。尤其对没有接触过社会组织,对庭院改造没有任何经验的农村女性来说,社会组织的服务切实帮助其进行庭院改造,起到直接保障作用。这启发我们,当政策落实到农村女性群体时,她们因时间、文化及家庭等原因,并非天然就能接受且积极参与,如何将政策在基层精准落实需要深度思考。社会组织作为具备技术、资源及管理规范的服务主体,能够在一定范围内辅助政府进行政策精准落地及取得政策预期效果。所以,政府以项目制方式购买社会组织服务,对推进农村地区公共事务治理具有重要作用。

(三)政府全力保障农村女性参与庭院改造

“美丽庭院”项目的落地,离不开妇女联合会系统及农业局的统筹规划、政策支持、技术指导及制度支撑。在妇女联合会不同层级系统的工作中发现,妇女联合会系统间合作有序,效果突出。响应乡村振兴战略要求,苏州市农业农村局和苏州市妇女联合会统筹规划美丽庭院建设项目,并为项目实施编写指导方案、组织美丽庭院女性骨干培训、链接多方资源、多次开展项目推进会、组织现场调研会及美丽庭院成果推进会,极大地保障了美丽庭院项目的实施。吴江区妇女联合会采取项目制的方式,引入社会组织开展项目,搭建了项目开展的组织架构。同时,吴江区妇女联合会通过明确美丽庭院标准化建设规范、培育示范点、打造志愿者队伍、制定长效监督管理机制、提供大量资金与人员支持等多举措搭建美丽庭院项目建设的制度架构。镇村妇女联合会作为社会组织入村开展项目的枢纽、引导者及协助者,在美丽庭院建设初期扮演社会组织与居民的枢纽者角色,中期直接参与项目建设及协调各种关系资源,后期又以监督者与维护者的角色检视项目成果及维护项目成果。这既发挥了村镇妇女联合会熟悉情况、易开展工作的优势,又促成社会组织将其专业性、服务资源及项目效果呈现出来。

六、结论与讨论

妇女联合会系统将乡村人居环境改善与发展农村女性治理能力相结合,自上而下推动“美丽庭院”项目。该项目以乡村振兴战略中农村女性公共事务工作为抓手,将农村女性由悬浮个体逐渐向圈子、志愿者队伍,甚至是自组织方向转化,是极具性别意涵的社会改造运动。

庭院改造行动中妇女联合会系统、社会组织及农村女性,扮演不同角色、拥有不同分工、提供不同资源,展示了多元协同运作庭院改造项目的模式。庭院改造项目中的多元协同突出体现在妇联系统的优势在于内部分工明确、制度结构完整、建设标准明确、奖惩规范清晰及可持续发展能力突出,社会组织在专业性、资源动员及管理能力方面力量突出,农村女性的需求、能动性、优势及处境改变对庭院改造行动相当重要，村民的资源及参与性要积极调动。但不可否认，庭院改造行动中农村女性仍存在对私过分考虑，工作与家庭负担过重限制其参与，自身能力与文化水平过低导致参与水平不高等问题；社会组织突出面临人员不足、管理制度规范性欠缺、专业性亟待提升及如何协同妇联系统等困境；妇联系统也遭遇工作人员负担过重、变动频繁、项目购买可持续性差及过度参访造成的压力等问题。

未来的乡村治理过程中，如何建立妇联系统、社会组织及农村女性深度的、可持续的及效果导向下的多元协同治理模式，需要深入思考。但不可否认，J村“美丽庭院”建设中对多元协同治理模式的探索极具借鉴价值。

Rural Women's Courtyard Renovation Action in the Multiple Collaborative Governance Mechanism

—An Empirical Study on Women in Village J, Suzhou, Jiangsu Province

Wu Yanhua　Hou Jindou　Yang Jingjing

(Hohai University, Nanjing, 210098)

Abstract: Under the current background of vigorously implementing the strategy of rural vitalization in China, it is worth paying more attention to the local women's participation in the rural governance. Based on the multiple coordinated structural interaction among women's federations, social organizations and the rural women in the "beautiful courtyard" project in Suzhou, this paper analyzes the evolution process of women's participation action in the courtyard renovation in Village J from four perspectives, namely, individuals, social circles, volunteer teams and exceptions, and investigates the interaction mechanism among women's federations, social organizations and the rural women. Furthermore, we explore the effective methods to encourage the rural women to participate in the governance of village's public affairs. The study found out that, rural women's action evolved from the phases of "individuals suspended in relations", to "mutual social assistance in the circle", and then to "standardized volunteer teams", etc. Women's gender temperament, support from the social organizations and governments' power constitute the guaranteed mechanism of their actions. However, in the multiple collaborative governance model, there exist certain dilemmas in the effect-oriented process for a profound and sustainable interactive transformation. Consequently, as a natural requirement of women's high-quality development in the rural vitalization project, it is meaningful to attach more importance upon the exploration of much more flexible and efficient collaborative governance mechanism among women's federations, social organizations and the rural women.

Key Words: rural women; courtyard renovation; multiple collaborative governance; renovation action

女性与工作-家庭

Women and Work-Family

Women/Gender Studies

女权主义关于人类再生产劳动探究:困境与出路

佟 新*

内容摘要:在新自由主义的大背景下,全球资本主义和数字资本主义迅速发展,为女权主义倡导的性别平等带来了巨大的挑战,其挑战的核心议题是经济发展并未解决人类生育与抚育等无酬照料劳动的问题,第三波女权主义展开了对知识生产的反思和行动。反思依靠家庭劳动性别分工的人类再生产活动通过强化母职的文化加深了女性在职场和家庭选择中的困境。一方面,竞争的、男性气质的、工作至上的新自由主义的职场文化,职业女性要么回到家庭,要么努力平衡工作与家庭的责任;另一方面,社会依靠现有性别、阶层、地区/城乡与种族间不平等的社会结构建立起人类再生产活动的商品化替代照料劳动,加剧了生产系统中性别不平等的复杂性。女权主义倡导反思现有实现人类再生产劳动的知识体制,建立起男性参与、组织参与和国家参与的公共照料模式。

关键词:照料劳动;密集母职;交叉性理论;知识生产

女权主义既是一套思想体系亦是社会实践和社会行动,其理论发展紧紧围绕现实性别问题而展开。自21世纪以来,女性接受高等教育日益均等,劳动参与率也日益提升;在工作场域中,她们接纳着新自由主义强调自我、自主和竞争的工作伦理;在家庭领域中,她们承担着人类再生产的照料劳动的多重责任,且要求她们要更付出心血的照料责任。女权主义者们再次质疑现有照料劳动的性别分工的知识生产。

大卫·哈维将新自由主义视为一种政治经济实践的理论,通过稳固的个人财产权、自由市场、自由贸易的制度框架,释放个体企业的自由和技能,即试图把一切人类行为都纳入市场领域,由此促成人类最大限度的幸福。① 事实上,将一切纳入市场领域的构想无法把马克思强调的"两种生产——物的生产和人自身的生产"统一起来,物的极大丰富并没有在最大限度上促进人特别是女人的幸福。女性面对在家中要承担的生育和养育责任,她们不得不采取晚婚晚育,甚至不婚不育的应对策略。而爱的驱动又使她们不得不承担起照料劳动的责任,要么与传统女性一样成为全职妈妈,要么努力平衡工作和家庭的责任,并寻找可替代的帮工完成家庭中的照料劳动。新的经济增长没能解决几代女权主义者期望女性在家庭内外的性别平等。女性生活变得愈加原子化,性别平等和女性解放的目标更加遥不可及,这正是新一代女权主义者们面临的困境。

---

* 佟新,女,北京大学社会学系教授、中国社会与发展研究中心研究员、中外妇女研究中心副主任,著有《社会性别研究导论》《女性高层次人才成长规律与对策研究》等著作。

① 大卫·哈维.新自由主义简史[M].王钦,译.上海:上海译文出版社,2010:2.

一、围绕人类再生产问题的女权主义理论及其争论

1792年，自由主义女权主义代表人物——英国作家玛丽·沃尔斯通克拉夫特（Mary Wollstonecraft）写下《妇女权利宣言》，要求女性应享有所有男性具有的权利和自由，通过法律使两性在政治、法律、军事、经济、职业和受教育方面享有同等权利和机会。两百多年过去了，妇女早就获得了选举权。然而，自由主义女权主义或新自由主义女权主义的不足是，性别不平等的重要制度基础——家庭和家内的劳动性别分工并没有被触及，妇女即使获得了公民权、获得了工作权，但她们依然是家中无酬照料劳动的主要承担者。

家庭内劳动性别分工的功能论一直弥漫在父权制社会。美国社会学家帕森斯的结构功能主义的家庭观认为，家庭在满足社会的基本需要和维持社会秩序方面有重要功能。现代核心家庭的劳动分工或角色的专门化有利于工业社会需求，丈夫承担养家糊口的工具性角色，妻子在家承担情感性的角色。[①] 1963年，美国学者弗里丹用《女性的奥秘》一书揭示了，家庭事务与公共事务的分离和妇女被局限在家庭的现象是妇女经济边缘化和社会依附化的根源。她通过对美国白人、中产阶级家庭主妇的访谈，描写了那些陷入抚养孩子和做家务等无休止劳动的家庭主妇的孤寂与枯燥生活，揭示了看似安适、充满爱的家，对女性就是充满了焦虑的，甚至是"令人窒息的"地方。事实上，男女皆承担工具性角色和情感性角色，有意地将家庭劳动分工延续到公共领域是将性别不平等合法化的手段。[②]

各流派女权主义皆认识到家庭制度是性别不平等生产和再生产的重要机制。马克思主义女权主义揭示得最彻底，女性在资本主义中受到的压迫具有特定形式，即她们被排除在有酬劳动之外，并在家庭领域扮演生育和养育的再生产的角色。父权制资本主义的模式不仅占有了女性无偿的家务劳动的利益，还将女性束缚在家庭中。传统的性别劳动分工通过资本和男性掌握的等级组织和控制技巧扩展到现代劳动制度中。具有父权制特征的劳动力市场加剧了对女性劳动者的剥削，家庭劳动性别分工的"永久化"是资本主义和父权制共同作用的结果。[③] 文化女权主义认为，女性的家庭角色和社会赋予女性在家庭中的价值掩盖了她们家务劳动的价值。法国女权主义学者波伏娃在1949年的《第二性》中指出，女性处于"二等公民"的处境，源自她们的地位处于一种自然存在的形态。要反思男权文化，重塑女性的生存状态。[④] 激进女权主义则更为尖锐地指出，性关系和家庭制度构成了男性对女性的统治。婚姻制度是一种"性契约"，使女性在家庭中服从男性，提供免费的家务劳动；公共领域的社会契约则有效地维持家庭中的性契约，使女性处于从属地位。[⑤] 1971年费尔斯通的

---

① Parsons, T., Bales, R. F. Family, Socialization, and Interaction Process[J]. British Journal of Sociology, 1957, 7(1).

② 贝蒂·弗里丹.女性的奥秘[M].成都：四川人民出版社，1988.

③ Hartmann, H. Capitalism, Patriarchy, and Job Segregation by Sex[M]// Blaxall, et al., eds. Women and the Workplace: The Implications of Occupational Segregation. University of Chicago Press, 1976:137-169.

④ 西蒙娜·德·波伏娃.第二性[M].陶铁柱，译.北京：中国书籍出版社，1998.

⑤ 卡罗尔·帕特曼.性契约[M].李朝晖，译.北京：社会科学文献出版社，2004.

《性的辩证法》一书强调，男性通过性与情感的割裂获得政治优势，女性一直在寻求性与情感的统一，寻找温暖和认可，但却无法从男人那里得到情感滋养和认可，而处于不利位置。①

对于家庭制度的质疑和批判形成的在20世纪六七十年代产生了两种行动策略：一是激进女权主义倡导反对婚姻制度，以不婚或女同性恋婚实现私人领域的女性解放；但这一主张主要发生在思想界，其行动者是少数。二是大量的女性进入有酬劳动领域，谋求经济独立条件下的婚姻内的性别革命。

二、停滞的或持续进行的性别革命

新世纪前后，女权主义学者看到，近几十年来妇女大量进入劳动力市场，但这一趋势并没有相应地增加男性在无酬家务劳动中的份额，也没有更多的男性进入传统上以女性为主的职业。与此同时，公共政策将时间和资源的分配更多地投向儿童，女性即使进入有酬劳动，她们仍被期待以主要精力从事无薪的照料劳动，以儿童为中心的养育责任更加重了女性利益的受损。② 有学者称这种状况为停滞的性别革命。③ 女性们开始意识到其生活的艰难、压力、冲突和孤独，她们感受到无论是工作的丈夫、男性雇主还是政府都在要求女性在工作中承担起责任；但又不会在职场上和家庭中给予支持。而进入第三波发展的女权主义者开始着重于质疑知识的生产，即一整套有关母职的文化是如何生产，并深入地左右了现当代女性的生活，并再生产出性别不平等。

（一）日益增加的密集母职的意识形态

母职（motherhood）意识形态是指人们有关女人成为何种母亲的一种信仰与观念。传统母职的意识形态认为，女性作为一名具有奉献精神的母亲是自然属性，为孩子牺牲自我，为女性提供了重要的满足感。传统意识形态是一种社会建构，其建构出来的信仰还包括了：第一，成为母亲就是对女性价值的肯定，同时对那些不想当母亲的或没能当母亲人的充满谴责。第二，强调母亲在生产、哺乳和抚育过程中以孩子为第一位的自我牺牲精神。“伟大的和无私的母爱”不仅是赞誉，要求母亲为子女作出牺牲。第三，它相信女性天生擅长照顾人，适合承担照顾婴儿、儿童、老人和丈夫的工作。

乔多萝在1978年就对母职的再生产进行研究，她指出社会化过程存在一整套母职再生产的逻辑，它使女性看起来乐于承担母亲角色，男性却没有为父职做好准备。因为大部分孩子都是由妈妈带大的，但男孩和女孩却因妈妈的作用发展出不同的“性别个性”，女孩在成长过程中会倾向于复制母亲角色，男孩则倾向于寻找和母亲相似的伴侣。母亲比父亲更多地

---

① Shulamith, F. The Dialectic of Sex: The Case for Feminist Revolution[M]. Morrow, 1970.

② Folbre, N. Who Pays for the Kids: Gender and the Structures of Constraint[M]. London: Routledge.1994.

③ England, P. The Gender Revolution: Uneven and Stalled[J]. Gender & Society, 2010, 24(2): 149-166.

参与养育过程本身产生父亲天生就不适合带孩子的普遍错觉。[①] 同时，强烈的母性行为最可能增加社会性回报。[②] 霍赫希尔德则批评乔多萝的理论过于刻板，她指出两性参与育儿的状况既受到成长过程中母亲的影响，同时也与他们是否认同母亲角色和更广泛的关于男性气概和女性气质的社会文化因素有关，这其中包含着不同的性别策略。[③]

1996 年，海斯提出了“密集母职”的概念，指出新自由主义的经济发展模式产生了一种文化意识形态，它强调养育儿童是一种“以儿童为中心的，由专家指导、母亲投入情感和劳动，且价格昂贵的”行为，这样做的才是“好妈妈”，也只有这样的母亲才能培养出理想的、成功的孩子。密集母职成为一种普遍的社会期待。[④] 教育的阶层差异呈现出对“好孩子”和“好妈妈”的不同定义，工人及贫穷阶层的母亲培养的“好孩子”是听话的、服从权威的孩子；而中产及以上阶层的母亲则培养孩子的健全的自尊和内在的品性。但在强调母亲与孩子之间独一无二的联结上却无阶层差异。[⑤] 以美国为始，这种密集母职的意识形态不断通过媒体和市场向各个国家蔓延。

当中国融入全球化的过程时，密集母职的塑造是显而易见的。我国从事性别研究的学者密切地关注到现代文化对母职的塑造。对 2012 年《父母必读》杂志的文本分析发现，杂志极力建构的理想母亲形象是：遵循育儿专家的指导的、花费高昂的、以家庭和孩子为重。[⑥] 专家的话语、商品化的力量和儿童优先的话语促成母亲对孩子的爱，对孩子投入情感、时间和金钱[⑦]。母亲要承担起对幼儿的照顾责任，还要成为符合现代标准的全知全能的“教育型妈妈”。[⑧] 回顾对理想化母亲形象的想象，20 世纪 80 年代杂志用国家话语提倡父母、祖辈与父辈共同育儿；90 年代强调母亲素质，好母亲应该提高自身素质以培养适应竞争社会的高素质儿童；21 世纪以来，杂志对好母亲的多元标准，要求好母亲是理性的、遵从专家、能够利用育儿商品和服务的，且能够“养育快乐的孩子”。[⑨] 当社会结构出现阶层固化趋势时，“拼妈”成为使孩子能够实现阶层向上流动的竞争。[⑩] 中国城镇不仅存在密集母职，还呈现了母职的“经纪人化”，母亲要能够帮助子女在激烈的教育竞争中获得优势。[⑪] 母职知识的塑造

---

① Chodorow, N. The Reproduction of Mothering: Psychoanalysis and the Sociology of Gender[J]. Berkeley California University of California Press, 1978, 41(2):208-215.

② Judith, L., Laub, C. R., Rossi, A. S. et al. On “The Reproduction of Mothering”: A Methodological Debate [J]. Signs: Journal of Women in Culture and Society, 1981,6(3): 484.

③ Hochschild, A. R., Machung, A. The Second Shift: Working Families and the Revolution at Home[M]. Penguin, 1989.

④ Larossa, R., Hays, S. The Cultural Contradictions of Motherhood[J]. Journal of Marriage & Family, 1996, 59(3):1159.

⑤ Cameron, L. Macdonald, Manufacturing Motherhood: The Shadow Work of Nannies and Au Pairs [J]. Qualitative Sociology, 1998, 21(1): 25-53.

⑥ 陶艳兰.流行育儿杂志中的母职再现[J].妇女研究论丛，2015(3)：75-85.

⑦ 陶艳兰.养育快乐的孩子——流行育儿杂志中亲职话语的爱与迷思[J].妇女研究论丛，2018(2)：31-45.

⑧ 金一虹.社会转型中的中国工作母亲[J].学海，2013(2)：58-65.

⑨ 陶艳兰.塑造理想母亲：变迁社会中育儿知识的建构[J].妇女研究论丛，2016(5)：25-37.

⑩ 金一虹，杨笛.教育“拼妈”：“家长主义”的盛行与母职再造[J].南京社会科学，2015(2)：61-67.

⑪ 杨可.母职的经纪人化——教育市场化背景下的母职变迁[J].妇女研究论丛，2018(2)：79-90.

既反映国家与家庭关系的变化,也反映家庭领域内传统的性别分工制度的延续。

(二)职场妈妈:工作和家庭平衡的神话

职场女性,自进入职场就已被预设为要当妈妈的人,这种母职身份的认定导致了世界范围的两性工资差,各国女性工资大约只是男性工作的70%。政治经济学女权主义称其为"母职惩罚或照料惩罚"。福布雷认为,职场女性从事家庭照料工作中受到两类照料惩罚:一是家庭照料惩罚,那些在家庭中承担照料工作的女人是低就业率和低薪资水平的人,在其他条件相同的情况下,成为母亲的女性的收入比其他女性要低得多;二是有酬照料惩罚,那些从事有酬照料的服务工作在劳动力市场中是低工资的。在其他条件相同的情况下,从事照料工作的女性收入要明显低于从事其他工作的女性。①

从知识生产上,女权主义指出,新自由主义倡导的与资本主义生产相联系的一套工作意识形态亦成为精英女性的追求。一方面,她们在情感和时间上将工作放第一位,认同工作是提供其独立社会地位和满足感的关键因素;另一方面,她们接受这一价值观会更进一步鼓励男性在职场发展的意识形态,要支持丈夫将更多的情感和时间花在工作上,由此她们必须承担起照料责任。这使女性看起来自由地选择了边工作边承担家务的双重责任,但重要的是,在新自由主义的工作理念上,职场女性别无选择。

关于职场妈妈研究指出,职场母亲处在工作和母职的双重规范下。她们最大的压力来自文化,当一国文化强调育儿是女性责任且强调妈妈要亲力亲为时,家庭的养育责任就得不到伴侣的支持。而解决方案上,最令职场妈妈不满的是,她们必须要依靠市场购买的服务来缓解工作和家庭冲突,因为在母职的意识形态下,养育的商品化并不能够使职场妈妈感到满意,她们没有办法克服自责。② 新自由主义女权主义强调女性选择的自由,但指出要通过公共政策的支持帮助两性获得更多样的选择可能性;而不是所有人只能按照一种生活模式。如同自由主义女权主义一样,新自由主义看重的自由是一种去性别的自由,而无所不在的性别文化则产生了有关自由的性别结构差异和定义。关于自由的、竞争的职场知识本身就是男性气质的,由男性经验决定的。

(三)新型全职妈妈及其困境

经历了200多年的妇女解放运动,进入21世纪又有一批女性不得不回家做了全职妈妈,女权主义者不得不面对现实反思其背后的动力机制。有研究对35个伦敦中产阶级全职妈妈进行访谈,分析其生活经历,讨论全职妈妈的经历与工作、家庭和性别文化之间的复杂关系,研究发现,在"有平衡工作和家庭能力的女性"的理想形式与女性力图实现这一理想的现实之间存在根本性断裂。职场女性一旦有了孩子,那些对她们要求高且令人满意的职业就会变得"站不住脚"了。她们只能在自己的职业、丈夫的职业、育儿和经营家务之中全盘考虑,并最终不得不放弃了带薪工作。这些女性清楚地表明,长时间工作的文化和她们丈夫不

---

① Budig, M., England, P., Folbre, N. Wages of Virtue: The Relative Pay of Care Work[J]. Gender & Society, 2002, 49(4): 455-473.

② Collins, C. Making Motherhood Work: How Women Manage Careers and Caregiving[M]. Princeton University, 2019.

愿参与养育子女的行为，使得这种“平衡工作和家庭的事”变得不可能。这是一种新的“性契约”，一方面，全职妈妈对放弃事业产生自责，自认做家庭主妇的决定是个人的失败；她们虽然有充分理由质疑“个人选择与职业抱负范式”之知识生产的问题，但她们依然会在这种范式中理解自己的经验。另一方面，全职妈妈们敏锐地意识到，正是由于不为工资工作，她们不断地使全职妈妈的地位合理化，她们全心全意做好母职，并通过建立自己的“学习计划”来弥补失去工作身份的沮丧感。全职妈妈无法清楚地理解自己生活的变化，她们甚至希望她们的女儿们未来能够选择比自己以前更适合家庭的职业。而现实的性别文化的话语要求在家女性努力管理自己的愤怒和失望情绪，而不是改变这个分工模式。[①] 全职妈妈虽然自主选择回家，但却深陷传统性别角色的框架中，她们独自承担照顾责任，还要在经济上依赖丈夫，看似平等的婚姻关系看起来像是神话。

(四)母职的商品化与交叉性理论

女性间因阶级、城乡、种族以及性取向差异导致的社会分化是新世纪女权主义面临的重要挑战之一。交叉性理论(intersectionality theory)指出，新自由主义使人们迷恋竞争、独立和个人主义，它难以看到生活中，甚至在全球范围内人们生活的高度相关、相互联系和彼此依赖。利用市场来完成照料责任的妈妈们，其享有的工作机会、生活自由建立在压迫底层女性提供的照料服务基础上。应当看到，妇女受压迫的根源是多方面的，父权制与帝国主义、殖民主义和资本主义等权力关系共同作用于这种压迫；争取性别平等的斗争必须和反对其他形式的压迫相结合。应当反思经常使用的“生育、性别分工、家庭、婚姻、家务、家长制”等概念可能有着不同文化含义，只有充分认识社会结构、历史和文化的复杂性，才能认识争取性别平等斗争的动力机制。

“全球照顾链”的概念特指低收入国家/地区的女性流动到富裕国家/地区，为中产阶级的妇女提供照顾孩子和老人的劳动，在私人领域照料劳动的商品化呈现出对情感剩余价值的剥夺。[②] 在全球照顾链的顶端和底端构成了世界性社会阶级结构的图像。台湾中产阶级女性对“菲律宾女佣”雇佣，缓解了她们与父权制家庭的周旋，用阶级矛盾掩盖了性别矛盾；其本质则是性别不平等与阶级不平等替加在受雇者身上。[③] 中国城市家庭家务劳动和照料劳动的商品化为来自乡镇的“阿姨们”提供了有酬劳动的机会，这些看不见的家政工劳动成为中国经济增长的重要基石。[④]

持有交叉性理论的女权主义者，既看到性别压迫与多元压迫的交互作用，还在方法论上提出知识生产的新的可能性。通过对从事有酬工作的母亲们的经验研究，与“密集母职”相对立的“扩大母职”(extensive motherhood)概念得以展示，单身母亲用不同的方式描述了“扩大母职”的意义，她们重新定义了“好妈妈”是能够给孩子健康的母亲。就业带给她们养

---

① Orgad, S. Heading Home: Motherhood, Work, and the Failed Promise of Equality[M]. New York: Columbia University, 2018.

② Hochschild, A., R. Global Care Chains and Emotional Surplus Value[M]// Hutton, W. and Giddens, A. eds. On the Edge: Living with Global Capitalism, Jonathan Cape. 2000.

③ 蓝佩嘉.跨国灰姑娘:当东南亚帮佣遇上台湾新富家庭[M].台北:行人出版社,2008.

④ 佟新.照料劳动与性别化的劳动政体[J].江苏社会科学,2017(3):43-54.

家的成就感,但她们不满意长时间工作的就业模式。这些必须要工作的母亲,并没有因为要把孩子委托给机构或他人照顾而感到内疚,这也可赋权女性使她们要求家中的男性承担照料的责任。[①]

国内有学者指出,密集母职是中产阶层女性在母职实践中不断内化的自我监控意识;[②]现实中,中产阶级的母职实践与劳动人民的日常生活相去甚远。[③] 我国城镇的全职妈妈得到了来自其家庭内部重要的支持,特别是独生子女一代得到了来自“娘家”的重要支持。形成了代际合作的育儿模式,只是在“科学育儿”的现代育儿理念的作用下,家庭内形成了“严母慈祖”的分工和权力格局。[④] 现阶段,年轻人中出现的对全职妈妈的热议和老龄化所需要的种种护理要求都将照料劳动呈现女性化、私人化和商品化的特征,这深刻地影响着实现性别平等的目标。

三、性别友好型公共政策的实践与意义

要实现性别平等就要去除掉强加在女性身上的养育枷锁,不能期待女性自己想办法解决问题。女权主义倡导要重新思考国家、工作组织、家庭和男性在人类再生产劳动上的责任,要倡导男性、工作组织和国家的共同参与。关键是改变人们对人类再生产劳动之重要性的认知,只有充分认识到人类再生产活动对人类幸福的重要性,才能够促使男性、工作组织和国家参与到这一劳动中。

(一)认知改变是第一位

女权主义的经济学家福布蕾强调应少关注些生产,多关注人类的再生产,关注与人类幸福相关的照料劳动。照料劳作创造、发展和维护着人类的发展和幸福,是整个经济乃至人类社会发展的基础,对长期经济增长具有至关重要的作用。用“看不见的心”比喻照料劳动中蕴含的爱和家庭成员间的经济互惠关系,正如亚当·史密斯所说的“看不见的手”,现代社会正无偿使用着“看不见”的女性照料劳作的“心”。女性照料劳动的高额代价不仅是她们无法发展事业,更是社会利他主义的消失。如果一味地强调经济竞争,而没有社会和集体来承担照顾责任,那么整个社会的可持续发展都将受到威胁。照料工作的经济学外部特征使这一劳动的价值被严重低估,甚至引致照料惩罚。从长远看,这种忽视照料工作的情形会阻碍一国通往繁荣之路。只有加大照料经济的公共投入才有利于长期发展;以公平的方式分配社会再生产的成本,才能使全人类从中获利。[⑤] 照料劳动无法进入公共领域就无法实现公民

---

① Karen, C. Extensive Mothering: Employed Mothers' Constructions of the Good Mother[J]. Gender and Society,2021, 26(1): 73-96.

② 陈蒙.城市中产阶层女性的理想母职叙事——一项基于上海家庭的质性研究[J].妇女研究论丛,2018(2):55-66.

③ 肖索未,蔡永芳.儿童抚养与进城务工农民的城市社会文化调试[J].开放时代,2014(4):183-193.

④ 肖索未."严母慈祖":儿童抚育中的代际合作与权力关系[J].社会学研究,2014(6):148-171.

⑤ Folbre, N. The Invisible Heart: Economics and Family Values[M]. New York: New Press, 2001.

全面的政治参与。①

女权主义要求反思和改变生活和工作方式,相信经济的民主化和财富再分配将加强社会团结和社会互惠的伦理。面对2008年的金融危机后,福布蕾指出,新自由主义倡导的竞争和个性的经济体系是无法达到上述目标,而只会使公共生活中充斥对自我利益的追求,而侵略、贪婪和贪欲的经济体系只能有利于男性,并阻碍社会发展。② 各国皆需要重估家庭照料劳动的价值,通过公共政策提高护理质量、公共照料责任和社会对照料工作的认可度。

(二)倡导男性参与人类再生产活动

男性参与育儿和抚育工作是一项正在进行的社会实践。有学者观察到,父职一直是一个多元的概念,其主导的父职角色从道德指导转向养家糊口的人,再转变为性角色的塑造者,最后转向养育子女的人。随着观念的变化,父亲参与养育的程度和方式也在变化。特别是20世纪60年代末和70年代初,社会开始从教育角度担忧父亲角色缺失对青少年社会化的影响,且倡导父亲对子女的陪伴。③ 女权主义倡导在家庭内,女性要与丈夫进行"对话",讨论她们所需所想,这是与父权制的性别分工的对话,以此增加男性反思性别气质、家庭分工、工作价值观等根深蒂固的文化,让男性有机会享受天伦之乐。

女权主义学者更多地关注到社会的育儿政策对男性进入抚育进程的作用。有研究对瑞典和立陶宛两国不同的儿童保育政策的制定和实践进行比较研究,发现儿童保育政策的取向对男性进入抚育角色有贡献。瑞典是双职工的工作与照护模式,其儿童保育政策包括:育儿假和父亲必休育儿假。这些政策受到民众的欢迎,其父亲已自觉地承担养育责任。立陶宛亦是双职工的工作模式,母亲就业得到重视。但是母亲就业的模式并没有增加父亲对儿童保育的参与,立陶宛的育儿假可以用津贴方式发放,家庭视这些津贴为确保家庭经济安全的政府政策,国家有意支持了亲属关系,即祖父母参与的家庭主义式的育儿方式。④ 这表明,不是所有的育儿政策都能推动父亲参与育儿。瑞典实施的强制父亲育儿假制度是项有利于性别平等的保育政策,它能通过父亲参与育儿的经验使其体谅母亲的不易和分担育儿的快乐。

(三)倡导工作组织的性别友好政策

工作组织在塑造工作与家庭平衡方面有重要作用。工作场所支持员工的家庭责任,并将个人看作是要完成家庭责任的理念有利于打破传统的工作与家庭的诸多冲突。但现实的工作是"996"以及各种需要的加班和出差。有研究指出,当个人性别平等的理想与工作组织的制度结构相脱节时,即使个人持有性别平等主义的理想,其职场行为也更多地受到工作场

① Pamela, H., Madonna, H. M. Care Work: Invisible Civic Engagement[J]. Gender and Society, 2002, 16(5): 665-688.

② Greed, F. N. Lust and Gender: A History of Economic Ideas[M]. Oxford University Press, 2009.

③ Lamb, M. E. The History of Research on Father Involvement[J]. Marriage & Family Review, 2000, 29(2-3): 23-42.

④ Aidukaite, J., Telisauskaite-Cekanavice, D. The Father's Role in Child Care: Parental Leave Policies in Lithuania and Sweden[J]. Social Inclusion, 2020, 8.

所的规范限制和制度要求,通常情况下,工作场所的规范不支持员工的家庭责任。① 竞争、工作第一、男性气质的组织文化限制了男性和女性在家中建立性别平等的能力。研究表明,随着性别平等的工作和家庭平衡的政策出台,无论性别和受教育程度,多数人都会选择家庭内性别的分工。目前,不少具有性别平等意识的组织制定相关政策,包括育儿假、弹性工作、家属医疗福利、组织办的托育机构等。

(四)公共抚育的国家政策

从 20 世纪 70 年代开始,瑞典政府推动的发展高质量、保育教育相结合的公共儿童照料服务的政策目标之一是促进女性劳动参与,其政策理念是认为女性参与就业,儿童接受公共照料服务,对家庭和孩子都具有积极且有益的作用。②

克林斯用 5 年时间,在瑞典、德国、意大利和美国这 4 个国家访问了 109 位职场妈妈,探讨这些国家使用的家庭福利政策模式对其日常生活的影响。瑞典政府从 20 世纪 70 年代开始出台性别中立政策,强调育儿的国家责任,这一政策的出台显著地改变了瑞典人对性别分工的态度。这些强调性别平等的文化和合作育儿的方式是最受欢迎,并最有利于人民幸福的公共政策,性别文化和组织的协同作用能帮助女性兼顾工作和家庭。共同抚育的养育范式的转向源自观念变革,它得益于女权组织的活动和倡导,它唤起了人们珍视和支持养育工作,将孩子当作公共品。因此,养育孩子是个人、家庭和国家的责任、权利和义务。与此同时,人们的工作观也得以改变,人们从盲目迷恋工作的文化中解放出来,享受生活中更为重要的生活。但研究也发现,仅靠公共政策,如超常产假政策,不仅不能帮到职场妈妈,还可能会令其陷入不利地位,甚至被迫退出职场。③ 不改变性别分工的不平等观念,其超常的产假只会对女性就业有更多潜在歧视,国家政策与人们观念的改变是相辅相成的过程。

新冠疫情给全球居民带来巨大的挑战和灾难性的影响,居家和自己做饭等回归家庭的生活再次向人们揭示出了照料劳作对社会和经济发展的必不可少。女权主义倡导从观念到公共政策提供对照料劳作的社会支持,以此开创一个不是仅关心经济发展的社会,而是关心人类自身生存与幸福的有关爱的世界。习近平总书记在联合国大会纪念北京世界妇女大会 25 周年高级别会议上发表重要讲话,强调保障妇女权益必须上升为国家意志,主张帮助妇女摆脱疫情影响,让性别平等落到实处。在全社会重视人类再生产活动的重要性,将有利于整个社会的福祉。

---

① Williams, J. C. Reshaping the Work-Family Debate: Why Men and Class Matter[M]. Cambridge: Harvard University, 2010.

② Morgan, K. J. The "Production" of Child Care: How Labor Markets Shape Social Policy and Vice Versa[J]. Social Politics, 2005, 12(2): 243-263.

③ Collins, C. Who to Blame and How to Solve It: Mothers' Perceptions of Work-Family Conflict Across Western Policy Regimes[J]. Journal of Marriage and Family, 2020, 82(3).

Research of Feminism on Human Reproduction Labor: Dilemma and Outlet

Tong Xin

(Peking University, Beijing, 100091)

Abstract: The rapid development of global capitalism and digital capitalism has brought great challenges to gender equality advocated by feminism in the context of neoliberalism. The key issue of the challenge is that economic development does not solve the problem of caring work such as human reproduction and upbringing. The third wave of feminism has launched reflection and action on knowledge production. Feminization of care work has deepened women's dilemma of balancing work and family. On the one hand, follow neoliberal workplace culture with competitive, masculine and work-oriented, working women either return to their home or strive to balance the responsibilities of work and family. On the other hand, society relies on the existing social structure of gender, class, region / urban-rural and racial inequality to establish the commercialized alternative care labor of human reproduction activities, which intensifies the complexity of gender inequality in the production system. Feminism advocates rethinking the existing knowledge system to realize human reproduction labor, and establishing a public care model of male participation, organizational participation and state participation.

Key Words: caring work; intensive motherhood; intersectionality theory; knowledge production

报纸中的职业女性工作-家庭冲突再现研究

龚紫钰*

内容摘要：随着我国三胎政策的出台，职业女性的工作-家庭冲突问题再次引起热议。工作-家庭冲突不仅是客观事实，也是社会建构的产物。文章通过对"中国重要报纸全文数据库"2010—2020年"工作-家庭冲突"相关文本的分析，展示了报纸中的职业女性工作-家庭冲突图像。结果发现，报纸再现了"超级母亲""不完整母亲""纠结母亲""称职母亲""战斗母亲""失意母亲"等六种职业女性形象，每一类女性在工作-家庭的关系上各有其特征。然而，这些类型划分是基于中产阶级女性的经验得出的，低社会阶层职业女性处于隐身状态。进一步分析表明，报纸文本具有性别敏感性和社会政策敏感性，但仍存在女性"自由自主"形象被过分夸大、将女性个体视为冲突的决定性因素及工作-家庭平衡的主要责任者、不良企业文化的消极作用被淡化等问题。应警惕大众传媒将工作-家庭冲突简化为工作-生育冲突，并使得工作-家庭平衡叙事成为女性的专属陷阱。

关键词：职业女性；工作-家庭冲突；工作-家庭平衡；媒介再现

一、问题的提出

2021年5月31日，中央政治局召开会议，审议《关于优化生育政策促进人口长期均衡发展的决定》，提出要进一步优化生育政策，实施一对夫妻可以生育三个子女政策及配套支持措施。一时间，"三孩政策"成为热议话题，严肃的政策和学术讨论、无奈的自嘲和戏谑充斥于社交媒体。其中，"三孩政策"将给职场女性带来的挑战和困境是其中一个相对沉重的话题。"工作家庭两不误"是职场人士长期追求的理想目标，然而在现实生活中，"工作"与"家庭"的关系就好比鱼和熊掌，往往难以兼得，对于职场母亲而言更是如此，实现自我价值的工作与不能辜负的家庭成为两股拉扯着职场女性的相反作用力。2019年2月18日，人力资源社会保障部联合教育部、全国妇联等九部门发布了《关于进一步规范招聘行为促进妇女就业的通知》。《通知》在重点关注招聘环节就业性别歧视问题的同时，还特别规定要"促进3岁以下婴幼儿照护服务发展，加强中小学课后服务，解决家庭育儿负担，帮助妇女平衡工作与家庭"。可见国家早已敏锐洞察到职场女性工作家庭冲突问题之严重性，并从国家政策层面加以调控。而政策的效力如何，还要留给时间来回答和检验。

* 龚紫钰，女，深圳大学学报（人文社会科学版）编辑，主要研究方向为社会政策、家庭社会学。

我国职场女性工作-家庭冲突严重的原因主要有四点：一是工作压力大。女性不仅需要在竞争激烈的职场上做好本职工作，还需要不断补充新知识，掌握新技能，以防被淘汰。二是家庭负担重。现阶段我国的生育主力是80—90年代出生的女性，她们及她们的配偶多为独生子女，赡养老人负担较重，加之二孩政策的推行导致其抚养子女的负担也相应变重。三是传统的性别观念要求女性为家庭付出更多。虽然男性也需要担负双重责任，但是男性面临的是具有奖赏性的“应该性期待”（应该扮演“好父亲”），而女性面临的是惩戒性的“必须性期待”（必须扮演“好母亲”），二者差别明显。[①] 四是工作-家庭政策不友好。家庭友好型社会政策效果有限，老人及婴幼儿照护服务的发展跟不上现实需求，弹性工作制度也未能广泛推行，无法帮助女性减轻照顾家庭的重担。尽管随着社会传统和文化观念的变迁，大众对于不婚、“丁克”、将养育过程“外包”给他人等做法的接受度有所提升，而这似乎能在一定程度上帮助女性避免职场和家庭双重角色的压力。然而不可否认的是，结婚生子并大幅度参与孩子的养育过程仍旧是绝大部分中国职业女性的现实选择，因此职场与家庭冲突的困扰仍会普遍存在。那么，职场女性面临工作-家庭冲突的普遍性和严重性如何？围绕工作-家庭冲突议题，报纸呈现了哪些类型的女性形象？工作-家庭平衡媒介叙事能够有效帮助职业女性改善处境吗？本文试图对我国重要报纸中职业女性“工作-家庭平衡/冲突”相关文本进行分析，以对上述问题进行梳理和讨论。

二、文献综述与研究策略

（一）文献综述

1. 职业女性的工作-家庭冲突研究

20世纪七八十年代开始，西方福利国家的学者开始关注工作-家庭冲突及其平衡策略。工作-家庭冲突是角色冲突的一种，根据Greenhaus和Beutell给出的经典定义，工作-家庭冲突指的是这样一种状态：来自工作领域和其他生活领域（如家庭）的压力在某些方面难以兼容，以至于对某一角色的参与会因为参与另一角色而变得困难。[②] 从冲突的内容来看，可分为工作对生活的干扰（work interfering with family，WIF）和生活对工作的干扰（family interfering with work，FIW）；[③]而从冲突的形式来看，可分为基于时间的冲突、基于行为的冲突和基于压力的冲突。[④] 我国学者指出，中国的工作-家庭冲突有其特殊性，在时间、行为和压力三种表现形式外，应当把“基于价值观念的冲突”作为理解我国工作-家庭冲突问题的

① 杨菊华.边界与跨界：工作-家庭关系模式的变革[J].探索与争鸣，2018(10)：62-71.

② Greenhaus，J. H.，Beutell N. J. Sources of Conflict Between Work and Family Roles[J]. Academy of Management Review，1985，10(1)：76-88.

③ Frone，M. R.，R. Marcia，M. Cooper. Antecedents and Outcomes of Work-Family Conflict：Testing a Model of the Work-Family Interface[J]. Journal of Applied Psychology，1992，77 (1)：65-78.

④ Greenhaus. J. H.，Beutell N. J. Sources of Conflict Between Work and Family Roles[J]. Academy of Management Review，1985，10(1)：76-88.

另一基本线索。①

职业女性素来是工作-家庭平衡/冲突实证研究的重要客体。我国的情况亦是如此，相关研究的对象涵盖女护士②、女性知识型员工③、青年女性④等，研究内容则涉及工作-家庭冲突的成因、后果及应对方案等。在工作-家庭冲突的成因方面，拜伦指出，导致工作和家庭产生冲突的因素可分为工作领域变量（工作强度过大、灵活性不足等）、家庭领域变量（家庭照料负担过重且难以转化、家庭支持缺乏等）以及个体特征变量（人格特质、教育程度等）⑤，这些前因变量同样适用于解释我国职业女性的工作-家庭冲突问题，但是在中国情境下，剧烈的社会变迁、传统社会性别角色分工和性别观念的影响也得到研究者的重视。⑥ 工作-家庭冲突给女性带来的不利后果表现在态度、行为、生理和心理健康等维度，总体而言，工作家庭冲突显著负向影响职业女性的工作满意度、生活满意度、家庭满意度、日常任务绩效、配偶承诺，对于缺勤行为、身心不适等则具有正向预测作用。⑦ 在推动职业女性"工作-家庭"从冲突走向平衡的策略方面，国家、组织、家庭和个体的责任都被学者们加以强调。将家庭作为公共政策干预对象、构建全方位多层次的社会支持网络、转变传统性别观念、创建家庭友好型工作环境、帮助职业女性掌握缓解压力的技巧和方法等都是被频繁提及的干预策略。⑧

2. 媒体的工作-家庭平衡叙事对女性的意义

已有研究十分关注职业女性工作-家庭冲突的成因及其所导致的后果，大多基于研究假设采用精巧的测量工具和模型展开实证分析，并得出了一系列丰富的结论。然而，此类研究多将女性的家庭责任与职业要求之间的冲突视为客观社会事实，在此基础上讨论如何解决问题，即如何实现工作-家庭平衡，提出的应对方案囊括个人、家庭、政府、社会等不同层面。

---

① 刘云香，朱亚鹏.中国的"工作-家庭"冲突：表现、特征与出路[J].公共行政评论，2013(3)：38-60.

② 徐凤霞，黄叶莉，等.已育二孩女护士工作家庭冲突的现状调查[J].中华护理杂志，2019(11)：1682-1687.

③ 张兰霞，付竞瑶，张靓婷.工作家庭冲突对女性知识型员工创新行为的影响研究[J].科研管理，2020(11)：257-267.

④ 张琪，张琳.青年女性"工作-家庭"冲突的影响因素及其平衡机制研究[J].中国青年研究，2018(4)：60-67.

⑤ Byron, K. A Meta-Analytic Review of Work-Family Conflict and its Antecedents[J]. Journal of Vocational Behavior, 2005, 67(2): 169-198.

⑥ 陈虹.中国城市职业女性双重角色冲突的原因及其化解途径[J].内蒙古工业大学学报(社会科学版)，2006(2)：12-16；刘云香，朱亚鹏.中国的"工作-家庭"冲突：表现、特征与出路[J].公共行政评论，2013(3)：38-60；张琪，张琳.青年女性"工作-家庭"冲突的影响因素及其平衡机制研究[J].中国青年研究，2018(4)：60-67.

⑦ Aryee, S. Antecedents and Outcomes of Work-family Conflict among Married Professional Women: Evidence from Singapore[J]. Human Relations, 1992, 45(8): 813-837；邓子鹃.2004—2014年国外职业女性工作-家庭冲突研究进展[J].中华女子学院学报，2015(4)：81-90；许琪，戚晶晶.工作-家庭冲突、性别角色与工作满意度：基于第三期中国妇女社会地位调查的实证研究[J].社会，2016(3)：192-215；张兰霞，付竞瑶，张靓婷.工作家庭冲突对女性知识型员工创新行为的影响研究[J].科研管理，2020(11)：257-267.

⑧ 龚紫钰.城市居民"工作-家庭平衡"及其影响因素研究[J].社会工作，2018(3)：87-97；杜声红.关注工作-家庭平衡的性别差异[N].中国人口报，2021-04-12(3).

然而，对于为何工作家庭冲突/平衡几乎成为一个性别化的词汇、大众传媒在塑造公众对于工作-家庭冲突的社会认知方面扮演了什么角色等议题，已有研究则较少论及。有学者在研究大众媒体对母亲形象的社会建构时，涉及媒体的工作-家庭平衡叙事对女性的影响。陶艳兰和风笑天在对流行育儿杂志《父母必读》的相关文本进行分析后发现，杂志文本利用母亲现身说法和专家提出双赢提案等途径，建议女性要做平衡家庭和事业的超级母亲，而职业母亲面临的双重压力则被轻描淡写地带过，所提出的解压方法也完全是从个人立场出发，忽略了外在结构性条件改变的必要性，从而给处于育儿和工作双重压力之下的职业母亲带来了不容忽视的压力和伤害；①且育儿杂志倾向于呈现一种"自主妈妈"的形象，暗示做全职妈妈或者职业妈妈是女性个体的选择，而女性在结构性困境下的挣扎则被掩盖了。② 这些研究给本文提供了非常有启发性的洞见，但是由于工作-家庭平衡只是母亲、母职的一个维度，并非作者最核心的关注点，因此所得结论无法直接帮助我们较为系统全面地认识工作-家庭平衡的媒介再现。

（二）研究策略

本研究拟对我国重要报纸中的职业女性工作-家庭冲突/平衡相关文本进行分析，以展示媒体是如何再现社会现实的。大众传媒之所以适合用来作为分析研究的对象，首先是由于其通用性，其次在于它总是依赖于通过引用自身作为其中一部分的社会话语来产生意义。③ 大众传媒把"常识"和一些人们认为"理所当然"的东西压缩呈现在有限的空间或版面里，由此媒介一方面是社会共识的反映，另一方面又为人们日常生活的意义建构提供资源，并积极参与到创建社会实在的活动中。可以说，大众媒介对社会现实是一种"有选择的再现"，即媒介并非被动反映社会状况，而是从无数零散的社会事件中主动挑选、重组、编排，以文字或图像等符号组成一套有秩序、可理解、有意义的叙述方式④，并反过来影响社会现实。正如 Wright 所言，工作-家庭冲突就如同其他一切社会问题一样，并不能说明什么无法改变的自然法则，而是折射出现有的权利社会构架。⑤ 因此，通过分析媒介如何挑选、重组、编排女性工作-家庭冲突相关事件，就能够在一定程度上把握各种社会力量之间的互动。本研究选择报纸作为大众媒介的代表。

（三）资料库建立方法

参考 Sørensen⑥ 的做法，本文以"职业/职场女性""工作母亲""工作-家庭平衡/冲突"为

---

① 陶艳兰，风笑天.多面向的母亲：流行育儿杂志与母亲角色的社会建构[J].中南民族大学学报（人文社会科学版），2016(5)：120-125.

② 陶艳兰.流行育儿杂志中的母职再现[J].妇女研究论丛，2015(3)：75-85.

③ Sørensen, S. The Performativity of Choice: Postfeminist Perspectives on Work - Life Balance[J]. Gender Work & Organization, 2017(3): 297-313.

④ 陶艳兰.养育快乐的孩子——流行育儿杂志中亲职话语的爱与迷思[J].妇女研究论丛，2018(2)：31-45.

⑤ Wright, E. O. Envisioning Real Utopias[M]. Verso Books, 2010:36-42.

⑥ Sørensen, S. The Performativity of Choice: Postfeminist Perspectives on Work-Life Balance[J]. Gender Work & Organization, 2017(3): 297-313.

关键词，以 2010—2020 年为研究时段，对“中国重要报纸全文数据库”进行检索，建立资料库。之所以将检索时间限制在这 11 年，一方面是因为在此期间国家先后出台了双独二孩、单独二孩和全面二孩政策，职业女性的工作-家庭冲突问题因之变得更为突出，我们希望探究这些政策规定是否以及如何对媒体的相关话语产生影响；另一方面则是因为经笔者初步浏览发现，在这一时间段之前的报道更多关注职业女性的健康、择偶、职业发展等问题，与本研究的主题相关性较低。通过上述检索方法，最终得到有效文章 85 篇。各年度文章数量分布见表 1。

表 1 2010—2020 年各年份职业女性工作-家庭冲突/平衡相关文章数量

年份	数量(篇)	年份	数量(篇)
2010	6	2016	7
2011	3	2017	16
2012	8	2018	11
2013	7	2019	2
2014	9	2020	10
2015	6	合计	85

三、职业女性工作-家庭冲突议题的报纸再现

(一)报纸对职业女性形象的塑造

通过对收集到的报纸文本进行分析可知，如果以工作-家庭二者之间的关系作为分类标准，报纸大致塑造了六类职业女性形象，分别是工作家庭各自安好的“超级母亲”、工作家庭双向干扰的“纠结母亲”、重业轻家的“不完整母亲”、舍业从家的“称职母亲”[①]、相互对抗的“战斗母亲”，以及被边缘化的“失意母亲”。与杨菊华对工作与家庭之间关联模式的划分[②]进行比较可以发现，工作家庭“彼此增益型”的模式较少在报纸文章中出现。在呈现每一类职业母亲形象时，报道都会辅之以具体的案例。

1. 各自安好的“超级母亲”

工作和家庭各自安好是工作-家庭平衡的重要表现形式，也是很难实现的理想模式。对于能够达到这种状态的“超级母亲”来说，工作和家庭的边界相对清晰，不会轻易涉入对方领域，因此既能够满足工作单位对于一个合格甚至优秀员工的期待，也能够扮演好称职母亲的角色。典型的工作家庭各自安好的职业女性形象在报纸中的呈现如下：

---

① 舍业从家的母亲虽然已经不是“职业女性”，但是她们在做出“全职妈妈”的决策之前多为职业女性，且成为“全职妈妈”也是她们面对工作-家庭冲突时选择的较为极端的调适策略，所以将其作为一种典型类型纳入分析。

② 杨菊华.边界与跨界：工作-家庭关系模式的变革[J].探索与争鸣，2018(10)：62-71.

> 姜杰是两个孩子的妈妈，她的工作是在一家 IT 公司做软件开发，工作的优点是弹性工作制，有些工作可以在家里完成。在灵活运用自己时间的同时，姜杰也会灵活利用家里老人的时间，充分协调，既争取到老人支持和帮助，又让每个人有自己的时间。……每个大人都被充分调动起来，各尽其能，忙碌但不忙乱。①

要成为姜杰这样工作家庭两不误的超级母亲，至少需要满足三个条件：第一，工作时间和场所的相对灵活性；第二，稳定而有力的家庭内外部支持；第三，自身调动资源的能力和协调能力。工作-家庭平衡框架下的家庭内部支持指的是由家庭成员（主要是配偶和父母）提供的、旨在帮助个体更好地履行家庭和工作职责、维持工作与家庭平衡的社会支持②，姜杰的例子中老人提供的帮助就属于此类；家庭外部支持则主要来自家政服务、托儿服务、保姆等。个体较高的平衡能力加上充足的内外部支持资源，是成为"超级母亲"的必要非充分条件。报纸文章对于这类"超级母亲"的能干和奉献精神给予了充分肯定，将其塑造为职业女性的标杆。

2. 双向干扰的"纠结母亲"

实现工作-家庭平衡的"超级母亲"在现实生活中相对少见，更为普遍的是深陷二者冲突之中的各类职场女性，工作和家庭双向干扰的"纠结母亲"便是其中一类。研究发现，无论是在工作干扰家庭还是家庭干扰工作的强度上，女性都显著高于男性。③ 究其原因，两性平等的现代价值观在将女性引入职场奋力拼搏的同时，"男主外，女主内"的传统性别观念影响依然强劲，导致职场女性必须在工作、家庭两个场景中都频繁"在场"。

> "自从结婚生子后，每一天都在顾此失彼、左右为难中度过，身体也亮起了'红灯'。我想知道，我到底什么时候才可以不要这样累？"28 岁结婚，30 岁生子，在别人眼中顺风顺水的丁老师，却感到自己深深地陷入生活沼泽里，被事业和家庭所"绑架"。丁老师的孩子只有 1 岁，边带孩子边工作，被迫放弃了多次进修学习的机会，而她的家人对此并不理解。她的丈夫认为女性就应该顾家，以家庭和孩子为重，由此引发诸多家庭矛盾。④

报道中的丁老师是一位高校教师，该职业的一个鲜明特征就是家庭和工作边界的可渗透性和灵活性都较强，因为高校教师不需要像一般从业者那样每天都在固定时间上下班，这种灵活性既给女性提供了可以成为"超级妈妈"的重要条件，又极可能引发工作和家庭的双向干扰，从而使其处于不利境地。由于工作时间灵活、学历水平较高，弹性就业的女性可能会被赋予较高的照顾家庭的期望；然而，繁重的教学科研任务、严苛的考核机制又迫使其不得不投入大量时间进行人力资本提升、学术成果积累等。在这种情况下，拥有更强的职业追

---

① 富冬燕.职业女性：如何平衡家庭和事业两个"砝码"？[N].中国妇女报，2017-08-13（A01）.

② 费小兰，唐汉瑛，马红宇.工作-生活平衡理念下的家庭支持：概念、维度及作用[J].心理科学，2017（3）：708-713.

③ 张廷君，林抚星.工作家庭冲突生成因素的性别差异研究——基于 CGSS 2015 数据的实证分析[J].中国人事科学，2020（11）：39-50.

④ 张岳.家庭与事业如何找准幸福支点[N].安徽日报，2014-12-03（9）.

求为女性带来更大的工作-家庭之间的矛盾。

3. 相互对抗的"战斗母亲"

如果说"纠结母亲"经历着工作和家庭之间的互相干扰,感到精力不济,那么"战斗母亲"面临的矛盾则更为激烈,这也是报纸中经常呈现的职业女性形象。这类女性的家人特别是丈夫通常坚决反对妻子外出工作,为了实现自己的职业理想、追求除妻子和母亲之外的社会价值,她们不得不一方面持久和丈夫对抗,另一方面努力压缩休息时间,尽量履行所谓的家庭主妇的职责,而这常常让她们感到疲惫不堪。

> 邢媛,今年36岁,计算机专业研究生,曾经在IT企业就职。从第一个宝宝出生,她就辞职成了全职家庭主妇,如今,她的第二个宝宝也到了上幼儿园的年纪。今年,她幸运地入职一家软件公司。邢媛的丈夫则强烈反对妻子重新工作,为了阻止妻子上班,堵住门不让她出去,不喜欢丈母娘做的饭、不接受保姆到家里来都是他反对妻子重新工作的理由。为了保住这份来之不易的工作,邢媛下班回家的第一件事就是给丈夫做饭,之后带着孩子到家边上的超市买好第二天的菜……①

4. 重业轻家的"不完整母亲"

生育具有明显的机会成本,尤其对于那些明确希望通过工作来实现自我价值的女性而言,生育的机会成本更是相当高昂,因此部分女性会选择在家庭生活方面做出妥协,延缓生育或者彻底不生育。但是在中国人依旧普婚普育的大背景下,至少生育一孩是家庭的"刚需",于是因为工作而未在适宜年龄生育的女性会被认为是"不完整"的,这也是报纸在批判和反思婚育行为时会援引的"反面"教材。在职场上可谓平步青云的李女士就是这样一个例子:

> "说起来好像什么都不缺了,但我觉得一个不错的婚姻没有孩子仍是缺憾。30岁前的想法是拼到这个节点,就暂时放下工作,回家生孩子。可转眼又是4年过去了,公司的业务越来越庞大,自己肩上的担子与责任更重了,一年中有半年在做空中飞人,平时与周末加班更是家常便饭。生孩子的计划就这样耽搁下来了。"精干自强的李女士在业内素以坚定冷静著称。但为了要孩子,她哭过好几回,私下说起来总是苦笑连连。②

没有孩子的女性在某种意义上可以说是采取了一种解决工作-家庭冲突的潜在方式。选择不生育的女性只是"不完整母亲"的类型之一,还有部分女性在完成怀孕、生产、哺乳这些周期相对较短却必须亲自参与的任务之后,会把养育任务大部分交由亲人、社会托幼服务和其他形式的服务来替代完成,这尽管可能在舆论上招致"不称职"的评价,但也是当代女性追求平等职业发展机会的努力。

5. 被边缘化的"失意母亲"

生育会给女性带来"母职惩罚",即由于生育而导致女性工作时间减少,收入降低,即使全

---

① 蔡敏.生育让女性经历"再社会化"之痛[N].中国妇女报,2020-07-27(5).

② 吴学安.职业女性生儿育女成奢望?[N].中国妇女报,2010-02-22(B04).

职工作，雇主也会认为其难以达到理想员工要求，从而晋升机会受到限制。有学者将生育二胎后的职业女性分为事业上升型、事业中断-上升型、事业中断型和事业停滞型四类，其中事业上升型的女性仅占1/4。① 生育的母职惩罚效应存在部门差异，以营利为目的的市场部门对生育女性更不友好。即便如此，在国有部门就业的女性仍能感受到由生育带来的显著影响。

> “再生一个岂不是就更边缘了？”在北京一家事业单位工作的吴倩倩发现，自己生完第一个孩子回到单位后就已经被边缘化，原本独当一面的她，却被闲置。“我们是按照绩效考核，你不在肯定要有人干你的活儿，人回来想干活儿也没活儿干，就一个字，‘闲’。”②

一些职场女性工作能力过硬、过往的工作表现也颇被单位认可，但仅仅由于生育这一事件就导致被边缘化。对此，部分工作妈妈会自觉调整预期，以“工作稳定、出差少、能够照顾家庭”作为职业定位，这会导致其进一步被边缘化；另外部分女性则可能选择更换工作。

6. 舍业从家的“称职母亲”

一个社会对于女性角色的期待不是一成不变的，我国经历的数次重大社会转型深刻地影响了女性的角色重塑，包括职业母亲。消费主义带来的文化转型导致整体文化观念向传统性别角色定位回摆，如今的母亲不仅要承担幼童生活照料责任，还必须成为符合现代性标准的全知全能的“教育妈妈”。③ 这意味着女性必须花费大量时间和精力投入于母职角色，才能符合社会及家庭对一个“好妈妈”的期待。在这种情况下，部分职业女性权衡利弊之后会选择暂时“舍业从家”，全职照顾孩子。

> 陈玉娇大学毕业后在一家银行上班，待遇不错，前程也不错，但从孩子1岁起，她自愿回归家庭做起了“全职太太”。在没有辞职之前，孩子主要由爷爷奶奶照顾。她认为，从一个妈妈的角度来看，放弃工作，亲自照顾孩子，对孩子来说无疑是利大于弊，既可以避免老人带孩子造成的溺爱问题，也利于培养孩子健全的性格。“作为一个母亲，没有和孩子一起体验成长的经历会很遗憾。”陈玉娇这样说。④

因为选择了完全退出职场，所以这类母亲也脱离了工作-家庭冲突，摆在她们面前的问题是能否暂时或者永久地压抑自己的职业追求、如何适应失去经济自主权、何时以及如何重归职场等。

可以看出，通过对六种类型职业女性形象的塑造，并辅之以具体案例，报纸文本呈现出比较丰富生动的职业女性图景。然而还是不难发现，这些故事的主角都是城市中产阶级女性，低经济社会地位的职业女性在很大程度上被忽视了。我国女性劳动参与率位居世界前列，这意味着无论所处的经济和社会地位如何，职业女性都会面临工作与家庭的冲突问题。然而，报纸的相关文章明显聚焦于中产阶层女性，而较低社会阶层的女性则“隐形”了。正如

---

① 沈洋.生了二胎后，女性还能好好工作吗[N].解放日报，2020-10-09(10).

② 赵剑影.职业女性体面生二孩如何破题[N].工人日报，2014-04-10(1).

③ 金一虹.社会转型中的中国工作母亲[J].学海，2013(2):56-63.

④ 徐蓓.“全职太太”，也有“围城”心态[N].解放日报，2011-03-04(19).

《职场妈妈生存报告》一书的作者凯特琳·柯林斯所言，尽管她为了此书所调查的母亲们因为照顾孩子而受到颇多不公平待遇，但是作为中产阶级的她们其实比大多数人都过得更好，那些收入微不足道、没怎么受过正规教育、从事低回报工作、几乎没有阶层流动可能性的贫穷母亲们，“所面对的困境要更凄惨得多”。[①] 低社会阶层女性面临的工作-家庭冲突更为严峻，且她们能够选择的应对策略十分有限。一方面，低社会阶层女性的工作条件相对更差，需要她们投入的工作时间和体力更多，休假更少，劳动权益保障水平更弱，工作单位能够提供的育儿假、弹性工作安排等福利更为稀缺，这压缩了她们可以用于照料幼儿的时间；另一方面，中产阶级职业女性可以凭借较丰富的经济资源寻求各类市场服务，在一定程度上缓解育儿和其他家庭照料压力，然而这类支出对于低阶层女性而言是难以承担的。贫穷的母亲手头能够动用的资源更少，应对突发性生活事件的能力也更弱。她们也无法选择完全退出职场全职育儿，因为其劳动所得构成了家庭收入必不可少的组成部分。如果说中产阶级女性面临的主要是发展困境，那么低社会阶层女性经历的可能是更为严峻的生存挑战。她们的故事也应当被报纸和其他媒体关注并呈现给大众，只有作为一个整体的职业女性的工作-家庭冲突得以化解，女性的生存境遇才算真正得到改善。

(二)冲突严重性的呈现

基于相对确切的调研数据呈现职业女性“工作-家庭”冲突的严重性或者普遍性，是媒体帮助受众了解社会现实及问题紧迫性的重要环节。然而，报纸文本多是泛泛地指出职业女性工作-家庭冲突“普遍存在”“日益突出”，却缺乏明确的数据支撑，这使得文章的冲击力和可信度打了折扣。仅有少量文章基于不同渠道的调研数据对该问题进行了描述，如有报道根据智联招聘的职场调查数据指出，77.6%的女性渴望事业与家庭之间的平衡，而在男性职场人士中，这一比例只有19.88%。[②] 从这一对比悬殊的数据可以看出，女性是工作-家庭冲突压力的主要承担者。还有报道援引2013年《女性生活蓝皮书》相关数据指出，94.6%的被调查女性感到有工作压力，其中“事业和家庭难以平衡”是造成工作压力的第三大来源，占比27.7%；[③]北京市妇联课题组调研发现，70%的新社会阶层女性感到“事业和家庭很难兼顾”。[④]

四、社会性别敏感性及社会政策敏感性分析

(一)社会性别敏感性分析

社会性别敏感是由联合国教科文组织提出的概念，指的是“承认男女在社会上的不平等，致力于通过解决妇女的需要和优先事项来纠正这种不平等”。该组织认为，性别不平等

---

① 凯特琳·柯林斯.职场妈妈生存报告[M].汪洋，周长天，译，上海：上海人民出版社，2020：5.

② 李雪婷.超七成职业女性渴望事业与家庭的平衡[N].中国妇女报，2012-02-29(B02).

③ 彭芸.职业女性“压力山大”学会弹性生活更从容[N].中国妇女报，2013-03-25(B02).

④ 北京市妇联课题组.新社会阶层女性的社会状况与发展对策——基于北京市的最新调查[N].中国妇女报，2018-04-24(5).

和性别刻板印象广泛存在于社会结构和人们的思想观念中，媒体作为大多数人信念、意见和观念的来源，应当保持社会性别敏感。① 媒体报道中的社会性别敏感性主要体现为坚持性别平等、肯定两性的能动性特征并拒绝性别角色定型、挑战性别刻板印象等。

第一，报纸文本基本能够传达两性平等的性别观念，明显涉及性别歧视的报道较为少见。“养育孩子不仅仅是女性的义务，更是家庭与社会共同的义务”，“女性与男性一样，有着对事业的追求和实现自我价值的渴望”②，“家庭与事业的平衡问题是所有家庭成员共同面对的问题，家庭责任不应该由女性全部承担”，③诸如此类的关于两性价值来源、家庭责任分工的判断和表述都展现出报纸对两性平等的主张。

第二，较多报道展现出对于女性追求职业价值的肯定，一定程度上挑战了性别刻板印象。例如，在一篇题为《如何为焦虑的“超级妈妈”减负》的文章中，记者转述专家的话，指出“对当前的职业女性群体来说，职业上带来的价值和认可是无法取代的”，④类似地，不少报道认为，由职业所造就的立体、独立的女性形象，远比单一的相夫教子更有生命力。⑤ 但是必须承认的是，报道中有关传统性别角色定型的例子也不在少数，如强调母亲角色对于婴幼儿成长发育的决定性作用，指出“若母亲在小孩出生初期即重返工作岗位，对小孩的身心及智力发育可能产生不良影响。……而且落后的表现会持续至小学一年级”。⑥ 母亲的陪伴对于孩子成长的重要性自不待言，媒体对其加以突出强调也无可厚非，但问题在于父亲的职责却只是被简单提及；又如，男性和女性都应该扮演好家庭角色、为家庭付出，但是一些报道尤其建议女性“要做让家人幸福之事”“可爱是任何年龄段女性的专利”，⑦其目的似乎不是倡导性别平等、推动建构支持性的家庭和社会环境，而是教育职业女性保持温婉、单纯等所谓“女性特质”，以更好地承担家庭责任。

第三，报纸文本呈现出一种母亲“自由自主”的形象。特别是在对全职妈妈的描述上，明显淡化了女性在社会、家庭等限制性因素的压力之下经历的挣扎，将成为全职妈妈视为女性经过权衡利弊得失之后做出的自主选择。“如果没有工作，自己的世界里也不能只有孩子、丈夫和柴米油盐酱醋茶。……但是李艳觉得生活很充实。”⑧“我终于明白，除了工作，人生还有很多丰富多彩的事等待着我们。比如，把家里装饰得别具一格，每天烧一桌可口的饭菜，为孩子和老人打几件漂亮的毛衣。我觉得自己非常有价值，也活得很快乐。”⑨这种对职

---

① 联合国教科文组织.媒体性别敏感指标：衡量媒体运行和媒体内容性别敏感的指标框架[EB/OL].[2021-05-18].https://unesdoc.unesco.org/ark:/48223/pf0000217831_chi.

② 张韵.关注职业女性平衡生育与职业发展的需求[N].中国人口报，2017-03-27(3).

③ 张平.培养有韧性的“四自”女性人才——访中华女子学院院长张李玺[N].中国社会科学报，2010-09-14(15).

④ 富东燕.如何为焦虑的“超级妈妈”减负[N].中国妇女报，2018-06-12(4).

⑤ 马晓雪.一般女性更爱“职业女性”角色[N].哈尔滨日报，2010-09-26(4).

⑥ 韩文瑞.“育儿假”让职业女性放心做妈妈[N].中国社会报，2010-11-29(3).

⑦ 李宁.做好“职业女性＋妻子”角色的三点策略[N].中国人口报，2017-08-07(3).

⑧ 朱萍.家庭与事业之间如何平衡——港城女性生存状况调查与思考(中)[N].连云港日报，2011-03-09(A02).

⑨ 徐蓓.“全职太太”，也有“围城”心态[N].解放日报，2011-03-04(19).参见莫兰.合力破解职业女性“生”“升”困境[N].中国妇女报，2019-11-18(2).

业母亲自主选择性的放大以及对选择困境的淡化，掩盖了一些结构性的压制女性发展的力量，可能会在一定程度上影响职业女性对自身境遇的判断和评价，并降低社会对职业母亲工作-家庭冲突问题严重程度的评估。

(二)社会政策敏感性分析

所谓社会政策敏感性，是指报纸在呈现问题现状的同时，能够进一步剖析问题的成因，特别是找到社会维度的影响因素，进而预测事态演变的后果、提出社会政策层面的解决方案等。整体而言，报纸在进行职业女性工作-家庭冲突主题的报道时，呈现出了一定的社会政策敏感性。

首先，肯定职业女性工作-家庭冲突是社会造成的现象，认为社会应当承担起解决问题的责任。诸多报纸文本均认可职业女性的工作-家庭冲突及“生”与“升”的困境问题，是“历史、社会、文化、性别、经济等多种复杂因素长期交错叠加的结果”，[①]需要各方合力予以应对；认为社会政策可以并且应当推动家庭性别分工更加平等。[②] 这表明，报纸主要持一种社会归因主导下的职业女性工作-家庭冲突认知，这无疑有助于推动社会大众对职业母亲形成更为友善的态度。

其次，提出社会政策在促进职业女性工作-家庭平衡方面的具体措施。平衡工作与家庭的社会政策方案是社会学、社会政策研究的热点话题。放眼国际社会，各个国家用于支持工作-家庭平衡的政策工具主要包括三类：经济(照顾津贴、儿童津贴、支持家庭照顾的税收减免等)、时间(产假与陪产假、亲子假、弹性工作等)和服务(社区托育、公共托育、课后照顾等)，这三类政策工具及其不同组合会产生不同的平衡作用。[③] 报纸文本对于此类社会政策的呈现基本也是围绕这几个方面展开的，尽管在系统性和学理性方面不如学术研究成果。报纸提出的具体政策建议包括促进女性平等就业、扩大生育保险覆盖面和保障力度、完善育儿假制度特别是推行父亲育儿假、将托儿服务纳入公共服务范畴、降低用人单位雇佣女性的成本等等。

但与此同时，也不能忽视部分报纸文章将职场女性工作-家庭冲突的成因主要归结为家庭甚至是女性个体，并主张从调适女性自身状态出发即可解决问题，掩盖了深层次的冲突成因。相应地，提出的核心应对方案也主要集中在两个方面：一是认为女性应当调整心态，合理安排时间。如保持一种积极、向上、健康、达观的心智模式，接受自己的不完美；[④]从更高的角度审视自己，从人生发展层面考虑问题，保持美丽婉约、快乐简单、新颖动感等“迷人的吸引力”。[⑤] 二是充分争取家人支持。有学者指出，与西方福利国家不同，我国的工作-家庭冲突表现为工作对家庭的全面挤压，且冲突的结果主要由家庭自己承担[⑥]，于是争取父辈支持也成为最现实的问题解决之道。此类报道主张，职业女性通过自身努力和自我管理，能够妥善处理工作和家庭之间的关系，实现职业发展与家庭和睦两全其美。这虽然肯定了女性

① 莫兰.合力破解职业女性“生”“升”困境[N].中国妇女，2019-11-18(2).

② 彭晓玲.社会政策能有效推动更好的育儿观念和更平等的家庭性别分工[N].第一财经日报，2020-12-04(A11).

③ 房莉杰，陈慧玲.平衡工作与家庭：家庭生育支持政策的国际比较[J].人口学刊，2021(2)：86-97.

④ 张岳.家庭与事业如何找准幸福支点[N].安徽日报，2014-12-3(9).

⑤ 李宁.做好“职业女性+妻子”角色的三点策略[N].中国人口报，2017-08-07(3).

⑥ 刘云香，朱亚鹏.中国的“工作-家庭”冲突：表现、特征与出路[J].公共行政评论，2013(3)：38-60.

的主观能动性，赞扬了其吃苦耐劳的品格，却存在将工作-家庭冲突进行个人化、家庭化归因之嫌，加剧了职业女性的压力。

还应当提及的一点是，在媒体判断职业女性工作-家庭冲突的成因时，某些不良企业文化的影响被有意无意忽略了，这会阻碍女性处境的真正改善。《哈佛商业评论》2020 年 4 月刊上发表了《是什么阻碍了女性的晋升之路》一文，文章从侧面指出工作-家庭平衡叙事之所以无法有效帮助妇女提升地位，根本原因在于过度劳累的企业文化，这种企业文化对男性和女性都造成了损害，但是企业不愿意改变自身，而是把工作-家庭平衡的友好政策作为借口，将所谓"选择的自由"交给员工，而女性往往是那个被社会、家庭甚至个人鼓励去营造工作-家庭平衡的人，由此大量职业女性被锁定在非高级职位。在我国，"996""715""床垫文化"早已不是新鲜话题，过度劳累的企业文化仍广泛存在，然而，报纸在论及职业女性工作-家庭冲突时，并未给予这种企业文化以应有的批判，这可能与我国仍旧存在的"强资本弱劳动"的劳动关系格局的影响有关。但正是因为劳资关系悬殊、员工缺乏与资本进行谈判的能力，才更需要媒体发挥自己的力量和优势，成为政府之外另一个制衡市场的有利因素，为职业女性的劳动权益保护助力。

五、结论与讨论

本文聚焦于职业女性工作-家庭冲突议题，通过对 2010—2020 年"中国重要报纸全文数据库"中相关主题文章进行文本分析，探究了报纸再现职业女性工作-家庭冲突的现状与特征。本文认为，如果以工作和家庭之间的关系状况作为分类标准，可以将报纸塑造的职业女性形象分为工作家庭各自安好的"超级母亲"、工作家庭双向干扰的"纠结母亲"、重业轻家的"不完整母亲"、舍业从家的"称职母亲"、相互对抗的"战斗母亲"，以及被边缘化的"失意母亲"，然而这些形象都是以城市中产阶级女性为蓝本塑造的，广大非中产阶级女性处于隐身状态。在对职业女性面临的工作-家庭冲突之严峻性和普遍性进行呈现方面，报纸缺少对实际调研数据的有效运用，导致相关报道对受众的感染力有所削弱。社会性别敏感性和社会政策敏感性分析表明，就前者而言，报纸文本基本能够传达两性平等的性别观念，性别歧视话语较少，并在一定程度上挑战了传统的性别刻板印象，但与此同时，女性"自由自主"的形象被过分夸大，表现出一种虚假的"可选择性"；就后者而言，报纸文本的主流观点认为职业女性工作-家庭冲突是一个社会问题，需要社会担负起解决问题的责任，并借助专家和学者话语，提出具体的干预策略。但仍有部分报道将女性个体视为冲突的决定性因素以及工作-家庭平衡的主要责任者，而过度劳累的不良企业文化的消极作用则相对被淡化。

那么，媒体的工作-家庭平衡/冲突叙事可能给职业女性带来什么样的社会影响呢？报纸作为一种公信力较高的媒介类别，无论是其对于多元化职业女性形象的塑造，还是对于性别平等观念的宣扬，抑或是对于工作-家庭平衡型社会政策的倡导，都有助于推动社会重视工作-家庭冲突这一重要议题，并积极思考适宜的解决方案。然而，仔细分析报纸再现职业女性"工作-家庭"冲突的特征，有两个隐忧或许值得进一步思考。第一，职业女性的"工作-家庭"冲突直接被"工作-生育"冲突取代，工作与家庭之间的不兼容被媒体简单地转化为"生"和"升"的对立问题。事实上，在"三代同堂""父慈子孝"等价值观念依然具有强劲影响而社会化养老服务体系尚不健全的当下,除了幼儿照顾之外,老人赡养特别是对高龄、健康状况不佳的老人进行照料也是家庭责任的重要组成部分,而在当前的分工模式下,女性无疑是主要的照料者,这也是部分职业女性工作-家庭冲突的最主要来源。然而,媒体的相关主题报道中,几乎将全部笔墨用于讨论生育和工作之间的关系,其他家庭责任则要么一笔带过,要么避而不谈,仅有少量报道关注到作为老年家庭照料者的职业女性面临的困境。① 这可能是因为在本文所考察的时段里,二孩政策是一个关键的变量,2011 年我国全面实行双独二孩政策;2013 年 12 月,单独二孩政策落地;2015 年 10 月,全面二孩政策开始实施,可以说,正是因为二孩政策的出台才使得媒体开始广泛关注工作-家庭冲突议题。然而,孩子数量并非冲突的唯一原因甚至也不是最主要原因,这种将"工作-家庭"关系约等于"工作-生育"关系的媒介呈现方式,可能会窄化受众对于工作-家庭冲突成因的认知,并进而影响相关社会政策的重点取向。第二,工作-家庭平衡叙事可能造成女性的"专属陷阱"。笔者在进行资料收集时,输入"工作-家庭平衡/冲突"作为关键词,出现的相关报道几乎全部以女性为主角,即工作-家庭平衡/冲突是一个高度性别化的词汇,但事实上无论是男性和女性都会存在工作-家庭冲突的困扰。这应当引起我们的反思:媒体的工作-家庭平衡叙事,究竟是有助于社会大众更为直观地了解职业女性面临的挑战及其严重性,从而推动问题有效解决,还是会进一步将男性与家庭照顾责任相隔离,最终造成女性的"专属陷阱"?比如,为女性争取弹性的工作安排和相对宽松的工作时间,一方面确实有助于解决育儿时间不足问题,保障职业母亲的劳动参与率;但另一方面,也可能将女性与孩子捆绑得更紧,为男性逃避育儿责任提供更多借口,且使得企业完美规避了对女性发展应负担的责任,从而造成女性的专属陷阱,并使得整个社会离性别平等愈发遥远(家庭友好型政策有时也被称为母亲友好型政策)。因此媒体不能一味鼓励和赞扬职业女性为兼顾工作和家庭而做出的努力并对其加以美化,而是应该传达出这样的信号:工作-家庭冲突是男性和女性都不可避免的挑战,社会应当给予他们帮助。职业女性需要得到社会更加公平的对待,而非一味要求并"教导"她们平衡。

另一个需要引起重视的问题是,当逐利的市场与同样逐利且已市场化的媒体联姻后,那些推动性别平等的力量将难以抵挡,男女分工模式将会被传统的性别角色观念所支配。②如近期频繁播放的一则洗洁精广告中,一个小男孩骄傲地宣称"厨房是妈妈制造美味的实验室,也是消除油污的主战场",通过与充满男性气质的符号如"实验室""战场"等相链接,商业广告再次不加掩饰地把女性拉回到传统性别角色中。因此,在设计平衡工作-家庭的相关政策时,不仅应当关注政策本身暗含的性别价值观,同时还应该有适宜的媒体环境作为配套。

相当一部分西方国家是在生育率过低、老龄化形势严峻、劳动年龄人口不足的背景下,开始强调工作-家庭平衡问题的,以期能够为女性提供更友好的工作条件,提高生育率。而在我国,人口结构转变主要表现为人口老龄化加剧,而劳动力供给仍然比较充足,因此长期以来实行的都是控制生育的政策,相应地也不鼓励制定旨在提升生育率的社会政策,对工作-家庭冲突及其应对策略关注有限。然而,随着生育率持续走低、少子老龄化问题日益凸显,我国适时调整了生育政策。在推行三孩政策的当下,无论是出于对民生福祉的关怀,还是出于对有效提升生育率的追求,都必须给予工作-家庭冲突议题以更多关注。我们需要形

---

① 马淼.职业女性:老年家庭照料者的现状与困境[N].中国妇女报,2012-08-21(B01).

② 杨菊华,孙超.论劳动力市场的"性别—母职双重税赋"[J].北京行政学院学报,2019(1):93-103.

成的一个基本认知是，职业女性面临的工作-家庭冲突是社会、家庭和个体需求的混杂表现，仅仅关注女性本身难以有效改善女性的生存发展处境，而工作-家庭平衡的实现需要全社会的共同努力。媒体作为引导公众认知、进行舆论倡导的重要阵地，应该继续重视对工作-家庭冲突议题的报道，同等关注男性和女性的问题及需求，将各个阶层的职业人士都纳入关注范围，展示职业女性工作-家庭冲突的完整面向，勇于揭露和批判传统的性别角色观念、过于劳累的企业文化等导致冲突的因素，并积极进行工作-家庭平衡相关的社会政策倡导。

Media Representation of Professional Women's Work-Family Conflict: Taking Newspaper as an Example

Gong Ziyu

[Editorial Department of Journal of Shenzhen University (Humanities & Social Sciences), Shenzhen, 518061]

Abstract: Professional women's work-life conflict has aroused heated discussion once again since the three-child policy was introduced. Work-life conflict is not only a kind of social reality, but also the product of social construction. Based on the newspaper texts on work-life conflict from Full-text Database of Major Newspapers in China, this paper analyses the images of professional women in newspapers from 2010 to 2020. The findings show that there are six kinds of professional women in newspapers in terms of the relationship between work and family, they are super mother, incomplete mother, entangled mother, competent mother, fighting mother, and frustrated mother. This kind of type division is based on the experience of middle-class women, and professional women in disadvantaged groups are nearly invisible. Further analysis indicates that newspaper texts are mostly social gender sensitive and social policy sensitive. However, it's also true that some reports have exaggerated the freedom and autonomy of professional women, regarding women as the determining factor of conflict as well as the main body responsible for work-life balance, and they downplayed the negative influence of undesirable enterprise culture. We should be alert to the possibility and consequence that work-life conflict is reduced to work-fertility conflict by mass media as well as work-life balance which turning into the "exclusive trap" for women.

Key Words: professional woman; work-family conflict; work-family balance; media representation

女性与政治

Women and Politics

Women/Gender Studies

后疫情时代构建性别平等命运共同体的理念与实践*

李　丹**

内容摘要：全球新冠疫情大大加强了人类命运共同体意识。在疫病面前，人类是一个整体，男女两性的协同合作与国家、民族之间的团结合作一样重要，构建性别平等的人类命运共同体的命题应运而生。构建性别平等命运共同体核心是性别平等，基础是女性发展，关键是命运与共。建设性别平等命运共同体是打造人类命运共同体的题中应有之义。后疫情时代为构建性别平等命运共同体提供了重要机遇，中国妇女发展实践为构建性别平等命运共同体提供了典型案例。

关键词：性别平等；人类命运共同体；后疫情时代；女性发展

全球新冠疫情大大加强了人类命运共同体意识。疫病面前，人类是一个整体，面对同一个“敌人”，挑战是共同的，责任是共同的，命运也是共同的。习近平总书记指出，“当今世界正经历百年未有之大变局，突如其来的新冠肺炎疫情对全世界是一次严峻考验。人类已经进入互联互通的新时代，各国利益休戚相关、命运紧密相连。全球性威胁和挑战需要强有力的全球性应对”。① 全球性应对就是同心勠力共建人类命运共同体。“这次疫情告诫我们，各国是休戚与共的命运共同体，重大危机面前没有谁能够独善其身，团结合作是应对挑战的必然选择。”②合作抗疫既包括世界各国的团结合作，不同民族之间的友善合作，也包括男女两性的协同合作。建设性别平等命运共同体是打造人类命运共同体的题中应有之义。

一、性别平等命运共同体的理论内涵

在应对日益严峻的全球性挑战中，人类是一家，男女都有责，构建性别平等的人类命运共同体不仅是构建人类命运共同体的内在应有之要义，更成为大疫大治大联合时代应运而生之命题。性别平等的人类命运共同体是男女两性拥有平等机会，基于平等规则，承担相应

---

* 基金项目：教育部哲学社会科学研究重大课题攻关项目“习近平总书记构建人类命运共同体思想研究”(17JZD002)。

** 李丹，女，汉族，河南南阳人，厦门大学公共事务学院教授、博士生导师，法学博士，主要研究方向为国际政治和性别政治。

① 习近平.在联合国成立75周年纪念峰会上的讲话[N].人民日报，2020-09-22(2).

② 习近平.在第三届中国国际进口博览会开幕式上的主旨演讲[N].人民日报，2020-11-05(2).

责任,享受同等权利,实现共同发展,彼此依赖又相互促进的男女协同发展的有机统一体。构建性别平等命运共同体核心是性别平等,基础是女性发展,关键是命运与共。

(一)性别平等是性别平等命运共同体的核心

1. 性别平等是多维度平等

性别平等包括机会、规则、权利、义务各方面的平等。1975 年第一次世界妇女大会在通过的《墨西哥宣言》中对男女平等下了一个定义,宣言颁布的原则中的第一条规定,"男女平等是指男女的人的尊严和价值的平等以及男女权利、机会和责任的平等"。这个解释得到了与会各国代表的一致认同。《中国性别平等与妇女发展评估报告》(1995—2005)中强调性别平等,是男女两性在权利、机会、责任和评价上的平等。性别平等在内涵上指尊严、价值、权利、机会和责任等五个层面上的平等,包括两性个体在人格上的平等,在两性关系和家庭生活中的权利和义务的平等,在社会生活中的机遇、竞争和选择面前的平等。在外延上,男女平等包括政治、经济、文化、社会和家庭生活五个领域的平等。对性别平等的理解是相对的,不是绝对的;是具体的,不是抽象的;是发展的,不是一成不变的。

2. 男女平等是过程平等也是结果平等

不少国家把男女平等上升到了宪法的高度,法律上的平等地位为男女平等提供了最基本的保障。但由于社会、经济、文化种种因素的制约,由法律上的男女平等,达到事实上的男女平等是一项长期而艰巨的任务,实际生活中的男女平等,还要很长的一个过程。权利平等不一定保证机会平等——两性在政治、经济、文化、社会、家庭等各个领域、各项事务上具有平等的参与资格,而机会平等也未必能带来结果平等——两性在社会、家庭中具有事实上的同等地位。而且要实现机会平等和结果平等比实现权利平等要复杂和艰难得多。权利平等是机会、结果平等的前提,机会、结果平等又是对权利平等的反馈和检验,以测出权利平等的合理程度。只有当权利平等和机会平等、结果平等的差异缩小到可以忽略不计时,实际生活中的男女平等才能真正实现。

3. 男女平等是权利平等也是责任平等

两性享有权利平等的同时,还承担着同等的与权利相应的责任。责任是多方面的,有对国家应尽的责任、对社会的责任、对家庭的责任。不能因为某些方面多尽了责任就可以抵消在其他方面应尽的责任。女人在要求权利平等的同时,也要有责任平等意识,尤其是对国家对社会的责任要加强;男人也应该平衡各方面责任,多承担家庭责任,如实施计划生育的责任、承担家务劳动的责任、养老育幼的责任等等。在实施公共政策的过程中,男人和女人都成为公共领域的参与者,而不是将男人和女人分离在两个不同的领域,男人为了工作而放弃家庭,而女人为家庭而放弃事业,男女被分开在公共与私人领域中,从而抑制女性参与公共领域的活动,削弱了她们对公共领域的责任。只有这样,平等才不会对男女任何一方带来负担,才不会在公共和私人领域任何方面造成偏颇和疏漏。

4. 男女平等不是绝对的平等,而是相对的平等

男女之间的生理差异是客观存在的,不可能人为地抹去,也没有必要抹去。没有两性差异,就没有人类。这种差异不是差距,没有高低贵贱之分。倡导男女平等,不是抹杀男女间的客观差异,而是在正视差异的基础上强调两性平等。男女平等不是男女对等,更不是男女

相同，男女都一样，也不是"去性别化"，否定或者最小化男女之间的差异不同。过去认为男女平等就是"男女都一样"，这是人们对于男女平等的生硬理解，将平等绝对化了。如为了证实在体力方面"男女都一样"，一度出现过"铁姑娘"现象，一些女性不顾生理局限像男人一样成为强劳动力，她们不屈不挠地向自己的性征挑战，试图抹去男女两性生理上的差异，结果很多女性留下了终身的疾病。因此，性别平等不是主张让女性以男人的标准来衡量自身，简单地追求和男性一样。如果过分强调男女一样，只是让女人去努力追求做男人，这本身又构成了不平等和对女性的不公，这样的平等是毫无意义的。仅仅在男性标准下追求女性的平等，获得的只是形式的平等，这种平等很容易掩盖实质性的不平等。只有在性别差异的基础上实现各自价值，才是有助于促进人类社会两性和谐发展的平等。

(二)女性发展是性别平等命运共同体的基础

女性发展包括自主发展、全面发展、协调发展。自主发展指女性作为主体的自觉、自愿、自主的发展，全面发展是指女性在社会、政治、经济、文化、资源、环境等各领域的发展，协调发展是指女性的身体素质、能力素质、社会素质、心理素质的协同发展及在此基础上个性的发展。

1. 女性发展的主体是女性

女性作为"人""与男人一样的人""自觉活动着的人"，要通过自身努力摆脱奴役、压迫、歧视，消除贫困、无知、不公，获得独立、自尊、平等。长久以来，女性作为物质生产者、社会进步推动者的角色被忽视和低估，这不仅抑制了女性在经济发展和社会进步中的积极性、创造性的发挥，也极大地影响了经济发展和社会进步的进程，没有妇女的参与，人类发展受到了很大的局限。女性发展主要靠女性自身的努力，女性有责任、有义务、有条件为自身的发展做出更大的努力和贡献。"妇女是构建性别平等的人类命运共同体的参与者与贡献者，没有妇女的全面参与，就不可能实现构建性别平等的人类命运共同体的目标。"[①]因此，要促进女性发展必须深刻解剖女性自身，反对女性自我沦丧，把自己当作附庸的第二性，不思进取，被动依赖，碌碌无为。如果说女性与男性相比还比较弱，那么她们的弱就弱在不善于克服自己的弱点上。我们在强调发挥女性能动作用的同时，也要看到女性发展与男性发展状况紧密相连，女性发展与男性对女性发展的态度密切相关，男性对女性发展的理解、支持和推动是非常重要的。

2. 女性发展是指女性全面的发展

《中国妇女发展纲要(2001—2010年)》以妇女发展的主题，确定了妇女优先发展的六大领域，即妇女与经济、妇女参与决策和管理、妇女与教育、妇女与健康、妇女与法律、妇女与环境。并指出总目标是"贯彻男女平等的基本国策，推动妇女充分参与经济和社会发展，使男女平等在政治、经济、文化、社会和家庭生活等领域进一步得到实现。保障妇女获得平等的就业机会和分享经济资源的权利，提高妇女的经济地位；保障妇女的各项政治权利，提高妇女参与国家和社会事务管理及决策的水平；保障妇女获得平等的受教育机会，普遍提高妇女

---

① 李英桃.构建性别平等的人类命运共同体：关于原则与路径的思考[J].妇女研究论丛，2018(2)：11-14.

受教育程度和终身教育水平；保障妇女享有基本的卫生保健服务，提高妇女的健康水平和预期寿命；保障妇女获得平等的法律保护，维护妇女的合法权益；优化妇女发展的社会环境和生态环境，提高妇女生活质量，促进妇女事业的持续发展”。① 可见，妇女发展的含义极广，包括女性在经济、政治、教育、法律、健康、环境各个方面和领域的发展。当然，女性在经济领域的发展，对女性的发展起着更决定性的作用。

3. 女性发展是指全体女性的发展

女性发展既包括发达国家女性的发展，也包括发展中国家女性的发展；既包括女性知识分子、脑力劳动者、白领阶层的发展，也包括女性体力劳动者、女工的发展；既包括城市女性的发展，也包括农村农民女性的发展；既包括成年妇女的发展，也包括女童的发展及各个年龄层次女性的发展（因此我们在多数时候使用“女性”一词，只在政治意味强或有明显的年龄指向时才用“妇女”一词）；女性发展也包括不同种族、民族，不同宗教信仰、不同政治派别的女性的发展。总之，女性发展是全体女性的共同发展，没有任何女性被排除在发展之外。

（三）命运与共是性别平等命运共同体的关键

性别平等的人类命运共同体是男女两性休戚相关、生死相连、命运与共的共同体。不仅男女两性相互依赖、互为发展条件，而且女性发展、女性命运还与社会发展、男女平等密切联系在一起。

1. 女性发展与男性发展互为条件

女性发展与男性发展是相互促进、相互制约、互为条件、浑然一体的，二者共同构建人类发展、社会发展。正如南希·史密斯在“For Every Woman”这首诗中所说，“只要有一个女人，觉得自己为儿女所累，定有一个男人，没有享受为人之父的全部滋味。”“只要有一个女人，向自身的解放迈进一步，定有一个男人，发现自己也更接近自由之路。”男女任何一方不发展就是另一方发展的制约。马克思在《共产党宣言》中把人的发展概括为“每个人的自由发展是一切人自由发展的条件”。我们可以套用这句话说，“女性（男性）的自由发展是男性（女性）及全人类自由发展的条件”。因此男女平等、性别协同发展十分重要。一方面，性别平等是女性发展的基础和前提。没有平等，女性不可能实现与男性一样的发展，女性发展就是有局限性的，不充分的。中国妇女在漫长的封建社会深受王权、神权、族权、夫权这四种代表中国全部封建宗法思想和制度的权力的压迫，丧失人格尊严、独立、自由，成为男性驯服的工具，在身心各个方面都得不到发展。另一方面，女性发展也是性别平等的实现条件。女性发展较好，经济增长速度往往较快，贫困人口脱贫速度较快，男人、妇女和儿童的福利都有所提高。②

2. 女性发展与社会发展相辅相成

“男女平等基本国策是促进妇女与经济社会同步发展，男女两性平等发展、妇女自身全

① 国务院妇女儿童工作委员会.中国妇女发展纲要（2001—2010 年）[EB/OL].（2017-04-05）[2021-08-14].http://www.nwccw.gov.cn/2017-04/05/content_149163_2. htm.

② 联合国.妇女与金融[EB/OL].[2021-08-14].https://www.un.org/chinese/esa/women/finance.htm.

面发展的一项带有长远性和根本性的总政策。"①从中可见，女性发展的含义包括妇女与经济社会同步发展、男女两性平等发展、妇女自身全面发展。一方面，女性发展是社会发展的一部分，社会越发展，就越能为女性发展创造有利的条件，但女性发展不是社会发展的必然产物，社会发展不会自然推动女性发展，女性发展要在利用社会发展有利条件的基础上靠女性自身的努力而实现。因此女性发展不是发展的"自然结果"，不必然与社会发展同步，女性人为的努力，在女性发展历程中起着巨大的能动作用。另一方面，女性发展则又是衡量社会发展进步的天然尺度，一个女性不发展、男女不平等的社会不是真正充分发展、协调发展的社会。当然，与社会发展一样，女性发展也是一个长期的历史过程，男女平等不是女性发展的终点，女性发展的终极境界是女性全面自由的发展，同时也意味着男性全面自由的发展，整个社会成为发展的自由联合体。

3. 女性发展受制于复杂因素和机制

从古到今，从中到外，女性发展呈现出曲折跌宕的过程，其中既有女性发展的辉煌时期，也有女性发展的低谷时期，而更多是女性灾难深重的屈辱史。女性发展是有条件的，它不仅为生产力发展水平所制约，也为生产关系状况所制约；不仅受物质生产水平的影响，也受精神文明程度的影响；不仅与女性自身的奋斗和争取有关，也与男性发展、整个人类的发展水平和状况有关，同时还与全球发展、她们所在国家的发展、所处地域和社区的发展、所在家庭的实际状况密切相连，而且女性发展也是在同政治、经济、文化、科技、环境、人口、资源、生态之间相互依存、相互制约和相互促进中实现的。这是女性发展机制的复杂性所在。但这并不否定女性自身发挥作用的重要性。没有女性的觉醒、抗争、奋斗，就不会有与男性同样的权利、地位。即使在今天大的环境基本相同的情况下，女性之间的地位差异仍然很大，不同国家的女性地位迥异，同一国家城乡女性的地位悬殊，甚至同一个家庭的女性由于受教育程度或劳动参与状况等不同，母女、姊妹的命运也截然不同。因此女性个体的力量也不容忽视。

二、推动构建性别平等命运共同体的中国作为

中国共产党从诞生之日起就把实现妇女解放、促进男女平等写在奋斗的旗帜上。新中国成立后，男女平等成为国家意志，"妇女能顶半边天"成为社会现实。《中华人民共和国宪法》第四十八条规定"中华人民共和国妇女在政治的、经济的、文化的、社会的和家庭的生活等各方面享有同男子平等的权利"。改革开放后，男女平等成为促进社会发展的一项基本国策，党制定了中国妇女发展纲要，明确了妇女发展的优先领域和目标措施，推动男女平等基本国策全面贯彻落实。进入新时代，坚持男女平等基本国策在党的施政纲领、治国理念和执政方略中的地位更加彰显。中国男女平等与女性发展、社会经济发展协同并进，并伴随着新一轮改革开放步伐日益与全球妇女发展大潮交汇融合，在推动构建人类命运共同体进程中，中国妇女和以妇联为代表的妇女组织积极同世界各国妇女开展交流，互鉴学习，共促发展，

---

① 平等 发展 共享：新中国70年妇女事业的发展与进步[N].人民日报，2019-09-20(10).

为共同推动全球妇女共建共享美好世界的文明进程贡献了中国方案和中国力量。在国家总体外交大局中，重视中外妇女对话交流，建立妇女人文交流机制。在中非合作论坛、中国-阿拉伯国家合作论坛、亚太经合组织、二十国集团、上海合作组织框架下举办妇女论坛，支持二十国集团妇女会议机制化建设，推动上海合作组织妇女论坛向机制化方向发展。进一步加强与周边国家、发展中国家妇女和妇女组织的交流合作，增进友谊互信。①

(一)推动性别平等妇女发展成为全球议程和行动

联合国组织召开世界妇女大会、推动落实后续行动纲领是将女性议题纳入全球议程与行动的重要标志。1975 年，联合国在墨西哥城召开了人类有史以来第一次促进男女平等和妇女发展为宗旨的全球性首脑会议——首届世界妇女大会(World Conference on Women，WCW)，会议开启了“国际妇女十年：平等、发展与和平”的历程。从此，男女平等议题与和平、发展等议题一样进入国际政治的主流议事日程。当时的中国全国人大常委会副委员长李素文率中国代表团参加了这次大会。1980 年，第二次世界妇女大会在丹麦首都哥本哈根召开，会议举行了《消除对妇女一切形式歧视公约》(简称“消歧公约”)签署仪式，妇女对儿童、家庭、各国和国际社会的重要影响被普遍认可。中国政协副主席、全国妇联主席康克清率领中国代表团出席大会并发表讲话。1985 年，第三次世界妇女大会在肯尼亚首都内罗毕召开，会议通过的《内罗毕战略》确立了宪法和法律上的平等、社会参与方面的平等、政治参与和决策方面的平等等三项基本战略。中共中央政治局候补委员、国务委员陈慕华率中国代表团出席了这次大会。三次密集的妇女会议极大提升了妇女议题的重要性与能见度，但正如内罗毕大会承认的一样，对妇女的歧视依然存在于法律和现实中，预示着北京大会基调与步伐的调整。1995 年，第四次妇女大会在中国首都召开，大会主题是“以行动谋求平等、发展与和平”，制定并通过了加速执行《内罗毕战略》的《北京宣言》和《行动纲领》，达成促进男女平等、保障妇女权利的战略目标和政策框架。2000 年 9 月，联合国千年首脑会议将消除对妇女的歧视纳入千年发展目标。在中国积极参与和推动下，“北京＋5”“北京＋10”“北京＋15”不断为全球妇女事业、全人类可持续发展注入新的活力，使北京世界妇女大会所宣示的精神在世界各地催生促进积极变化。2015 年，中国领导人倡议召开了全球妇女峰会，提出了一系列全球合作倡议，习近平主席承诺中国将继续加大对全球妇女事业支持力度，并倡议 2025 年再次召开全球妇女峰会。此后的“2015 后发展议程”和“2030 年可持续发展议程”无不将性别平等和妇女发展纳入议程，妇女发展行动列入各国发展日程。2020 年，联合国大会纪念北京世界妇女大会 25 周年高级别会议召开，习近平在发言中提出四点主张，其中特别强调要加强全球妇女事业合作。加强全球妇女事业合作，不仅有利于共同战胜新冠肺炎病毒、克服疫情对女性发展的不对称影响，而且也有利于推进构建性别平等的人类命运共同体，创造有利于妇女普遍发展、全面发展、平等发展的良好国际环境。事实表明，中国成为推进落实联合国世界妇女大会议程的重要负责任力量，1995 年第四次世界妇女大会后，每隔 5 年举行的纪念大会，中国都是积极倡导者、参与者，为推动性别平等妇女发展成为全球议程和行动做出了重要贡献。

---

① 平等　发展　共享：新中国 70 年妇女事业的发展与进步[N].人民日报，2019-09-20(10).

(二)谱写最大发展中国家促进性别平等的经验和案例

中国以实际行动谱写了推动妇女发展的可行经验,树立了最大发展中国家促进性别平等的鲜活案例。新中国一成立就将男女平等写入宪法,后来又将其确立为中国的基本国策,中国始终重视保障妇女权益,将男女平等基本国策纳入中共十八大、十九大报告。目前中国建立了包括100多部法律法规在内的全面保障妇女权益法律体系,被世界卫生组织列为妇幼健康高绩效的10个国家之一,基本消除义务教育性别差距,全社会就业人员女性占比超过四成,互联网领域创业者中女性更是超过一半。因此,中国领导人底气十足地提出,"我们支持联合国把妇女工作放在优先位置,在消除暴力、歧视、贫困等老问题上加大投入,在解决性别数字鸿沟等新挑战上有所作为,使妇女目标成为2030年议程的早期收获"。① 以女性发展最重要的议题减贫脱贫来看,中国开创了一系列行之有效的实践,使贫困妇女生存发展状况显著改善。一是把妇女作为脱贫攻坚的重点对象,把缓解妇女贫困程度、减少贫困妇女数量放在优先位置,扶贫政策、资金、措施优先向贫困妇女倾斜,帮助贫困妇女解决最困难最忧虑最急迫的问题。二是将促进妇女发展作为中国特色精准扶贫之路的重要经验,"坚持政府主导,把扶贫开发纳入国家总体发展战略,开展大规模专项扶贫行动,针对特定人群组织实施妇女儿童、残疾人、少数民族发展规划"。② 国家通过技能脱贫、产业脱贫、信贷扶贫、健康扶贫、教育扶贫、公益扶贫、妇联专项扶贫,确保妇女平等分享发展成果。三是把妇女作为脱贫攻坚的主体力量,强调广大妇女应该在其中激扬巾帼之志、凝聚巾帼之力、彰显巾帼之美,推动广大妇女参与经济社会发展。四是明确妇联组织在打赢脱贫攻坚战中的职责任务,要求妇联组织大有作为,抓实做实"巾帼脱贫行动",坚持把妇联组织作为党开展妇女扶贫减贫工作的有力助手。③ 总之,中国高度重视消除女性贫困对于实现男女平等、促进妇女发展的深远意义,走出了一条既有中国特色制度优势,又体现发展中国家女性发展规律共性,具有重要启发借鉴意义的女性平等发展之路。性别平等发展的中国方案可以总结为"坚持在发展中保障妇女权益,靠发展改善妇女民生,实现妇女事业和经济社会同步发展。我们要扫清障碍、营造环境,最大限度调动广大妇女积极性、主动性、创造性,增强她们的获得感、幸福感、安全感。要充分发挥政府作用,广泛调动社会力量,支持和帮助妇女享有出彩的人生"。④ 如今,中国女性减贫扶贫的经验、方案随着"一带一路"共建已经在与沿线国家合作中得以体现和运用,也得到了联合国相关机构的高度赞誉。联合国副秘书长、妇女署执行主任姆兰博·努卡在纪念北京世界妇女大会25周年暨全球妇女峰会5周年座谈会的视频致辞中说,"中国政府在疫情暴发后所采取的一系列政策措施,实现了扶贫和改善社会条件的承诺。妇女署和联合国系统是中国减贫事业的合作伙伴,将继续鼓励中国在消除贫困领域

---

① 习近平.在联合国大会纪念北京世界妇女大会25周年高级别会议上的讲话[N].人民日报,2020-10-02(1).

② 习近平.携手消除贫困 促进共同发展——在2015减贫与发展高层论坛的主旨演讲[N].人民日报,2015-10-17(1).

③ 人类减贫的中国实践[N].人民日报,2021-04-07(9);中共全国妇联党组.新时代妇女扶贫减贫的中国经验[J].求是,2020(24):42-48.

④ 习近平.在联合国大会纪念北京世界妇女大会25周年高级别会议上的讲话[N].人民日报,2020-10-02(1).

发挥领导作用”。[①] 副秘书长高度赞扬了中国在妇女脱贫、妇女就业以及教育均等、卫生健康等多方面取得的重大成就。

(三)加大推动全球妇女事业合作与国际交流的援助和支持

中国不仅以推进男女平等、妇女发展的理念和实践丰富了性别政策的工具箱，成为促进全球妇女事业发展的重要力量，而且还通过倡导推动一系列性别议题上的国际合作，为构建性别平等的人类命运共同体提供助力、注入动力。习近平在2015年全球妇女峰会上就指出了妇女领域交流合作对妇女发展的重要性，“各国妇女团体应该加强交流，增进友谊，共同发展，共同进步。要继续开展妇女领域国际发展合作，发达国家要加大对发展中国家的资金和技术援助，缩小各国妇女发展差距”。[②] 为此，习近平承诺，中国将向妇女署捐款1000万美元，用于支持落实《北京宣言》和《行动纲领》，落实2015年后发展议程相关目标。在今后5年内，中国将帮助发展中国家实施100个“妇幼健康工程”，派遣医疗专家小组开展巡医活动；实施100个“快乐校园工程”，向贫困女童提供就学资助，提高女童入学率；邀请3万名发展中国家妇女来华参加培训，并在当地为发展中国家培训10万名女性职业技术人员。在中国同联合国合作设立的有关基金项下，将专门开展支持发展中国家妇女能力建设的项目。到2020年，这些5年前提出的合作倡议和项目已经得到全面落实。中国领导人在联合国大会纪念北京世界妇女大会25周年高级别会议上提出要继续加大对全球妇女事业支持力度。未来5年内，中国将再向联合国妇女署提供1000万美元捐款。中国将继续设立中国-联合国教科文组织女童和妇女教育奖，支持全球女童和妇女教育事业。中国领导人倡议在2025年再次召开全球妇女峰会。

中国还借助双边、多边合作机制和平台推进妇女国际合作交流。在中国的倡导下，中国-东盟“10+1”、亚欧会议、中阿合作论坛、大湄公河次区域经济合作等现有多边合作机制，以及博鳌亚洲论坛、中国-东盟博览会、中国-亚欧博览会、中国-阿拉伯博览会等合作平台，基本上都在主论坛中开设妇女分论坛、在主会展中开办妇女分展。2006年，中国举办了首届中国-东盟妇女论坛，随后还成立了中国-东盟妇女培训中心，并通过此平台开展了一系列面向东盟国家妇女的技能培训活动。2017年，中国-东盟博览会中开设中国-东盟女企业家创业创新论坛。同年，博鳌亚洲论坛框架下开设了“一带一路”女性圆桌会议。2018年，上合组织框架下召开了上合组织妇女论坛。在澜湄合作机制框架下，中国与澜湄国家针对“消除贫困与妇女经济赋权”问题召开了三届妇女干部研修班，将中国妇女经济赋权和妇女减贫经验与澜湄国家共享。中欧人文交流对话机制中都将性别平等与妇女赋权纳入对话内容，中欧双方在妇女发展、就业创业、反家庭暴力、工作与家庭平衡等多方面都展开了经验交流和务实合作项目。在双边合作方面，中国帮助津巴布韦引入先进医疗技术和设备，提供医疗人员培训，派出专家义诊，为津巴布韦妇女进行疾病筛查，共同推动妇女卫生健康事业的发展。中国还帮助南非非国大妇联建设了西苏鲁妇女领导力学院和技能培训教室，2020年3月揭牌以来对提高青年女性能力建设、解决性别不平等、促进国家包容发展等发挥了重要作用，

① 叶晓楠.中国妇女事业发展取得重大成就[N].人民日报(海外版)，2019-09-19(6).

② 习近平.促进妇女全面发展　共建共享美好世界——在全球妇女峰会上的讲话[N].人民日报，2015-09-28(1).

有力促进了南非妇女赋权和性别平等。

三、构建性别平等命运共同体的机遇与前景

后疫情时代是创新发展时代，是数字经济时代，是“一带一路”建设推进经济全球化发展的时代。时代是女性发挥作用的背景与舞台。女性扮演的角色、发挥的作用与她们所处的地位、所有的权利密切相关。

（一）后疫情时代是女性建功立业、提升素质的时代

从人类社会发展进程来看，不同时代女性发挥的作用不同，其地位也悬殊。在原始社会时代，女性在生产中起主要作用，女子采集相比于男子狩猎更能提供稳定的食物来源；妇女也是氏族事务的主要管理者，负责分配食物、贮藏保管；女性是种族繁衍者，实行母方居住制，世系按母系血缘计算。因此，女性整体享有崇高的地位，甚至受到崇拜。但在农业社会时代，女性的作用和地位遭到了恩格斯所说的“具有世界历史意义的失败”。男性由于体力优势成为农业生产的主力；男人占有生产资料，私有制萌芽、产生；父权制家庭产生，父系氏族制形成；财产按照父系继承，世系随父系计算。“女人从自由、平等有生产能力的社会成员，演变为附属的、依赖他人监护的妻子或者被监护人”，女性成为第一个受压迫的“阶级”。工业社会时代到来为女性地位变化带来转机。机器成为劳动的主力，男性的体力优势不再突出；早期工业中纺织工业吸纳了大量女工；女权运动兴起，唤醒了女性的自我意识；工业生产的集中、垄断，引爆两次世界大战，女人在战争中全面走向社会。信息社会时代，女性的作用继续提升。以服务为中心的信息业使女性优势得以突显；服务业的发展使女性从烦琐的家务劳动中解脱出来；工作分散化、家庭化等趋势，使女性获得比较宽松的就业条件；女性受教育程度和身体素质全面提高，权利增多，自主意识增强。后疫情时代，数字经济为女性发挥更大作用提供了更加广阔的舞台。据中国互联网络信息中心数据，截至 2020 年 3 月，我国网民规模为 9.04 亿，互联网普及率达 64.5%，庞大的网民为数字经济发展打下了坚实的用户基础。网民中男女比例为 51.9 ∶ 48.1，基本与人口中男女比例持平。疫情之下，互联网＋迎来爆发式增长，远程办公、在线教育、数字政务、虚拟会议、云端商务、网络会展、线上支付、网络直播、远程医疗、共享平台、协同办公、跨境电商等新应用、新业态、新模式快速发展，女性成为重要应用者、消费者、体验者，尤其是在线上教育、网络购物、协同办公、视频会议、远程通信等方面，女性的力量更为突显。疫情期间，工作模式与家庭生活发生改变，线上保健、线上教育、线上培训日益普及，“云娱乐”“云健身”“云消费”成为时尚，女性从中也获得了更多的自由空间和成长历练，年轻女性成为“云生活”中最为活跃的群体。可以说，后疫情时代是女性建功立业、素质提升的新时代，无论是数字经济、创新产业还是生活消费、教育健康都离不开女性“半边天”的作用。

（二）加强两性平等协作是疫情防控成功的保证

女性在抗击新冠肺炎疫情中的表现可歌可泣。在中国抗击新冠肺炎疫情最紧要的时刻，来自全国各地驰援湖北的 4 万多名医护人员中，三分之二是女性。习近平曾称赞“广大

女性医务人员、疾控人员、科技人员、社区工作者、志愿者等不畏艰险、日夜奋战，坚守在疫情防控第一线，用勤劳和智慧书写着保护生命、拯救生命的壮丽诗篇”。[①] 女性在抗疫中与男性同胞一起做出了努力和贡献，然而，在新冠疫情带来的失业和经济衰退中女性却承担了大于男性的牺牲与后果。一方面，女性就业集中的服务业受社交隔离的限制，如酒店、餐饮、教育、营销及公关等行业纷纷关门、歇业、倒闭、转岗或转为线下活动，使女性的就业和收入受到很大影响。另一方面，疫情的暴发使女性更多承担由于学校关闭、服务阻断而回归家庭的育小护老之职。联合国妇女署甚至以“她衰退”(She-cession)一词来概括疫情对女性的不对称影响。针对后疫情时代性别平等领域取得的成果可能面临退步风险的现实，习近平主席提出“在21世纪的今天，开创美好生活离不开妇女事业全面进步，也需要广大妇女贡献更大智慧和力量。要坚持在发展中保障妇女权益，靠发展改善妇女民生，实现妇女事业和经济社会同步发展。我们要扫清障碍、营造环境，最大限度调动广大妇女积极性、主动性、创造性，增强她们的获得感、幸福感、安全感”。为此，他倡导将保障妇女权益上升为国家意志，“以疫后恢复为契机，为妇女参政提供新机遇，提高妇女参与国家和经济文化社会事务管理水平。我们要消除针对妇女的偏见、歧视、暴力，让性别平等真正成为全社会共同遵循的行为规范和价值标准”。[②] 两性平等是国家和社会遵循的行为规范和价值标准，也是推进构建人类命运共同体事业的核心目标、实现全球经济文化社会和谐发展的重要手段。联合国秘书长曾呼吁，“当妇女在政府中发挥领导作用时，我们看到对社会保障的投资增加，消除贫困的工作取得更大进展。当妇女加入议会时，国家会实行更严格的气候变化政策。当妇女参与和平谈判时，协议会更加持久。随着妇女在联合国最高领导职位上的人数达到均等，我们看到确保和平、可持续发展和人权的行动更加协调一致。……大流行病后的恢复是我们摆脱世代排斥和不平等现象的机会。无论是管理一个国家、一家企业还是一场公众运动，妇女都在做出贡献，造福所有人，推动实现可持续发展目标。此时此刻，我们正应建设平等的未来”。[③] 因此，构建性别平等的人类命运共同体是后疫情时代抓住机遇团结调动广大妇女积极性、实现全球可持续发展目标的广泛“性别统一战线”。两性平等是人类最大群体间最广泛的平等，后疫情时代两性平等的合作也可为推动民族、阶级、种族之间的平等合作树立标杆、示范和信心。人类是智慧的动物，也是最具人性、道德和价值的群居动物，构建性别平等的人类命运共同体是体现人类道德感和价值观、推动人类社会和谐发展的高尚美好的合作形态。

(三)促进妇女发展是构建性别平等命运共同体的路径

新冠疫情不仅给人类生命带来巨大损失，也带来了严重的经济衰退现实。后疫情时代里，发展是首要的关键词，正如抗击疫情中女性的作用不可忽视一样，实现疫后恢复也离不开女性的力量。事实上，女力(女性生产力)是重要生产力，女性人力资源是巨大的潜在生产

---

① 习近平.在联合国大会纪念北京世界妇女大会25周年高级别会议上的讲话[N].人民日报，2020-10-2(1).

② 习近平.在联合国大会纪念北京世界妇女大会25周年高级别会议上的讲话[N].人民日报，2020-10-02(1).

③ 人民网国际频道.联合国秘书长古特雷斯在国际妇女节之际发表致辞[EB/OL].(2021-03-08)[2021-08-14].https://www.peoplefarm.cn/details/3yLYhZ_T9. html.

力。自20世纪70年代起，承认、尊重并增进女性对全球经济发展和社会进步的作用意义日益成为国际共识。第四次妇女大会明确将社会性别纳入决策主流，并以此作为提高两性平等的一项全球性策略，强调确保两性平等是一切经济社会发展领域的首要目标。《联合国2030年可持续发展议程》也将性别平等和妇女赋权作为重要目标。应该说最近25年来，北京世界妇女大会精神不断催生积极变化，妇女社会地位显著提高，“半边天”作用日益彰显。但直到新世纪已迈入第三个十年，消除歧视与贫困、推动妇女发展、实现性别平等依然任重道远。这里面原因复杂，除了战乱、动荡、危机等制约妇女宏观发展的外在因素，以及女性自身健康、能力、教育等决定女性微观处境的直接原因外，女性所在国家的政治经济社会文化状况是影响女性生存发展的最大客观现实。在主权国家时代，广大妇女所处的国家和社会责无旁贷，如何积极探索建设一个妇女免于被歧视的国家，如何打造一个包容发展的社会？

习近平曾在全球妇女峰会上给出了中国答案：推动妇女和经济社会同步发展；把保障妇女权益系统纳入法律法规，采取措施确保所有女童上得起学和安全上学，发展面向妇女的职业教育和终身教育；努力构建和谐包容的社会文化，努力消除一切形式针对妇女的暴力，打破有碍妇女发展的落后观念和陈规旧俗；创造有利于妇女发展的国际环境；共建共享一个对所有妇女、对所有人更加美好的世界。妇女不仅是构建人类命运共同体的主体力量，还将是人类命运共同体的受益群体，构建性别平等的人类命运共同体是构建人类命运共同体的应有之义。2020年是联合国成立75周年，也是新冠肺炎疫情肆虐、政治病毒泛滥、全球化与全球治理遇挫、世界不确定性加剧的一年，在这一重要关口，中国领导人多次登临联合国舞台发表系列讲话，向世界发出中国声音，提出中国主张，阐明中国构建人类命运共同体的方案。习近平分别在9月21日联合国成立75周年纪念峰会、9月22日第七十五届联合国大会一般性辩论、9月30日联合国生物多样性峰会、10月1日联合国大会纪念北京世界妇女大会25周年高级别会议等重要场合发表讲话。如果说前三次重要讲话分别聚焦大变局下联合国应该发挥怎样的作用、后疫情时代世界秩序怎样各国应发挥怎样的作用、全球性挑战面前中国将发挥怎样的作用等重大问题的话，那么习近平在纪念北京世界妇女大会25周年高级别会议上的讲话，则更加具体地指明了性别平等领域，国际社会和广大妇女发挥了怎样作用，应该如何推动妇女进一步发挥更大作用。习近平指出，第一要帮助妇女摆脱疫情影响，把保障女性权益置于公共卫生和复工复产计划重要地位；第二要让性别平等落到实处，保障妇女权益上升为国家意志；第三要推动妇女走在时代前列，最大限度调动广大妇女积极性、主动性、创造性；第四要加强全球妇女事业合作，发挥联合国的重要协调作用。习近平主席站在人类文明、社会进步的高度强调妇女的地位和作用，“妇女是人类文明的开创者、社会进步的推动者，在各行各业书写着不平凡的成就”，“世界的发展需要进入更加平等、包容、可持续的轨道，妇女事业是衡量的重要标尺”。① 习近平主席同时呼吁，加快实现性别平等，促进全球妇女事业发展，完善全球妇女发展路线图。这些主张和立场丰富了新时代马克思主义妇女观的内容，体现了最大发展中国家在全球妇女事业、人类合作发展中的责任担当，成为构建性别平等命运共同体的指导思想和基本遵循。

“妇女是物质文明和精神文明的创造者，是推动社会发展和进步的重要力量。没有妇

---

① 习近平.在联合国大会纪念北京世界妇女大会25周年高级别会议上的讲话[N].人民日报，2020-10-02(1).

女，就没有人类，就没有社会。追求男女平等的事业是伟大的。纵观历史，没有妇女解放和进步，就没有人类解放和进步。”[①]促进女性全面发展，实现两性平等，是构建人类命运共同体的应有之义。构建人类命运共同体，是各国合作共赢的结果，也是男女两性合作共赢的结果。因此，构建性别平等的人类命运共同体是构建人类命运共同体的性别维度，世界需要国家间和平共处、平等互利、共同发展，也需要男女间和谐相处、平等互助、协调发展。构建性别平等命运共同体的方向通向人类文明的美好未来。

Theoretical and Practical Basis of Building a Gender Equitable Human Destiny Community in the Post-epidemic Era

Li Dan

(Xiamen University, Xiamen, 361005)

Abstract: The COVID-19 global pandemic has greatly strengthened the sense of the community of shared future for mankind. In the face of epidemics, the human beings are regarded as an organic whole, and the cooperation between men and women is as important as the cooperation between countries, ethnic groups and races. Under such background, the initiative of building a gender equitable community of shared future for mankind emerges as the times require, which takes gender equality as the core, women development as the foundation, and common destiny as the essence. Building a gender equitable destiny community is an integral part of building a community of shared future for mankind. The post-epidemic era provides an important opportunity meanwhile China's successful practice of women development provides a typical case for human to build a gender equitable community of shared future for mankind.

Key Words: gender equality; community of shared future for mankind; the Post-epidemic Era; women development

① 习近平.促进妇女全面发展 共建共享美好世界——在全球妇女峰会上的讲话[N].人民日报，2015-09-28(1).

中国妇女发展基金会筹款战略环境及策略分析

时立荣　杜家豪　白乙涵*

内容摘要：对中国妇女发展基金会的筹款环境、运营和筹款项目研究，依据其优势、劣势、机遇和威胁各因素构建出AHP评价指标体系的战略选择层次模型，分别构建出优势-机会增长型、劣势-机会扭转型、优势-威胁多元化型、劣势-威胁防御型四种适用情况的意义。研究还发现基金会的筹款问题并不是单一孤立的问题，与基金会的整体运作有密切的关系，且受到多种因素的影响。打造公益品牌和专项筹资项目对优化筹资策略具有重要意义。

关键词：公募基金会；筹款环境；筹款策略

党的十九届四中全会将慈善事业纳入我国基本经济制度，为公益慈善事业发展提供了指导纲领和行动指南。中国妇女发展基金会，作为唯一以性别为特征、具有公募资质的全国性基金会，1988年12月由全国妇联发起成立。其宗旨是维护妇女权益，提高妇女素质，促进妇女和妇女事业发展，为改善妇女生存发展环境、增进贫困妇女的获得感、幸福感、安全感，推进男女平等事业发挥了积极作用。中国妇女发展基金会作为具有官办背景的公募基金会的行业先进代表，其转变和发展过程中的经验教训，不仅能够为同行业基金会的运作发展以及筹款策略提供借鉴和有益的指导，还对我国妇女事业发展和社会进步都具有重要意义。

一、中国妇女发展基金会公益筹款的发展

中国妇女发展基金会属于全国性5A级的公募基金会，面向中国以及许可募捐的国家和地区进行公众募捐。虽然组织在创立初期具有浓厚的官办色彩，但在1996年独立出来，走上完全自收自支的道路后，社会化募捐色彩日渐浓厚，行政化色彩逐渐淡化，尽管两者并存的特征并未完全消除。我国公募基金会传统筹款方式包括：政令式筹款、关系筹款、项目筹款、突发灾害筹款、大型公益晚会筹款、公益拍卖筹款、募捐箱筹款、劝募函筹款；基金会创新筹款方式包括：专项基金筹款、短讯捐款、网络筹款、银行卡筹款、产品附捐筹款、申请政府

---

* 时立荣，女，中央民族大学民族学与社会学学院教授，主要研究方向为社会组织管理；杜家豪，男，广东省深圳市前海服务集团，北京科技大学法学硕士；白乙涵，女，中央民族大学民族学与社会学学院博士生，主要研究方向为社会治理与社会政策。

购买公益服务资金、媒体合作筹款、明星合作筹款。① 起初的政令式筹款是中国妇女发展基金会特有的筹款方式,即借助主管部门的行政权力和组织力量来开展工作,集资主要依靠理事和妇联组织系统的支持,全国妇联还多次发起内部捐款活动,各级妇联也担当起了重要的募资合作伙伴的角色。但是,经过近三十年的发展,该基金会逐步发展出了其他社会化的募捐手段,既包括一些传统筹款方式,也包括创新性筹款方式。

在传统筹款方式上,项目筹款是基金会最主要的业务模式。中国妇女发展基金会先后推出了"母亲水窖""母亲邮包""母亲小额循环""母亲健康快车"等众多极具行业竞争力的品牌公益项目,成为基金会立足于长远发展的重要财富;应急突发灾害筹款是公募基金会履行社会责任,发挥组织作用的最好时机,也是筹款的最好时机,如2020年初抗击新冠疫情,基金会为湖北地区的女性受困群众和一线医务工作者送去社会捐赠;还有大型公益晚会筹款、公益拍卖筹款、募捐箱筹款、劝募函筹款等方式在中国妇女发展基金会的运营历程中都有所体现。

在创新筹款方式上,注重专项基金筹款是一种有效的筹资模式,不仅搭建公益平台,整合社会资源,满足捐款方多元需求,还帮助公募基金会扩大筹资和救助规模,如中国妇女发展基金会与安贞医院合作成立"女性'双心'健康专项基金";通过腾讯、支付宝、公益宝贝、轻松筹等大型网络平台的网络筹款,如"母亲水窖""母亲健康快车""母亲邮包"实现了网络品牌项目的成功突围和破冰;申请政府购买公益服务,获得中央专项公益彩票以几亿元计;还有诸如产品附捐筹款、拍卖筹款、短信筹款、银行卡筹款、媒体合作筹款、明星合作筹款等筹款方式,也在中国妇女发展基金会的筹款活动中有所涉猎和体现。

经过不断的发展,中国妇女发展基金会逐渐形成了政府、企业、公众三足鼎立的稳定的募资结构,通过第三次分配,公平公正地把政府、市场、公众的关爱,配置给需要的妇女和家庭,特别是贫困人群,履行了基金会的职责,彰显了公益的力量。

二、中国妇女发展基金会公益筹款环境

中国妇女发展基金会成立三十多年来,累计募集款物46亿元,执行中央彩票公益金10亿元,实施了"母亲水窖""母亲健康快车""母亲创业循环金""母亲邮包"等一系列知名公益项目,坚持服务妇女、赋能妇女、引领妇女,公益项目覆盖妇女发展、健康、教育、就业、扶贫和救灾等各个领域②。作为全国性公募基金会的成功案例,有着怎样的优势和劣势、风险和竞争,分析它的经验和教训将为同行业筹款工作提供示范和借鉴。

(一)中国妇女发展基金会的优势

第一,政府主导下来自各方的社会力量给组织带来很大的资源优势与信任资本。中国妇女发展基金会作为全国唯一一家以女性视角为特征、以妇女家庭为主要服务对象的国字头全国性公募基金会,有利于把社会对政府信任在公益基金会接替政府发挥职能的过程中

① 刘选国.中国公募基金会筹资模式的发展和创新探析[J].中国非营利评论,2012(1):161-188.

② 中国妇女发展基金会网站[EB/OL].[2021-08-13].https://www.cwdf.org.cn/index.php?m=content&c=index&a=lists&catid=79.

转向对公益基金会的支持，同时，官方背景赋予的公信力使得项目落实过程更加顺利，这是其他基金会所无法触及的绝对优势。

第二，坚守宗旨，专注妇女儿童领域，使得基金会和项目具备一定影响力与品牌效应。中国妇女发展基金会始终坚持维护妇女权益，提高妇女素质，促进妇女和妇女事业发展的宗旨，适应时代发展和妇女群体变化需求，聚合有利于妇女及家庭发展的社会资源，对其提供更有针对性且更富实效的公益慈善服务。创建的以“母亲”为系列的品牌项目，覆盖妇女发展、健康、教育、就业、扶贫和救灾等各领域，惠及2亿多妇女和家庭。在面对不断变化的社会需求方面，锐意创新，将品牌项目的升级优化，如将“母亲创业循环金”升级为“@她创业计划”，实现根本性变革。

第三，合理调整制度结构，高效运行，坚守公信力根基。“公信力既是组织为公众所认同和信任的影响能力，也是公众对机构的普遍信任感、认同感和满意程度，通过机构自律和法律约束达成”。[①] 内部治理结构和运行机制上，形成理事会合理决策、秘书处有力落实、监事会监督到位的良性运转局面；基于机构风险防控、项目研发以及公共传播的需求，增设合规办公室、发展研究办公室等部门；采用企业化的管理方式，实行公开招聘、竞争上岗、绩效考核，建立激励机制等，这些都为提高组织的整体能力和社会影响力奠定了坚实的基础；公信力建设有严格的内部审查机制，用电子化实现对项目各个环节有序有效的管理，信息透明度始终保持在行业第一方阵中。

第四，拥有团队建设和人力资源优势。中国妇女发展基金会的理事会本身就是一个巨大的资源库，理事们在企事业单位、公益机构、社会组织等行业都有较大社会影响力，能够凝聚更多社会资源，减少组织的交往成本。[②] 基金会人员结构相对稳定且年轻，拥有本科及以上学历人员占94%，同时其按照企业化内部治理模式，引进竞争激励机制，淡化行政化色彩，进行定期培训。

第五，有效地运用了传播平台。通过权威媒体开展公益传播，如伙伴计划、公益活动、公益事件、推出公益广告、联合公益节目，以扩大国内外知名度和创造有影响力的公益品牌；同时，也将公益传播作为践行基金会信息公开透明、接受社会监督的有效手段；及时构建以微博、微信、微网站、抖音号等多元公益自媒体平台，通过线上宣传推动线下参与，实现媒体合作从表层化结合逐渐转变为深层黏合。

（二）中国妇女发展基金会的劣势

首先，业务缺乏弹性。作为有官方背景的中国妇女发展基金会，其组织基因单一性较强，基金会秘书处的工作不仅受理事会管理，在很多事务上还受制于上级各主管部门的意见。在资源动员、公共服务、社会治理、政策倡导、活动领域、筹资渠道等方面，皆处在沟通层级过多和行政约束较强的关系中，政府部门的行政化办事风格和流程会影响到基金会的管理与社会活动开展，在一定程度上也约束了创新和组织效能的发挥。其次，品牌项目优化升级力度仍然不足。品牌项目是机构的名片和核心竞争力，但近些年来品牌项目优化升级力

---

① 时立荣.社会工作行政[M].第2版.北京：中国人民大学出版社，2019：3.

② 时立荣，田丽娜，蒋卓晔.论社团交往成本、组织成本和制度成本之间的关系[J].江苏社会科学.2010(4)：52-58.

度不够,“母亲水窖”“母亲健康快车”“母亲创业循环金”“母亲邮包”四大品牌项目每年募资额增长维持在固定水平。数据品牌项目中,各部门利用品牌项目的筹款力度小,收集挖掘、信息反馈、典型案例收集都存在不同程度的问题,品牌价值还有很大的提升空间。再次,风险防控准备不足。虽然很早成立了合规部门,建立了信息披露制度、项目审查小组和工作寻访制度,加大了项目监管和后期评估力度,但风险防控意识还不够强,应对一些突发舆情事件、突发应急事件的能力和协同响应机制仍缺乏危机应对预案。最后,捐赠结构失衡并趋单一化。近五年来,在基金会的捐赠总额中,外企捐赠比例逐年上升,已占全部企业捐赠的80%以上,国企捐赠份额逐年萎缩,导致捐赠结构失衡并趋单一化,90%的善款都来自各大国企和外企的捐赠,而来自民间公益的捐助只占20%左右。在互联网公益的时代,只有提早转变公益筹资观念,提升日常大众捐赠份额,才能推动可持续捐赠的社会基础。

(三)中国妇女发展基金会的机会

首先,信息技术手段的升级换代拓宽了筹款渠道。互联网捐赠即将成为我国公益慈善事业发展的重要趋势之一。互联网募捐具有开放性、便捷性和低成本的慈善参与特点,诸如腾讯、阿里等公司将公益慈善理念和技术相糅合,打通了商业和公益之间的界限,让公益更加触手可及。其次,公益慈善行业发展愈发规范。随着一系列政策和法律法规的颁布,基金会运作制度化和标准化将形成初步体系。2004年《基金会管理条例》突出了对基金会运营的法律规范和合法性要求,2016年《慈善法》和《中华人民共和国公益事业捐赠法》[①]的颁布与实施为促进慈善事业健康发展提供了根本的法治保障。再次,财富增长后募资结构需要调整。随着经济持续高速增长和财富不断积累,基金会收入结构中来自国内企业的捐赠数额迅速攀升并开始成为主要来源;同时,政府通过购买社会组织服务成为公益慈善的重要资源;此外,互联网时代网络众筹也日益增长。政府、企业、公众构成了三足鼎立的稳定多元的募资结构,但基金会的收入结构中来自企业捐赠一直占据主要来源,现在更需要关注到捐赠数额迅速攀升的公众捐赠,把握好各捐赠主体和募资结构的变化。最后,公众慈善意识日益增强。虽然我国的慈善事业在公众捐赠的水平上与发达国家相比偏低,但对公益慈善资源有很大的动员空间。尽管目前部分公益组织的运作还存在一些问题,但未来随着公众监督的常态化和行业自律的规范化,将逐步形成人人参与公益的氛围。

(四)中国妇女发展基金会的威胁

首先,同行业竞争。公益慈善事业迅猛发展,社会组织的数量逐渐增多,行业竞争日益激烈。由于政府对社会组织和慈善事业的支持,各类社区公益组织大量出现,非公募基金会转向公募基金会也变得可能,具有公募资格的组织逐年增加,募捐市场呈现竞争的态势。其次,筹款遇困境。随着我国经济由快速发展转为高质量发展,经济下行压力加大,同时,在一定程度上也会挤压公益事业的发展。2015年后,国企扶贫任务增加且受到多种因素的制约,大额无定向捐赠日益减少。随着当前全球疫情的发展和蔓延,经济形势紧张,公众捐赠大多流向防疫领域,且在未来一段时间内会不断放缓增长速度。最后,社会舆情是把双刃

① 民政部.中华人民共和国公益事业捐赠法[EB/OL].(2020-01-21)[2021-12-13].http://zyzx.mca.gov.cn/artical/zyzx/csgz/202001/20200100023166.shtml.

剑。负面事件对慈善事业的伤害巨大,而且重建信任是一个非常艰难和缓慢的过程。中国妇女发展基金会虽然很早成立了合规部门,建立了信息披露制度、项目审查小组和工作寻访制度,在透明度上可以说做到了无可挑剔,但风险防控意识还不够强,有时候仍旧存在一些问题或漏洞,有些可以规避掉的风险未事先得到妥善处理,面对一些突发舆情事件,基金会也未设置专门的部门来设置危机应对预案。

三、中国妇女基金会筹款运行环境与决策向度分析

面对上述筹资环境问题,为了做好女性帮扶事业,需要对中国妇女发展基金会的公益筹款策略问题展开分析。采用 SWOT-AHP 分析模型可以把组织内部和外部环境牵涉到的各主要方面因素进行综合和概括,进而分析组织具有的优势与劣势、面临的机会与威胁,制定适合组织实际情况的发展战略和策略。其中,S 代表 strength(优势),W 代表 weakness(弱势),O 代表 opportunity(机会)),T 代表 threat(威胁),其中,S、W 是内部因素,O、T 是外部因素。[①]

(一)公益筹资环境战略选择层次模型及重要性赋值

依据对中国妇女发展基金会筹款的优势、劣势、机遇和威胁各因素构建出 AHP 评价指标体系的战略选择层次模型(见图 1),选择出九个重要性等级及其赋值,判断矩阵构建、单排序权重求解及一致性检验(见表 1),为公益筹款决策提供依据。

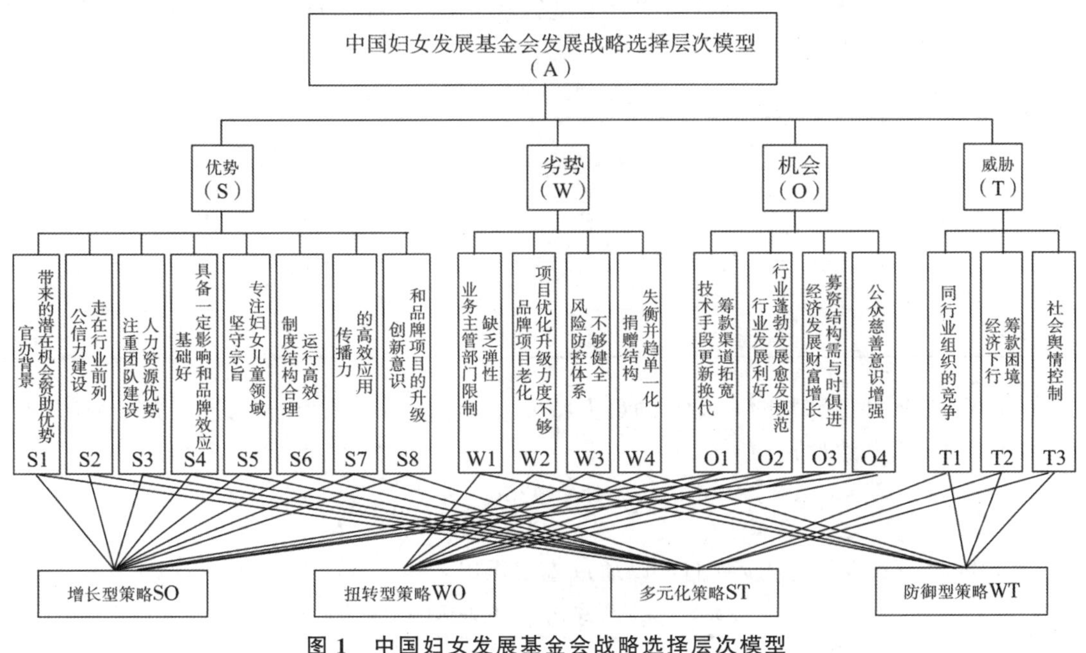

图 1　中国妇女发展基金会战略选择层次模型

① 周三多.管理学[M].第 5 版.北京:高等教育出版社,2018:87.

表 1　九个重要性等级及其赋值

标度	含义
1	C_i 元素和 C_j 元素的影响相同
3	C_i 元素比 C_j 元素的影响稍强
5	C_i 元素比 C_j 元素的影响强
7	C_i 元素比 C_j 元素的影响明显强
9	C_i 元素比 C_j 元素的影响绝对强
2,4,6,8	C_i 元素比 C_j 元素的影响之比在上述两个相邻等级之间
1,1/2,…,1/9	C_i 元素比 C_j 元素的影响之比为上面 aij 的互反数

层次结构反映因素之间的关系，经过研究表明，当两两比较的因素过多，人的判断会受到很大影响，普遍来说在 7±2 范围比较合适。如以 9 个为限，用 1—9 尺度表示它们之间的差别正合适。并且在比较时，做 $n(n-1)/2$ 次两两判断是有必要的，这样可以提供更多的信息，也可以通过各种不同方面的反复比较，得出一个比较合理的排序。以此排序计算并检验出中国妇女发展基金会的优势（S）、劣势（W）、机遇（O）和威胁（T）作为总目标的权重占比。

（二）总目标组权重及其一致性计算

根据指标体系，利用上述标度法，通过德尔菲法的调查，选取中国妇女发展基金会多位长期从业者和专家，分别对指标的重要程度进行打分，然后对打分结果再进行了内部的讨论和归纳，得到两两判别矩阵如下：

表 2　两两判别矩阵

目标 A	S	W	O	T
S	1	2	1	3
W	1/2	1	1/2	1
O	1	2	1	2
T	1/3	1	1/3	1

用 Matlab 软件计算判断矩阵 S 的最大特征根得 $\lambda_{max}=4.0206$。为进行判断矩阵的一致性检验，需计算一致性指标：

$$CI=\frac{\lambda_{max}-n}{n-1}=\frac{4.0206-4}{4-1}=0.0069$$

平均随机一致性指标 RI 我们可以通过查表得出：

表 3　矩阵阶数为 1—9 的 *RI* 取值

阶数	1	2	3	4	5	6	7	8	9
RI	0.00	0.00	0.58	0.90	1.12	1.24	1.32	1.41	1.45

平均随机一致性指标 $RI=0.9$。随机一致性比率：

$$CR=\frac{CI}{RI}=\frac{0.0069}{0.9}=0.0076<0.10$$

因此，认为层次分析的结果有满意的一致性，即权重的分配是非常合理的。运用 Matlab 软件计算出指标的权重，指标层及其权重 S＝0.3540，W＝0.1607，O＝0.3540，T＝0.1313。

（三）各个分组权重及其一致性计算

根据总目标组矩阵、Matlab 软件计算判断矩阵，平均随机一致性指标 RI 判断优势组、劣势组、机会组、威胁组的层次分析满意一致性，即权重系数分配合理性，得到以下结果。首先判断各组的两两判别矩阵，得到表 4 至表 7 的结果，根据该结果，得到表 8 随机一致性比率计算表，该结果认为层次分析的结果有满意的一致性，即权系数的分配是非常合理的。

表 4　优势组两两判别矩阵

优势组	S1	S2	S3	S4	S5	S6	S7	S8
S1	1	1/2	3	3	1/2	4	3	6
S2	2	1	5	5	1	2	2	7
S3	1/3	1/5	1	1	1/5	1	1	2
S4	1/3	1/5	1	1	1/5	1	1	2
S5	2	1	5	5	1	8	6	9
S6	1/4	1/2	1	1	1/8	1	1	2
S7	1/3	1/2	1	1	1/6	1	1	2
S8	1/6	1/7	1/2	1/2	1/9	1/2	1/2	1

表 5　劣势组两两判别矩阵

劣势组	W1	W2	W3	W4
W1	1	1/3	1/3	1/5
W2	3	1	1	1/2
W3	3	1	1	1/2
W4	5	2	2	1

表 6　机会组两两判别矩阵

机会组	O1	O2	O3	O4
O1	1	1/3	1	1
O2	3	1	2	2

续表

机会组	O1	O2	O3	O4
O3	1	1/2	1	1
O4	1	1/2	1	1

表 7 威胁组两两判别矩阵

威胁组	T1	T2	T3
T1	1	1/5	1/2
T2	5	1	3
T4	2	1/3	1

表 8 各个组随机一致性比率计算表

	优势组	劣势组	机会组	威胁组
Matlab 软件计算判断矩阵 S 的最大特征根	$\lambda_{max}=8.2019$	$\lambda_{max}=4.0042$	$\lambda_{max}=4.0206$	$\lambda_{max}=3.0037$
一致性指标	0.0288	0.0014	0.0069	0.0018
平均随机一致性指标	$RI=1.41$	$RI=0.9$	$RI=0.9$	$RI=0.58$
随机一致性比率	0.0205<0.10	0.0076<0.10	0.0076<0.10	0.0032<0.10

(四)最终优势组、劣势组、机会组、威胁组的权重

综合权重是为进行公益筹资环境战略决策四边形提供服务的。方法是基于上述各个组随机一致性比率，运用 Matlab 软件计算出各个目标组内指标权重，见表 9。

表 9 各个目标组内指标权重

优势组		劣势组		机会组		威胁组	
指标层	权重	指标层	权重	指标层	权重	指标层	权重
S1	0.1726	W1	0.0819	O1	0.1768	T1	0.1220
S2	0.2364	W2	0.2346	O2	0.4336	T2	0.6483
S3	0.0573	W3	0.2346	O3	0.1948	T3	0.2297
S4	0.0573	W4	0.4488	O4	0.1948		
S5	0.3201						
S6	0.0613						

续表

优势组		劣势组		机会组		威胁组	
S7	0.0647						
S8	0.0303						

最终我们根据SWOT模型中各个层次及指标的重要性差异，邀请中国妇女发展基金会内多位具有长期公益行业从业经验的工作人员通过讨论对各因素重要性依据进行打分，形成了五个判断矩阵，并皆通过了一致性检验，得出的权重如下，见表10：

表10 目标指标权重

指标层	权重	指标层	权重	综合权重
S	0.3540	S1	0.1726	0.0611
		S2	0.2364	0.0837
		S3	0.0573	0.0203
		S4	0.0573	0.0203
		S5	0.3201	0.1133
		S6	0.0613	0.0217
		S7	0.0647	0.0229
		S8	0.0303	0.0107
W	0.1607	W1	0.0819	0.0132
		W2	0.2346	0.0377
		W3	0.2346	0.0377
		W4	0.4488	0.0721
O	0.3540	O1	0.1768	0.0626
		O2	0.4336	0.1535
		O3	0.1948	0.0690
		O4	0.1948	0.0690
T	0.1313	T1	0.1220	0.0160
		T2	0.6483	0.0851
		T3	0.2297	0.0302

(五)公益筹资环境战略四边形结果

决策通过德尔菲法采集到的专家打分意见，以及经过验证的各因素权重结果，对各子因素按照其综合权重对中国妇女发展基金会的各项水平以1—5分的区间进行打分，分数越高代表表现越好，用数值和权重直观比较来看基金会组织到底在哪个方面具有比较明显的优势。

表11　权重打分表

	中国妇女发展基金会 SWOT-AHP 分析				
	分值/权重	最终得分	评判内容	分值/权重	最终得分
优势	4.5/0.3540	1.593	官办背景带来的潜在组织资源优势	4.5/0.0611	0.275
			公信力建设走在行业前列	5/0.0837	0.419
			注重团队建设，人力资源优势	4.1/0.0203	0.083
			基础好，基金会和项目具备一定影响力与品牌效应	4.6/0.0203	0.093
			坚守宗旨，专注妇女儿童领域	5/0.1133	0.566
			制度结构合理，运行高效	4.2/0.0217	0.091
			对传播力的高效应用	3.9/0.0229	0.089
			创新意识和品牌项目的升级优化	4/0.0107	0.043
劣势	2.9/0.1607	0.466	业务主管部门限制，缺乏弹性	3.2/0.0132	0.042
			品牌项目老化，项目优化升级力度不够	2.8/0.0377	0.105
			风险防控体系不够健全	2.5/0.0377	0.094
			捐赠结构失衡并趋单一化	3/0.0721	0.216
机会	4.6/0.3540	1.6284	技术手段升级换代，筹款渠道拓宽	4.1/0.0626	0.256
			行业发展利好，行业蓬勃发展愈发规范	4.4/0.1535	0.675
			经济发展带来公民财富增长，募资结构需与时俱进	3.7/0.069	0.255
			公众慈善意识增强	3.7/0.069	0.255
威胁	3.2/0.1313	0.4201	同行业组织的竞争	2.1/0.016	0.033
			经济下行，筹款困境	1.9/0.0851	0.104
			社会舆情控制	4.6/0.0302	0.138

根据表11数据，以优势、劣势为横轴，机会、威胁为纵轴，将优势、劣势、机会、威胁在坐

标系上定位，并得出中国妇女发展基金会的战略四边形：

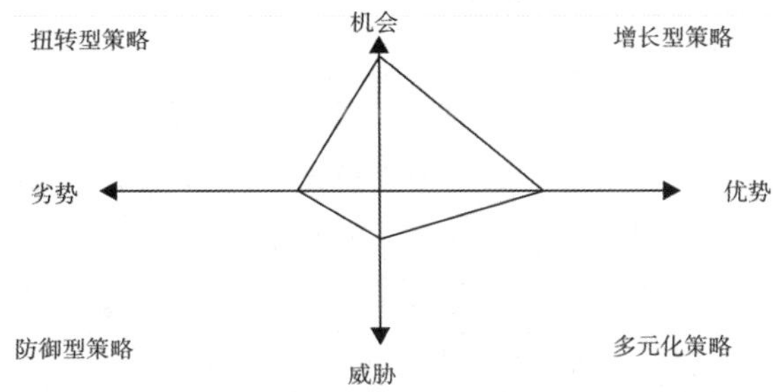

图 2　SWOT 分析矩阵图

在将打分结果在 SWOT 分析矩阵图上定位并将落在优势、劣势、机会和威胁四个象限的点位相连，可以得出中国妇女发展基金会经过 SWOT-AHP 分析权重打分后组织目前在面对优势、劣势、机会和威胁时处于怎样的位置，通过权重打分，帮助我们更加直观地了解了基金会的现状，衡量出了基金会目前应该采取的发展策略。由图可见，整体矩阵的变化趋势以优势-机会象限为优，这表明中国妇女发展基金会在当前形势下，应该更多地采取增长型的发展策略，其次，考虑扭转型策略。

四、基于 SWOT-AHP 分析下的对应策略

通过 SWOT-AHP 模型对中国妇女发展基金会筹款环境与策略的分析，构建出优势-机会增长型、劣势-机会扭转型、优势-威胁多元化型、劣势-威胁防御型四种策略，针对不同策略提出组织运作建议。

（一）优势-机会增长型策略

首先，应抓住乡村振兴的关键时期，准确把握政策导向，结合时代发展和妇女集体不断变化的需求，研判未来社会关注的重点领域，尽早挖掘新的募资增长点，第一时间吸纳潜在捐赠。紧密配合政府解决深度贫困问题和巩固扶贫成果，在可持续脱贫、创业就业、医疗健康、赋能、环保、家庭关爱、社区服务等方面重点进行项目开发。同时，在过去扶贫项目经验的基础上，继续深入探索创业扶贫、健康扶贫、旅游扶贫、教育扶贫、产业扶贫等项目，加强农村污染治理和生态环境保护也应是未来环保类项目的重点。此外，还应加强开展基层社区的公共服务类项目，尤其是要加强对贫困地区的社区家庭关爱、医疗、教育、养老、文体等公共服务方面的关注。

其次，利用高效的信息技术手段和完善的制度结构来拓宽筹款渠道。线上公益成为公众捐赠的主要来源后，对捐赠的专业性要求非常高。线上筹款项目对精准度和精细化程度的要求相对较高，捐赠文案设计就变得非常重要；平台的利用，关键是要保持畅通的捐赠产品供应链，发现和挖掘民间潜力；通过联合创新、联合倡导、联合劝募、联合成长的方式，加强与优质公益组织合作的黏度；可以适当借助外部智力，组建专业团队，稳定众筹市场。

再次，要夯实专业管理技术，加强专业人才培养。对于所有慈善组织而言，发展不仅需

要具有专业管理和专业技能人才全面参与到管理与服务过程当中，还需要专业管理技术、专业管理标准和专业管理程序的支撑。专业技术转向与专业人才培养可以让基金会很好地适应并利用新技术来做进一步的发展。

最后，要持续加强公信力与品牌项目建设。公信力就是组织的生命力，相较于许多中小型基金会，中国妇女发展基金会因“希望工程”“春蕾计划”“母亲水窖”著名的公益品牌体现着核心竞争力，有着良好的社会声誉和公信力，给其顺利筹款带来积极影响，使得基金会更易获得社会支持。由此看来，组织公信力建设、品牌项目维护和品牌创新发展非常重要，所以，一方面要通过不断完善信息公开制度继续保持较高的公信力，另一方面在保持原有品牌项目有足额捐赠的同时，聚焦自身品牌价值提升的募资策略，共同拓展品牌项目，优化升级空间，不断提升品牌项目的竞争力和影响力。

（二）劣势-机会扭转型策略

优化项目风控体系。随着社会进步与技术革新，在未来“全民慈善”时代，必将诞生越来越多的创新慈善项目，同行业之间的竞争会变得更加激烈，越来越多的群众也在监督着慈善组织。因此，基金会需要加强风控体系的建设，重视社会公众的舆论导向，加强项目的社会传播和影响力。同时，做好项目预案、替代方案，重视项目的执行环节，及时回应环境和政策变化，做到及时调整、灵活处理。加强数据挖掘也是扭转战略的重要抓手，要对捐赠群体进行细分，增加用户黏度，做好捐赠反馈，不断积累公众捐赠支持者数量，维护好自身的社会公信力，把握好社会舆情风向。此外，要加大资源整合力度，进一步明确基金会各个部门的功能和专长。项目部门要提高专业化和市场运作能力，提升项目价值含量和特有项目的品牌化，还要避免功能相似的项目。

（三）优势-威胁多元化型策略

完善战略伙伴机制。目前，企业依然是慈善资源的主要贡献者，应配合优势对合作企业进行深入分析研究，深挖合作的共同价值，找准合作契合点，以谋划新的合作机会，确保合作的可持续。同时，要加强对捐赠大客户的服务与维护，保持良好的合作关系，这应成为衡量部门工作绩效的重要指标。此外，还要加强战略合作伙伴关系的维护，建议建立战略合作伙伴的增加和退出机制，如签署战略合作协议但连续两年不捐赠的企业应解除战略合作关系，而合作稳定且捐赠大额的企业可适当发展为战略合作伙伴。

应全方位提升业务能力和项目管理水平。在高达几亿余元募资额的水平下，基金会不仅需要对当前的公益项目进行梳理，提高项目实施的效率，还要提高基金会内部人员的业务能力水平，提升对合作伙伴项目执行能力，以更加高效、透明的形象吸引更多捐赠企业和公众。公开透明是社会公众判断一个组织是否值得信任的关键因素之一，通过信息公开和互动沟通，慈善组织得以向公众展示自身工作的有效性和专业性，吸引公众注意力并留下深刻的正面印象，获得越来越多人的认可和信任。

（四）劣势-威胁防御型策略

首先，扩大与专业社会组织的业务合作，增加执行组织的弹性。中国妇女发展基金会大部分项目通常依托各级妇联的帮助，将业务委托到基层妇联的方式来执行，但是各级妇联本职也有繁重的工作任务,常常是项目实施的效果难以达到当初设计的目标。因此,项目更需要交给专业机构或人员来做,将基金会从具体运作中解放出来,完成由运作型向资助型转变。

其次,要增强风险意识,加强风险防控。伴随着捐赠结构的变化,民企的公益诉求更多地与商业利益融合在一起,形成了新的挑战。因此,一是要对企业资质、需求进行充分的前期调研与评估,不与有负面信息的企业合作;二是对于合作伙伴的考察要更为深入,一旦发现问题就要启动危机处理机制,把影响降到最低;三是对于庞大的项目执行规模,监管和风险把控需要及时跟进,加强对项目过程的监督,从执行流程来细化执行规则,完善监测工具,建立测评机制等。

再次,要完善捐赠结构。注意调整民企捐赠和公众捐赠在捐赠结构中的比例,促进捐赠渠道的多元化,同时,还要挖掘其他企业捐赠诉求与基金会的结合点,保持基金会捐赠结构的平衡。

最后,不断加强公益项目研发力度。适应社会需求并符合基金会宗旨的优质公益项目能够提高公众对项目的认同,极大激发公众捐赠热情,如疫情期间研发的"加油! 抗疫天使"项目受到各级妇联及广大医护家庭的欢迎。因此,在项目设计中,要立足于受助妇女和家庭的需求进行项目开发和设计。

Analysis on Fund-raising Strategic Environment and Strategy of China Women's Development Foundation

Shi Lirong[1] **Du Jiahao**[2] **Bai Yihan**[3]

(1. 3. Minzu University of China, Beijing, 100091;

2. University of Science & Technology Beijing, Beijing, 100083)

Abstract: This research studies the fund-raising environment, operation and fund-raising projects of China Women's Development Foundation. According to its advantages, disadvantages, opportunities and threats, this research constructs the strategic choice hierarchy model of AHP evaluation index system, and constructs the significance of four applicable situations: advantage-opportunity growth type, disadvantage-opportunity reversal type, advantage-threat diversification type and disadvantage-threat defense type. This research also finds that the fund-raising problem of the foundation is not a single and isolated problem, which is closely related to the overall operation of the foundation, and is affected by many factors. Building public welfare brands and special financing projects is of great significance to optimize financing strategies.

Key Words: public foundation; fund-raising environment; fund-raising strategy

应用性别预算：方式、经验与困境

——基于温岭、焦作性别预算试验的考察

敖杏林*

内容摘要：温岭、焦作代表我国地方政府应用性别预算较为稳定的案例，两者分别探索出了“参与式性别微调”和“性别敏感的部门整合”的应用方式。温岭、焦作试验表明，性别预算多以“项目”应用于多层级地方预算支出端，地方公共预算改革的能力和需要是引入性别预算的前提，而改革倡导者在预算制定中的权力地位影响着性别预算的应用效果。由于性别预算与公共预算的关系尚未理顺，地方政府应用性别预算面临可持续发展困难、技术性支撑不足以及制度性资源匮乏等问题。性别预算能否从实质上促进提高地方预算治理能力，需要提高性别预算与地方公共预算的整合程度，实现公共预算的社会性别主流化。

关键词：性别预算；焦作试验；温岭试验；地方治理改革；性别主流化

一、问题提出

自 2005 年石家庄最先引入性别预算（gender budgets 或 gender budgeting, GB）① 以来，中国性别预算实践发展已有十余年。然而，性别预算试点工作在中国的效果并不理想，第一批试水性别预算的石家庄市和张家口市已悄无声息；深圳、上海和厦门等地偶可散见一些新闻报道，但目前仍主要停留在调研讨论阶段，其成效尚需时间验证；仅有河南焦作和浙江温岭两处，探索出了较为稳定的地方性别预算改革创新路径。

近年来，国内学界关于性别预算的理论研究取得了较大进展，这些研究不仅对性别预算

---

* 敖杏林，女，厦门大学公共事务学院政治学系博士研究生，主要研究方向为性别政治。

① 和其他很多学术概念一样，“性别预算”也是一个舶来品。表述最准确、在国际学界使用最频繁的其实是 gender responsive budgets 或 gender-responsive budgeting，简称 GRB，通常译为“性别反应预算”。但考虑到“性别反应预算”和“性别预算”基本同义，为了简洁并与国内学界保持一致，本文也取“性别预算”的译法。不同学者对“性别预算”的定义存在若干差异，引用较多的是布兰黛尔（Debbie Budlender）的概念：性别反应预算是根据政府实际支出和收入产生的不同性别影响的分析，要求在预算编制与执行过程中，思考和决定两性在哪些方面需要相同、哪些不同，以及公共资源配置应该如何针对这些差异进行调整和改善。参见 Debbie, B. Expectations versus Realities in Gender-responsive Budget Initiatives[R]. Revised Draft Prepared for the UNRISD Project on Gender and Social Policy, 2005.

试点工作的案例（张家口、焦作、温岭）进行了"深描"，①对性别预算的国际经验做出了总结，②而且讨论了性别预算相关理论的发展。③ 但既有研究尚存不足，一方面，未对地方层面有效应用性别预算的经验进行比较研究，另一方面，存在对性别预算实际效用的溢美之词，未对其不足之处提出批判性建议。本文结合国内外性别预算的最新研究成果，在考察温岭、焦作两地如何引入贯彻与运转性别预算的基础上，探讨其有益经验及进一步发展的困境，旨在为地方层级性别预算试验的推广提供参考。

二、性别预算的两种应用方式

（一）温岭：参与式性别微调

温岭性别预算试验发生在温峤、新河与泽国等 5 个镇一级政府组织，主要通过"性别预算民主恳谈会"为平台应用性别预算，重点围绕"妇女线"专项项目、与女性密切相关的社会事业项目和一般民生项目等，对公共预算进行性别审议和微调，保证性别预算项目的监督执行，并在预算评估中融入性别视角。实现促进地方政府改进公共预算及其政策规划，促进公共资源在两性之间平等分配的目的。

温岭在其参与式预算（participatory budgeting）框架内开展性别预算试验，最早从温峤镇（2010—2015 年）开始，随后在新河镇（2011、2012、2014 年）、泽国镇（2014、2015 年）均有所尝试。起初，性别预算从既定预算草案的初审环节开始，跨过了预算编制环节，没有建立专门的性别预算监督执行组织，也没有在预算评估环节进行性别分析④。近年，性别预算的应用环节随着参与式预算同步拓展，在 2015 年，三镇性别预算试验基本都囊括了从预算编制、初审、表决、执行监督到评估的各环节。

预算编制环节。起初，三镇在预算草案编制过程中均未专门考虑性别议题，近年，温峤（2014、2015 年）、泽国（2015 年）镇人大在性别预算初审之前组织了"性别预算选民征询会"，邀请民意代表集中讨论本财年性别预算相关款项，并接受他们对上一财年性别预算使用情况的质询。⑤ 目前，性别预算的编制权仍掌握在政府手中，涉及性别预算编制的"性别预算

---

① 马蔡琛.社会性别预算：理论与实践[M].北京：经济科学出版社，2009；马蔡琛.中国社会性别预算改革的现实挑战与路径选择——基于焦作试验的考察[J].中国行政管理，2015(3)：12-15，37；郭夏娟.参与式性别预算——温岭的"嵌入式"发展模式[J].中国行政管理，2015(3)：16-20.

② 鲍静，魏芃.全球视野下的社会性别预算：国外经验[J].中国行政管理，2015(3)：26-31.

③ 闫东玲.浅谈社会性别主流化与社会性别预算[J].妇女研究论丛，2007(1)：10-15；郭夏娟，吕晓敏."性别预算"的策略框架与评估分析工具：国外的经验[J].中华女子学院学报，2011(4)：58-64.

④ 郭夏娟，吕晓敏.参与式性别预算：来自温岭的探索[J].妇女研究论丛，2012(1)：33-41.

⑤ 两者叫法不同，温峤镇称"性别预算选民征询会"，参与者每年不固定，包括辖区内部分市、镇两级人大代表，计生联系员、村民代表、妇女主任、女企业家代表等都可参加，规模在 100 余人左右；泽国镇称"社会性别预算建议意见落实征询会"，由村居妇女主任、计生联系员等 18 名女性恳谈代表参加。温峤还曾专门邀请性别预算专家郭夏娟教授对恳谈者进行培训，其他两镇在 2014 年也举办了类似的培训活动。参见温岭人大网站：http://www.wlrd.gov.cn/article/view/11080.htm.http://www.wlrd.gov.cn/article/view/13766.htm.

选民征询会”主要是为民众提供讨论、质询的平台，会上并非仅考虑性别议题，提出的建议意见也尚未都从性别视角出发，但在预算编制环节开始考虑民众对性别预算的相关要求，意味着政府承诺将性别预算视为消除预算开支性别不平等的工具，这无疑是一大进步。

预算初审(民主恳谈)环节。这一环节是温岭试验的核心。首先，抽取性别预算民主恳谈会代表。温峤、新河镇恳谈会代表由人大代表和基层民众组成，其中，人大代表由人大配置，妇联挑选基层民众代表，民众代表往往是村妇女主任和农村精英等。女代表最初占80%以上，2013年后性别比又被调回到1∶1，但2014年温峤镇未遵守这一规定，女代表仅占30%。① 其次，会议通知与宣传、代表报道，发放预算草案和“建议讨论项目”等资料，准备召开性别预算民主恳谈会。再次，恳谈代表围绕“建议讨论项目”，即“妇女线”(妇女专项)项目、与女性密切相关的社会事业项目和一般民生项目三类，对性别预算草案提出建议或质疑。从性别预算民主恳谈会会议记录可以看出，性别预算恳谈者往往对“妇女线”项目兴趣最大，也有一些代表对后两项提出建议，如要求将“两癌筛查”推及男性前列腺癌筛查、农函大课程内容设置考虑女性偏好等。最后，镇政府根据恳谈会意见作出回应，调整并提出预算修改方案。虽然学界对温岭试验褒扬较多，但值得注意的是，性别预算初审受到了诸多约束，不仅恳谈者的性别意识参差不齐，恳谈审议仅是与性别相关的“建议讨论项目”而非整个预算草案，另外，恳谈审议意见是否被吸收还需镇政府最终决定，所以，性别预算民主恳谈会能否保证性别预算草案的性别公正还有待考量。

人代会审议表决环节。性别预算民主恳谈会所提意见是否能被吸纳进入性别预算修正方案，还需经人代会审议。三镇均基于自身独特的人大审议制度对性别预算草案进行审查和表决，基本都经过人大预算审查环节②审查性别预算修改方案、分组或代表团提出性别预算修正议案、(如有异议)代表联名提出性别预算修正议案、代表大会表决预算修正议案和性别预算草案等环节，做法略有不同，但重点都在于广泛征集人大代表以及自愿列席的公民对性别预算草案的建议意见。但目前，人代会审议仍是人大代表主导，列席旁听的公民并不多，他们也不能在会上自由发言，其建议意见需要以口头或书面的形式交由人大代表代为表达。这种做法在一定程度上减弱了性别预算制定的参与性程度，但另一方面也能赋予性别预算以合法性，是后续执行和评估的基础。

预算执行监督环节。性别预算由镇政府负责执行，其执行情况需在财政执行通报会上对镇人大进行中期、终期报告，由镇人大对政府财政执行情况进行满意度测评。性别预算执行的监督机构起初主要是财经小组和其他内部监督机构，2013年后组建了专门的“性别预算监督小组”。性别预算监督小组由15～20名性别预算民主恳谈会代表组成，专职负责实施并监督与性别平等相关的项目；另外，小组还负责从公众中收集意见、提出改进建议，并定期向镇人大反馈性别预算相关项目进展。③ 在实际执行过程中，性别预算被分解为若干活动，例如“妇女线”专项开支往往用于开展诸如妇女干部培训活动、春蕾女童行动、巾帼志愿者活动和三八节活动等妇联主办的各类活动；社会事业项目和一般民生项目则附加在其他具体项目，如公厕改造、农函大课程设置、农村免费医疗检查项目等方面，对妇女群体的财政

---

① 泽国镇未对代表性别比做规定。

② 温峤称为预算审查委员会、新河称性别预算小组、泽国称预算草案审查恳谈会。

③ 郭夏娟.社会性别预算：温岭十年[N].中国妇女报，2015-05-15.

拨款有所倾斜。与澳大利亚等国(性别)机会导向型的性别预算做法不同，[①]温岭虽也将性别预算支出项目分为三类，但温岭主要根据公民日常需求，自主协商预算支出，实际上是一种结果导向型的分类方式。从短期来看，结果导向型的性别预算具有利于基层民众理解性别预算项目、便于参与并监督性别预算项目的执行的优点；但长期来看，结果导向型的预算资源分配是一种"自下而上"的变革方式，并非直接改变预算决策制定偏好和规则，因而存在较大的不确定性。

预算评估环节。2013 年后，温岭将性别预算的应用范围从审议和执行监督之外拓展到项目评估，开始以性别平等为尺标对一些预算项目进行效果评估。例如，在专家的指导下对三镇妇女健康体检、农函大培训、失独人员补助等的实际效果进行质性的评估，考察性别预算是否有助于解决两性不同需求。但实际上，参照三镇预算文本可知，预算表并没有单列"性别预算"支出项目，而是将其囊括在"群团组织"等相关科目内，这也就意味着应用性别预算前后，预算表的结构和内容基本未发生变更。另外，虽然温岭试验使得基层民众的性别意识和妇女的参政积极性明显提高，在财政资源分配方面也确实发生了有利于性别公正的改变，例如 2015 年新河镇男女公厕比例已从 1∶1 调整为 1∶2，但除少数几个项目，如妇女"两癌筛查"、艾滋病防治、男女公厕比例、女童入学比例等有一些零碎的数据之外，温岭没有建立分性别统计数据和信息，因此，温岭试验的实际效果很难得到量化评估。

从上述性别预算的过程可以发现，温岭试验可以概括为"参与式性别微调"，即以当地参与式预算为框架，其特点是在性别预算编制、初审、审议、监督执行和评估等全部环节中，通过多轮多次民众参与，围绕"妇女线"、与女性密切相关项目及一般民生项目等，实现对原有预算草案的性别微调和监督评估，提高了性别预算承诺的回应性和可问责性。但与此同时，也存在一定的限度，一方面，温岭试验主要着力于女性参与初审环节，而非整个预算过程；另一方面，由于缺乏相关制度和性别统计技术支撑，温岭试验的众多利益相关者在多大程度上能够从性别视角出发，进行预算的编制、执行和评估，仍待商榷。因此，温岭试验重在"参与式性别微调"，而非一场旨在性别公正的财政改革。

(二)焦作：性别敏感的部门整合

与温岭试验主要是镇级参与式预算的性别化延展不同，性别预算是焦作本级公共财政进行性别敏感改革的尝试。焦作试验以其"四权分离"公共财政管理体制为应用框架的同时，以复式预算子预算的形式推行性别预算，在一定程度上促进了财政资源配置的性别公正，扩展了地方财政的全面性、透明性和可问责性。焦作试验重视应用性别预算的制度化建设，在正式推行性别预算之前，就由财政局教科文科编写了关于性别预算的一系列规章制度和管理办法，作为应用性别预算的原则和指南。[②] 在编制、执行监督和评估三个环节，与温岭试验重在预算初审阶段的性别微调不同，性别预算子预算的编制是焦作试验的重中之重。

---

① 澳大利亚的做法是将财政支出分为以下三类：第一，性别专项支出，即针对女性或男性特殊利益的特殊性支出；第二，性别平等机会支出，主要涉及公共部门雇员机会的性别平等；第三，性别主流化支出，旨在经过性别影响评估的前提下，促进公共物品或服务的可获得性。参见 Sharp, R., Broomhill, R. Women and Government Budgets[J]. Australian Journal of Social Issues, 1990, 25(1):1-14.

② 参见《关于印发焦作市本级财政社会性别反应预算管理实行办法的通知》(焦政办〔2009〕14 号)。

预算编制环节。首先，出于解决两性和弱势群体实际困难的需要，财政部门筛选出“就学就业、文化娱乐、贫困资助、健康保健、公共卫生、宣传培训、利益导向和其他”等项目，以此为科目编制性别预算。其次，各职能部门围绕上述项目展开调研（包括问卷调查、召开座谈会、基层走访等方式）及分性别数据统计，再依照上年对应职能部门的预算支出情况和执行结果，按照统一格式，采取“两上两下”的方式，编制各部门的“社会性别预算收支建议计划”，经财政局相关支出科室审核、汇总并批复后，填写本部门“社会性别反应支出预算明细表”。最后，财政局教科文科负责审核各部门性别反应支出预算明细表，汇总并编制为“社会性别反应支出预算表总表”。① 除此之外，复式预算中的“焦作市社会性别反应预算”子栏目还包括一些弱势群体相关公共服务项目在两性间分配情况的分性别统计数据，如“城区居民最低生活保障基本情况表”等（表 1 以 2013 年②为例展示焦作性别预算子预算的构成情况），或可有利于针对性处理“贫困女性化”的问题。值得说明的是，性别预算子预算同样也只对相关支出项目产生影响，其他大部分市级财政预算项目仍然在考量财政资源分配对两性的影响方面存在不足。

执行监督阶段。焦作试验由财政部门主导编制、监督性别预算及资助性别预算项目运转，各职能部门需保证性别预算项目的执行遵守“专款专用”原则，并对财政部门负责。而妇联组织的相关工作重点在于性别预算项目的调研，例如建议新的性别预算科目等，而非开展妇女活动，主要起到协助财政局推进性别预算项目的作用。另外，焦作重视财政信息公开和外部监督。“焦作财政信息综合网”的“财经沙盘”栏目详细地公布了其本级财政收支情况，性别预算是其复式预算中的一个子预算，每年性别预算项目支出基本均可查证。与此同时，焦作在性别预算编制过程中也组织听证会，并且注重听证人员的性别比例，要求听证人员“应主要来自各阶层妇女”，且“女代表最高可达 70%以上”。可见，焦作性别预算的执行监督以其财政执行监督体系框架为基础，主要围绕项目展开，虽也有民众参与的空间，但其回应性相对于温岭试验较弱。

绩效评估环节。焦作建立了一套财政支出绩效评价体系，包括部门自评、组织外部专家或委托中介机构评审等方式，对重点项目的绩效进行评估。性别预算作为焦作财政改革创新的一个项目，在每年年终也遵照该绩效评价体系进行绩效评估，并将评估结果作为来年编制部门预算的依据，进而有针对性地找出两性和弱势群体等的实际困难所在，调整财政支出政策，对财政结算做出更合理的规定。以 2010 年性别预算的公共卫生项目为例，该项目锁定孕产妇群体为经费倾斜对象，规定为已婚孕产妇建立健康档案，在孕产期提供 8 次产前检查和 3 次产后探视服务，并以享受社区服务的实际孕产妇人数为结算标准。这种做法在通过财政倾斜保障妇女的特殊权益的同时，也有助于提高地方财政资源的精细化管理程度。

① 参见《关于印发焦作市本级财政社会性别反应预算管理实行办法的通知》（焦政办〔2009〕14 号）。

② 2009—2015 年，除 2014 年外，每年都单独编制了“社会性别反应预算”子预算，但 2015 年的“社会性别反应预算子预算”只有一张“2015 年焦作市社会性别反应支出预算表总表”，既没有分部门的分表，也没有分性别统计的其他公共服务项目支出情况表，因此本文以 2013 年为例进行说明。

表 1 焦作市本级性别反应预算构成情况表(以 2013 年为例)

2013 年焦作市本级社会性别反应支出预算明细(计生部门)	就学就业项目 文化娱乐项目 贫困资助项目 健康保健项目 公共卫生项目 宣传培训项目 利益导向项目 其他
2013 年焦作市本级社会性别反应支出预算明细(教育部门)	
2013 年焦作市本级社会性别反应支出预算明细(农林水利部门)	
2013 年焦作市本级社会性别反应支出预算明细(人力资源和社会保障部门)	
2013 年焦作市本级社会性别反应支出预算明细(文化体育部门)	
2013 年焦作市本级社会性别反应支出预算明细(医疗卫生部门)	
2013 年焦作市本级社会性别反应支出预算明细(其他部门)	
2013 年焦作市社会性别反应支出预算表总表	
2013 年城区居民廉租住房保障基本情况表	
2013 年城市居民最低生活保障基本情况表	
2013 年城市社区公共卫生服务基本情况表	
2013 年出生缺陷干预基本情况表	
2013 年大中专院校教育经费支出情况表	
2013 年大中专院校助学金发放情况表	
2013 年健康保健基本情况表	
2013 年奖励扶助基本情况表	
2013 年农民工子女就学基本情况表	
2013 年下岗再就业基本情况表	
2013 年宣传培训基本情况表	
2013 年义务教育(含高中)教育经费支出情况表	
2013 年义务教育(含高中)就学基本情况表	
2013 年职业教育就学基本情况表	

资料来源:焦作市财政信息综合网"财经沙盘"栏目:"复式预算—2013 年焦作市复式预算—2013 年焦作市社会性别反应预算"(表格为作者自制)。

相对于温岭重视预算审议过程中的女性平等参与,焦作试验突出性别敏感的预算编制及分性别数据统计,加强了地方财政的性别敏感程度,对于提高财政信息的全面性、透明性、可问责性有积极意义。对比温岭试验,焦作应用性别预算的特征包括如下四个方面:第一,应用主体是财政部门为主、职能部门和群团组织(妇联)为辅。财政部门主导性别预算试验具有改革阻碍小、预算编制技术娴熟的优势,①英联邦秘书处在英联邦国家推广性别预算往

① Isabella, B. Fiscal Policy, Accountability and Voice: The Example of Gender Responsive Budget Initiatives[R]. Human Development Occasional Papers (1992—2007), 2002.

往也采取这种做法。一方面,其专业性更强,统计数据相对充足稳定,有利于为下一财年性别预算编制提供反馈信息。[①] 但另一方面,焦作性别预算的实施,实际上经历着"财政统筹规划、分散到各部编制、再集中于财政编制、最后分散到各部执行"的过程,这种整体与部分互动的做法,意味着各部门沟通协调的效率对性别预算的编制和实施具有重要影响。财政局与妇联所进行的合作,也同样面临着沟通协调的问题。

第二,应用层级提升到地级市。优点在于焦作试验基本可直接以市级财政管理体系框架为基础,从这个方面来看,相对于温岭试验以参与式民主恳谈为平台,焦作试验直接以财政管理体制为架构,可复制性和稳定性相对更高,其经验可能更易于"移植"到其他市级地方政府。缺点在于焦作试验局限于市本级财政,性别预算的作用范围未能扩展到乡镇层面,而后者管辖的农村地区往往才是性别不平等的"重灾区",引入性别预算的需求更迫切。

第三,应用环节以预算编制为核心。性别预算试验所重点针对的预算环节,在很大程度上决定了公共预算的变革程度,或可造成全部预算开支、单一预算线或项目资金分配的变化。[②] 焦作试验侧重性别预算的编制,在其复式预算体系中清晰地列出了性别预算子预算的各项目开支情况,这意味着焦作的预算决策者直接通过增加性别预算子预算变革了市本级公共预算资金的分配结构,也使得预算决策因考虑财政政策的性别影响而更加全面。另外,焦作性别预算编制建立在分性别统计数据的基础上,为后续的监督和评估工作提供了支撑,有助于民众监督政府行为是否对性别公正有益,进而提高公共开支的可问责性。

第四,应用内容基本囊括了社会事业预算支出的各方面。焦作性别预算是市本级复式预算的一个子预算,由各职能部门根据"就学就业、文化娱乐、贫困资助、健康保健、公共卫生、宣传培训、利益导向和其他"等项目的支出情况汇编而成,性别预算通过上述项目嵌入到各职能部门对应的业务活动中,无疑扩展了公共政策的性别公正。相对于温岭,焦作性别预算的应用内容一目了然且稳定连贯,财政信息可获得性非常高,提升了财政信息的透明度;但由于预算审编的方式相对封闭,焦作性别预算项目的回应性相对不足。另外,与温岭试验相同,焦作试验也均局限于预算支出端,两者都暂未实现对全部预算项目的性别敏感分析。

总之,焦作试验可以概括为"性别敏感的部门整合",即由地方财政局主导各部门,针对两性和弱势群体相关的七个重点开支项目而专门编制一份性别预算子预算,各部门在性别预算的编制、执行监督和评估环节均保持性别敏感。上述两种应用方式各有优缺点,基本上代表了目前我国地方层面性别预算实践的可行经验。

三、应用性别预算的经验及其困境

地方公共财政贯彻落实性别预算,既是地方公共预算改革的题中应有之义,也是实现社会性别主流化的必经之路。温岭和焦作性别预算试验探索出了两种从性别视角改革地方公

---

① Diane, E. Gender Responsive Budget Initiatives: Some Key Dimensions and Practical Examples [C]. UNIFEM-OECD-Nordic Council Conference Towards Gender Responsive Budgeting, 2001, 10.

② Elizabeth, V. Gender Responsive Budgets: Issues, Good Practices and Policy Options. Issue Note on Gender Responsive Budgeting[C]. Regional Symposium on Gender Mainstreaming in the ECE Region.

共预算的新方式,它们在作为"前车之鉴"的同时,也面临着发展困境。

(一)应用性别预算的地方性经验

温岭和焦作试验蕴含着地方政府贯彻落实性别预算的成功经验,归结起来,其中或可供借鉴推广的部分包括以下四个方面。第一,性别预算较宜以"项目"的形式应用于地方预算支出端。和实施性别预算的大部分国家(地区)一样,目前温岭、焦作试验也只限应用于预算支出的部分内容,尚未涉及预算收入。温岭、焦作试验均以性别预算项目的方式进行运作,前者将性别预算支出项目划分为"妇女线"专项支出、与妇女密切相关支出项目、一般民生支出项目三类,并进一步分解为面向公众的具体活动;后者选取与两性和弱势群体相关的"就学就业、文化娱乐、贫困资助、健康保健、公共卫生、宣传培训、利益导向和其他"等项目,并分别整合到对应的职能部门,依托于职能部门的业务活动来实施性别预算。

第二,性别预算能够嵌入地方政府的既有预算框架。温岭试验是温岭参与式预算的延展,以性别预算民主恳谈会的预算初审为重心,侧重在参与式预算中汇入性别公正的元素。焦作试验主要是焦作复式预算的一个子预算,其强调各职能部门性别预算项目的整合,并展开了分性别统计工作,侧重性别预算应用框架的制度化。可以看到,温岭和焦作都有独特的财政预算框架,温岭镇级参与式预算与焦作市级复式预算体系之间存在较大差异,但两者都提供了应用性别预算的空间。这是因为,"性别预算本身不需要创造一种全新的形式,它只要求在预算制定过程中考虑性别因素,可切入任何一种预算形式的任何环节"。[①] 将性别预算直接嫁接于当地公共预算框架的特定部分,在很大程度上避免了开辟全新作业流程、人员班子和管理机制等的实际困难以及新老部门之间的利益冲突等问题。

第三,地方政府进一步推动地方公共预算改革的能力和需要是引入性别预算的先决条件。焦作与温岭均是在其地方公共预算改革创新取得一定成效的情况下,将性别预算作为进一步改革创新的手段机制加以引入的。温岭性别预算可看作其"参与式预算民主恳谈"的又一个创新点。1999 年温岭开始试点"民主恳谈",2005 年这一经验被运用于年度财政预算过程,形成了对镇级预算进行实质性审议的"参与式预算"。在此期间,温岭因民主恳谈、参与式预算民主恳谈等制度创新取得成效多次获奖。[②] 为了延续改革创新,继续改进其预算民主恳谈会制度,当地人大主张借鉴焦作和张家口的经验,于 2010 年将性别预算纳入民主恳谈。与温岭类似,性别预算也是作为进一步解决焦作财政改革的现实需要而引入的。焦作被誉为"中国地方公共财政改革的标杆",也具备良好的财政改革能力和继续改革的需求。焦作自 1998 年着手财政综合改革,主要包括"四权分离"新型财政运行机制及与之配套的"大办制"工作机制,此后,又进行了"参与式预算"等配套性改革。性别预算则是出于提高财政精细化管理水平、改善公共服务分配性别不公正,进而作为完善财政管理体制的全新手段加以纳入的。

---

① Rubin, M. M., John, R. B. Integrating Gender into Government Budgets: A New Perspective[J]. Public Administration Review, 2005(3):259-272.

② 2003 年温岭因"民主恳谈"获第二届全国地方政府创新奖,2007 年因"参与式预算民主恳谈"被评为"十大地方公共决策实验",2010 年又获第五届"中国地方政府创新奖"提名奖。焦作也因其公共预算改革的成就和能力获奖,2014 年焦作凭"四权分离"的财政管理新机制荣获第七届"中国地方政府创新奖"。

第四，改革倡导者在预算制定中的权力地位影响性别预算的应用效果。根据澳大利亚、南非、菲律宾等国的经验，如果改革倡导者不是预算制定主体，那很难直接改变预算决策。温岭试验中的镇级人大以及焦作财政局分别具有介入或决定预算制定的制度性权力，是影响性别预算能否引入以及在哪些环节变革预算制定的重要利益相关者，但其在预算制定过程中的权力地位不同，导致了两者性别预算试验的侧重点也不同。温岭试验由镇人大发起，在温岭参与式预算民主恳谈制度框架下，镇人大对政府预算的审查、监督具有程序性和实质性权力，是其参与式预算的审查主体，因而温岭试验集中发力于预算初审环节，对预算编制、执行和评估的改变十分有限。而焦作试验本身就是由其财政局全权主导贯彻落实的一项财政改革举措，因而性别预算基本嵌入了公共预算从编制、监督执行到评估的全部过程。作为反例，其他由妇联（张家口、石家庄、深圳、上海）、妇儿工委（厦门）等非预算主体倡导的性别预算改革，由于其倡导者没有变革现实预算制定规则的法定权力，从目前来看或陷入僵局（张家口、石家庄）或无明显进展（厦门、深圳、上海）。

（二）地方政府应用性别预算的困境

温岭、焦作试验基本上可被认为是我国性别预算试点工作较为稳定的案例，但在地方层面有效应用性别预算，还面临着如下三方面的可持续发展困境。

第一，性别预算与地方公共预算之间的关系问题尚未理顺。这是性别预算在实践推广中陷入困境的根源。性别预算不应只分析女性相关项目或制造独立的“妇女预算”，而应注重检验财政收支项目对资源配置的性别影响，并思考怎样减少经济和社会福利受益方面的性别不公正。[①] 反观温岭、焦作试验，两者都将性别预算作为地方政府改革创新的利益增长点加以引入，解决当地性别不公正问题只是一个副产品。因此，温岭和焦作都在原有公共预算框架的基础上，开展专题性质的性别预算民主恳谈会和编制专项性别预算子预算，虽具有易于引入和操作的优点，但实际上都将性别预算限制在了边缘位置，局限于调节地方公共预算收支项目中与妇女相关的部分。在这种情况下，由于性别预算远未上升到法律层面，性别预算试验便容易沦为地方政府公共预算改革中可有可无的一个分支，任何一次领导班子更替，都有可能导致其被废止。

第二，性别预算试验得到的绩效激励较弱。最早在 2005 年，石家庄妇联和张家口妇联便已在国际行动援助（Action Aid International）中国办公室的资助下开展性别预算试验，但截至今日，这两者都不了了之。焦作试验是 2009 年地方财政部门在接触到性别预算理念之后主动引入的，温岭试验则是 2010 年当地人大和党政部门对张家口、焦作等地性别预算经验的主动借鉴，目前这两者相对稳定，但也存在一定程度的断裂，例如，新河镇于 2011 年引入性别预算，但 2013 年没有举行性别预算民主恳谈会；2014 年焦作市本级财政未编制“社会性别反应预算”子预算，2015 年的“社会性别反应预算子预算”也仅包含一张“2015 年焦作市社会性别反应支出预算表总表”。这些情况表明，性别预算更多的是一种国外经验的本土化尝试，而非扎根于本土自然生成的治理方式，只有维持性别预算试验有益于地方治理绩效时，地方政府才会继续对性别预算的政治性支持和资金供应。然而，目前地方政府绩效考核指标仍存在“泛经济化”现象，往往未将性别公正纳入评价体系，而性别平等较难在短期内转

① Janet, S. Gender Budgeting[R]. IMF Working Paper, Fiscal Affairs Department, 2006.

化为可见的经济效益，这就导致地方政府普遍缺乏推动妇女/性别工作的绩效激励。

第三，性别预算试验的技术支撑不足。包括分性别统计数据的匮乏和性别预算技术载体有待开发两个方面。性别预算需要同时考虑预算收支政策对男女两性的影响，但目前我国各层级性别统计数据严重缺乏，无法为政府财政预算的性别敏感分析提供充足的数据基础。具体到温岭，除妇女保健、艾滋病防治等相关统计公报中可查证些许零散的分性别数据之外，没有系统的性别分类数据；焦作在教育、医疗和低保等方面进行了部分的分性别统计，但除此之外，地方层面的性别分类数据库也远未建成。因此，关于性别预算试验的绩效评估基本停留在小规模的定性分析阶段，地方政府在考核性别预算能否促进性别平等及其相关目标方面条件不足，难以从绩效考核方面为性别预算试验的持续运转提供客观理由。另外，地方政府正处于公共财政体制改革的探索期，许多地方政府首要面临的是如何走出公共财政体制转型困境的问题，往往不会主动将性别预算作为财政改革的优先考虑项目。对于已经引入性别预算试验的地方政府，关于零基预算、绩效预算、参与式预算等预算种类，究竟哪种能够更有效地与性别预算进行融合，也有待进一步探讨。

因此，地方层面性别预算的有效应用，需要将性别预算全方位地整合到公共预算之中，应使之嵌入包括公共预算决策在内的所有地方公共预算环节，并逐步拓展性别预算的项目内容，使之逐渐囊括所有预算项目。

四、总结与启示

作为中国性别预算试验中仅有的两个成功案例，温岭和焦作探索出了各具特色的性别预算应用方式。温岭试验重点在“参与式预算微调”，即通过“性别预算民主恳谈会”的参与式预算平台，对地方公共预算中的“建议讨论项目”进行性别审议，实现对原有预算草案的性别微调。焦作试验可概括为“性别敏感的部门整合”，即各职能部门针对“两性和弱势群体相关项目”编制“社会性别反应支出预算明细表”，财政局加以整合后形成性别预算子预算，性别预算的编制、执行、监督和评估环节要求各职能部门保持一定的性别敏感。

结合地方政府改革创新的不同背景，温岭、焦作试验为地方政府贯彻落实性别预算提供积极经验的同时，也揭示了进一步推广的困境。一方面，温岭和焦作都是出于地方公共预算改革创新的需要而引入性别预算，性别预算在实践中往往更多地被认为是完善地方财政体制建设、提高地方预算治理能力的新工具。另一方面，温岭和焦作尚停留于“妇女预算”或“专项性别预算”的范围，这意味着性别预算并未从根本上改变地方公共预算决策制定的思考方式。但实质上，性别预算首先是性别主流化的重要机制，它要求地方政府重新思考财政资源配置的性别中立假设，认真对待财政收支对女性和男性、女童和男童产生的不同影响。它被期待为“一种使用性别棱镜分析公共财政的努力”，“一种将女性话语嵌入税收、开支和债务讨论过程的工具”，[①]而非仅仅针对女性及其相关项目的预算分支。

---

① Bakker，I. Fiscal Policy，Accountability and Voice：The Example of Gender Responsive Budget Initiatives[R]. Human Development Report Office (HDRO)，United Nations Development Programme (UNDP)，2002.

这也就是说，中国地方政府应用性别预算的宗旨和方式存在一定程度的错位，导致性别预算与地方公共预算的融合程度受到限制，这也是性别预算试验推广和可持续发展遭遇困境的根本原因。按照埃尔森(Diane Elson)所言，“作为整体的预算性别分析是性别预算未来的挑战”，①因此，为了从根本上解决性别预算的发展困境，就应该修正应用性别预算的目标和方式，通过回归性别预算的本质，扩展性别预算的应用周期和项目内容，促进性别预算与预算各环节(尤其是预算决策阶段)、各项目的完全融合，树立公共预算社会性别主流化的目标，最终提高政府治理的民主和效率。

地方治理之道本身即内含着性别公正，这两者本不应分割对待。性别预算能否从实质上发挥促进性别平等和提高地方预算治理能力的效果，根本上取决于性别预算与地方公共预算的整合程度，也即公共预算的社会性别主流化。如何促进两者在实质上的融合，是性别预算能否以及多大程度发挥实效的关键，而这一问题仍需大量的理论探讨和实践积累。

Applying Gender Budgets: Approaches, Experience and Dilemma
—Based on the Study of Wenling and Jiaozuo Experiments

Ao Xinglin
(Xiamen University, Xiamen, 361005)

Abstract: Wenling and Jiaozuo have explored two ways that named "gender adjustment participatory budgeting" and "gender-sensitive divisions integration" respectively. These experiments show that gender budgets are usually used as a project in the expenditure side of local public budgets, which based on the prerequisite of local public budgets capability and requirement. Besides, it is also influenced by the budgetary decision-makers' state in the power hierarchy. Integrating gender budgets into local budgets confronts several problems because the relationship between them is not clear, such as sustainable development difficulties, lacking of technical support and institutional resource and so forth. In order to make the gender budgets an effective way to improve local budgets capability, it is necessary to integrate gender budgets with local public budgets as well as improving social gender mainstream of gender budgets.

Key Words: gender budgets; Jiaozuo experiment; Wenling experiment; local governance reform; gender mainstreaming

① Diane, E. Gender Responsive Budget Initiatives: Some Key Dimensions and Practical Examples [C]. UNIFEM-OECD-Nordic Council Conference Towards Gender Responsive Budgeting, 2001(10).

女性与地域文化

Women and Regional Culture

Women/Gender Studies

八闽文化中的女性镜像:从东晋到宋代*

林 怡**

内容摘要:福建女性文化自古以来极具浓郁地域特色。从东晋经唐到宋,闽地不乏奇女、仙女、才女、侠女、神女等女性的传说和相关文学艺术对这些女性形象的形塑,如李寄斩蛇、田螺姑娘、梅妃、临水夫人、钱四娘与妈祖林默娘等,塑造了闽地女性果敢、仁爱、多才多艺又不乏仁孝和温良恭俭让的形象;而唐人欧阳詹与太原妓的爱情传说以及宋人柳永艳词与歌舞艺妓的关联,又共同建构了闽地才子对女性较为尊重与平等的两性文化关系。本文首次对东晋到宋代八闽文化中女性形象的建构进行系统的梳理,有助于学术界深化对中国女性发展史的研究。

关键词:李寄斩蛇;田螺姑娘;欧阳詹;梅妃;钱四娘;林默娘;性别文化

一、东晋:李寄和白水素女(即"田螺姑娘")

相对于黄河流域和长江流域地区而言,福建本土文人出现得较晚,他们对女性题材的叙述自然也较晚。"不仅是秦汉,甚至到了三国晋南朝,闽地还没有自己的作家出现。"①但是,在福建漫长的文明史中,却有着源远流长的女性神话传说,这些美丽的福建女性传说,往往见诸非闽籍士人的笔下,其中最著名者有二:李寄和"白水素女"(即田螺姑娘),分别出自东晋干宝(?—336)的《搜神记》和传说由东晋陶潜(365—427)所撰的《搜神后记》中。

干宝,河南新蔡人,其《搜神记》记载:东越闽中,山高林深,有大蛇长七八丈盘踞其间,扰民致病而死者多,当地官吏民众常以牛羊祭蛇,乞求免遭其殃。但蛇心不足,还要官吏每年送一名花季少女供其吞噬,连续数年有九个少女葬身蛇腹。将乐(今属福建三明境内)县民李诞生有六女,最幼者即李寄,她人小胆大,自告奋勇应官府招募,去供祭此蛇。其父母不忍心她这么做,她却说:父母生六女,"无有一男,虽有如无。——既不能供养,徒费衣食,生无所益,不如早死。卖寄之身,可得少钱,以供父母,岂不善耶?"②她不顾父母阻拦,携利剑猛

---

* 基金项目:福建省财政厅专项基金项目"八闽地方文化调查研究与建设"。

** 林怡,女,福建省委党校/福建行政学院教授,文学博士,主要研究方向为中国古代文学、女性文学/文化。

① 陈庆元.福建文学发展史[M].福州:福建教育出版社,1996:20.

② 干宝.搜神记:卷十九[M].汪绍楹校注.北京:中华书局,1979:231.

狗，设计引蛇出洞，将蛇砍死，入蛇洞，将此前丧身的九个女孩的骷髅都取了出来，“咤言曰：‘汝曹怯弱，为蛇所食，甚可哀愍’。于是寄女缓步而出。越王闻之，聘寄女为后，拜其父为将乐令，母及姊皆有赏赐。自是东冶无复妖邪之物。其歌谣至今存焉”。[①]

虽然干宝笔下的李寄，还是笼罩在儒家重男轻女的主流意识中，如她自认为父母虽然生了她六姊妹，但“无有一男，虽有如无”，作为女子，“徒费衣食，生无所益，不如早死”等，但干宝对其斩蛇之举做出前后铺垫、情节起伏、详细曲委的叙述，使得李寄的形象有如下特点：其一，孝顺父母，勇于自我牺牲奉献，可以为供养父母而不惜牺牲自己。其二，足智多谋，勇毅果敢，自主自立。她不盲顺父母的善意，感叹前此丧身的九女乃自身“怯弱”所致等。这表明，早在距今1600多年前，文士笔下的福建女性既有受儒家主流意识形态规范制约的一面，又有突破温良恭俭让等儒家性别规范的一面，以勇毅果敢、独立自主、奉献牺牲的形象传誉后世。

福建女性神话的传说，以美丽著称并在国内外文坛广泛传播者，非“白水素女”即田螺姑娘莫属。《搜神后记》记载：

> 晋安侯官人谢端，少丧父母，无有亲属，为邻人所养。至年十七八，恭谨自守，不履非法。始出居，未有妻，邻人共愍念之，规为娶妇，未得。
>
> 端夜卧早起，躬耕力作，不舍昼夜。后于邑下得一大螺，如三升壶，以为异物，取以归，贮瓮中，畜之十数日。端每早至野，还，见其户中有饭饮汤火，如有人为者，端谓邻人为之惠也，数日如此，便往谢邻人。邻人曰：“吾初不为是，何见谢也。”端又以邻人不喻其意，然数尔如此，后更实问，邻人笑曰：“卿已自取妇，密著室中炊爨，而言吾为之炊耶？”端默然心疑，不知其故。
>
> 后以鸡鸣出去，平早潜归，于篱外窃窥其家中，见一少女，从瓮中出，至灶下燃火。端便入门，径至瓮所视螺，但见壳，乃至灶下问之曰：“新妇从何所来，而相为炊？”女大惶惑，欲还瓮中，不能得去，答曰：“我天汉中白水素女也。天帝哀卿少孤，恭慎自守，故使我权为守舍炊烹。十年之中，使卿居富得妇，自当还去。而卿无故窃相窥掩，吾形已见，不宜复留，当相委去。虽然，尔后自当少差。勤于田作，渔采治生。留此壳去，以贮米谷，常可不乏。”端请留，终不肯。时天忽风雨，翕然而去。

白水素女，或称白水素娘，即田螺姑娘，此故事家喻户晓。她天女下凡，帮助男性孤儿谢端，帮助的理由是：作为孤儿的谢端，“恭谨自首，不履非法”，“夜卧早起，躬耕力作，不舍昼夜”。这是传统中国儒家文化对性别功能界定的典型叙事。在农耕为主的传统中国，男主外勤劳耕作，女主内炊爨洗涤，分工合作，井然有序。叙事者借仙界天帝仙女对俗世凡夫俗子的肯定赞助，宣扬、渲染、强化了儒家的性别文化观念，即男女各守其分，男性勤劳耕作，恭慎守法，女性温柔善良，美丽端庄，专心家务，如此，才能家和富庶。

白水素女故事产生的地域空间在今福州市仓山区螺洲镇，螺洲镇洲尾村与观澜书院相邻的乌龙江畔至今保存有螺女庙，祭祀白水素女田螺姑娘；吴厝村螺仙道尚留有传为明王偁题写的“螺仙胜迹”石碑。[②] 螺洲民众世代传说：谢端后来娶妻生子，夫妻恩爱，美满幸福，

---

① 干宝.搜神记：卷十九[M].汪绍楹校注. 北京：中华书局，1979：231-232.

② 福州市仓山区螺洲镇志编纂委员会.螺洲镇志[M].北京：中国文史出版社，2019：66.

"为了报答螺仙的恩情,谢端和乡亲敬立了螺仙神位,逢年过节进行祭祀,乡人有事也烧香祈求,常常灵验。于是,螺仙名气越来越大,螺洲各村纷纷建庙崇祀。在螺洲,螺仙还被称为'洲主''螺妈祖'。一千多年过去了,至今,螺洲的螺女庙还在。'螺女的传说'更是世代相传,家喻户晓,老少皆知"。①

白水素娘即田螺姑娘的形象,是中国传统儒家女性文化观念的化身,她不仅借助神话传说载入史册,还转化成民间信仰活跃在现实生活中,而明清两朝迄今五六百年间,众多福建名士留连盘桓于螺洲山水间,吟诗唱和,都不忘歌咏螺女螺仙,强化传播了这一传统儒家观念中的女性形象。明人陈润编纂、清人白花洲渔林芳蔼增修的《螺江志》,专设"艺文"篇,收录了诸多省内外名士题咏螺江八景的同题诗歌《螺江八咏》②,名士们不仅赞美螺江两岸的自然风光,还兼及螺女等人文故事和风物景致,如明初林需有句:"螺女升天去,空余螺渚名";林峦诗云:"女螺十户九读书";高棅道:"灵女化已久,谢君无复闻。空余一林黛,朝暮逐行云";吴维清道:"谢端螺女今何在?江上空传旧日名""螺女祠前沙草平,渔郎浦口柳条青";王偁写道:"云寰雾鬓螺女愁,远水长天谢端去";明陈勋《秋夜泛舟螺江》云:"螺女高飞去不远,空留秋草映江寒。……才子文章高士志,月明犹照读书楼";明末福建督学陆可求《螺江词》云:"日暮过螺江,停桡问螺女。当年寄迹向青螺,千载神灵不可睹。谢君自是至性人,女之所助天所与。螺当与女娲氏同,天能缺陷女能补。我来江上忆仙迹,恍惚乘潮弄风雨"。清初陈明祖《登螺女江亭有感》写道:"昔年螺女拥平沙,造就江南数百家。贾客泊舟潮已近,渔翁促网日初斜。山头云出天开画,水面风来浪滚花。草泽英雄成底事?倚栏无语日长嗟。"清黄任也有"螺女江头看德星"句,等等。这些文士们的反复吟咏,让白水素女田螺姑娘的形象得以千古流芳,并形塑了中国传统女性的精神品格:温柔敦厚,美丽善良,勤劳慈爱等。

福建地域文化中有浓厚的女性崇拜意识。在悠久绵长的文明史中,福建不仅有李寄和白水素娘即田螺姑娘的传说,还有"大母"即"太姥"、妈祖林默娘、临水夫人陈靖姑等众多女神的传说与崇拜。以李寄和白水素女(田螺姑娘)为代表的女性形象,无论她们是人还是仙,都行孝性善,无论她们是勇毅刚健,还是温柔仁慈,都符合儒家的道德规范,经过文人之笔的加工、刻画、渲染,福建女性的如此形象深入人心,对现实中女性的性格养成影响广泛且深远。

二、唐朝:欧阳詹与太原妓、梅妃及陈金凤、临水夫人

就书籍文献的留存而言,福建本土文人文集的出现要迟至唐朝。"在福建文学发展的历程中,唐初终于有了自己第一个诗人郑露,中唐时期有了第一个走向全国的文学家欧阳詹。……和文化比较发达的地区比较,福建在唐五代产生的作家、诗人及其作品还不那么多,更重要的是,也没有出现第一二流,哪怕是在文学史上地位和影响都比较重大的作家和诗人。整个唐五代时期,福建文学还只是处在产生和发展的时期。"③在唐朝为数不多的福

① 福州市仓山区螺洲镇志编纂委员会.螺洲镇志[M].北京:中国文史出版社,2019:237.

② 福州市地方志编纂委员会.螺江志:贞卷"艺文"[M].福州:海风出版社,2004:99-129.

③ 陈庆元.福建文学发展史[M].福州:福建教育出版社,1996:35-36.

建文人中，与欧阳詹相关联的女性叙述值得回味。欧阳詹(约760—约802)，字行周，泉州晋江人，主要活动在唐德宗建中、贞元时期。欧阳詹出生在官僚世家，年少好学，在泉州清源山、南安高盖山、莆田福平山等处苦读多年，与莆田林藻、林蕴兄弟交好，年少即以文名享誉闽内外。贞元八年(792)，与韩愈同榜中进士，二人交谊深厚。贞元十五年(799)，欧阳詹出任"国子监四门助教"，后人因此称他为"四门先生"。但他英年早逝，四十多岁就卒于四门任上。其《欧阳行周文集》十卷，是闽籍文人第一部传世的文集。他病逝后，韩愈亲撰《欧阳生哀辞》，称赞："詹事父母尽孝道，仁于妻子；于朋友义以诚。气醇以方，容貌嶷嶷然。"①欧阳詹写有一首诗《初发太原，途中寄太原所思》云：

驱马觉渐远，回头长路尘。高城已不见，况复城中人。去意自未甘，居情谅犹辛。五原东北晋，千里西南秦。一履不出门，一车无停轮。流萍与系匏，早晚期相亲。

因为这首诗，略晚于欧阳詹的福建名士黄璞(837—920)，著有《闽川名士传》(《太平广记》卷二百七十四引)，演绎了欧阳詹爱上太原歌妓的故事，似乎与他"仁于妻子"的美誉大有出入。故事大意是：

欧阳詹中进士后，游历太原，爱上一乐妓，二人缱绻累月，情甚相得，"以为燕婉之乐尽在是矣"。既而南归，妓请同行。欧阳詹说："十目所视，不可不畏"，不同意携妓同归，但和她盟约说："至都，当相迎耳。"歌妓泪泣而别，欧阳詹赠之以诗《初发太原，途中寄太原所思》。欧阳詹回到京都后，出任四门助教，并没有立即如约去迎娶歌妓。歌妓在太原相思成疾，一病不起，但仍坚信欧阳詹会前来看她。歌妓临死前剪下一缕头发放入一匣子中，交付给侍女，说："吾其死矣。苟欧阳生使至，可以是为信。"又留遗诗道："自从别后减容光，半是思郎半恨郎。欲识旧时云髻样，为奴开取缕金箱。"

此后，欧阳詹果然派人来太原寻找该歌妓。侍女抱着装有歌妓头发的函匣，入京见欧阳詹，详细陈述了歌妓相思而卒的经过，欧阳詹"启函阅文，又见其诗，一恸而卒。所以欧阳詹的同时人孟简(?—823)为此赋诗哭悼欧阳詹：

有客非北逐，驱马次太原。太原有佳人，神艳照行云。
座上转横波，流光注夫君。夫君意荡漾，即日相交欢。
定情非一词，结念誓青山。生死不变易，中诚无间言。
此为太学徒，彼属北府官。中夜欲相从，严城限军门。
白日欲同居，君畏他人闻。忽如陇头水，坐作东西分。
惊离肠千结，滴泪眼双昏。本期达京师，回驾相追攀。
宿约始乖阻，彼忧已缠绵。高髻若黄鹂，危鬓如玉蝉。
纤手自整理，剪刀断其根。柔情托侍儿，为我遗所欢。
所欢使者来，侍儿因复前。收泪取遗寄，深诚祈为传。
封来赠君子，愿言慰穷泉。使者回复命，迟迟蓄悲酸。
詹生喜言施，倒屣走迎门。长跪听未毕，惊伤涕涟涟。

① 韩愈.韩愈文集汇校笺注：第三册[M].刘真伦，岳珍校注.北京：中华书局，2010：1278.

不饮亦不食，哀心百千端。襟情一夕空，精爽旦日残。
哀哉浩然气，溃散归化元。短生虽别离，长夜无阻难。
双魂终会合，两剑遂蜿蜒。大夫早通脱，巧笑安能干？
防身本苦节，一去何由还？后生莫沉迷，沉迷丧其真！①

这个故事把欧阳詹的一首诗歌与他的英年早逝相关联，认为诗歌是为热恋的歌妓而作，早逝也是因歌妓而殉情。欧阳詹的这首诗和这个故事，与韩愈所说的欧阳詹"仁于妻子"似乎相违和，所以引发了后人对欧阳詹的评判各执一词。南宋著名的目录学家晁公武说："唐小说载詹惑太原一妓，为赋'高城已不见，况复城中人'之诗，卒为之死。詹有德行，岂乃尔耶？"②清人修《四库全书》，论及欧阳詹此诗此事，详加考辨，说："不可谓竟无其事。盖唐宋官妓，士大夫往往狎游，不以为讶。见于诸家诗集者甚多，亦其时风气使然，固不必奖其风流，亦不必讳为瑕垢也。"③

其实，唐代社会开放，两性交往并不像明清两朝有太多的禁忌。欧阳詹与歌妓凄美的爱情故事或许真有其事，否则韩愈大可不必在为欧阳詹写的《哀辞》中特别标举出"仁于妻子"。不仅如此，韩愈还专门为这篇《哀辞》写了一篇《题哀辞后》，全文如下：

愈性不喜书。自为此文，惟自书两通，其一通遗清河崔群。群与余皆欧阳生之友也，哀生之不得位而死，哭之过时而悲。其一通，今书以遗彭城刘君伉。伉喜古文，以吾所为合于古，诣吾庐而来请者八九至，而其色不怨，志益坚。凡愈之为此文，盖哀欧阳生之不显荣于前，又惧其泯灭于后也。今刘君之请，未必知欧阳生，其志在古文耳。虽然，苟爱吾文，必求其义。愈之为古文，岂独取其句读不类于今者耶？思古人而不得见，学古道则欲兼通其辞。通其辞者，本志乎古道者也。古之道，不苟誉毁于人，然则吾之所为文皆有实也。刘君好其辞，则其知欧阳生也无惑焉。④

韩愈这篇《题哀辞后》意味深长。他开篇就说自己不喜书写，但专门为亲自撰写的《欧阳生哀辞》写了两份文本，一份送给同与他和欧阳詹为友的崔群，怕崔群悲哀过度；另一篇送给可能都不知欧阳詹为何人的刘伉，因为刘伉锲而不舍要追随韩愈学古文。但韩愈笔锋一转，说：学古文，就要明古道；通其辞，就要求其义。古之道，对人毁誉不苟且，所作文章皆有实，刘伉如果喜欢我的文辞，就应该对欧阳詹的了解没有什么困惑或疑惑了。

可见，韩愈非常担心有人质疑他在《欧阳生哀辞》中对欧阳詹的赞誉是否属实。对于士大夫而言，践履"孝道"是必须的，否则就失去了仕宦的合法性，因此，韩愈赞誉欧阳詹"事父母尽孝道"，这应该是真实的。欧阳詹有诗《拜母氏坟》：

高盖山前日影微，黄昏宿鸟傍林飞。坟前滴酒空垂泪，不见叮咛道早归。

---

① 李昉，等.太平广记：六卷第二百七十四"欧阳詹"[M].北京：中华书局，1961：2161-2162.
② 郑杰，等.全闽诗录：一[M].福州：福建人民出版社，2011：7.
③ 永瑢，等.四库全书总目：卷一五〇"集部别集类三"[M].北京：中华书局，1965：1292.
④ 韩愈.韩愈文集汇校笺注：第三册[M].刘真伦，岳珍，校注.北京：中华书局，2010：1296-1297.

这首诗语淡情浓，写出了欧阳詹对亡母的依依眷恋之情。欧阳詹年少时，其母对他课读甚严。欧阳詹虽早负文名，但年逾而立才中进士，进士及第后，仕宦并未太通达就英年早逝，在韩愈等友人看来，这太遗憾了。为弥补这种遗憾之感，韩愈、李翱分别为欧阳詹写《哀辞》和作传记，希望欧阳詹得以不朽于世。韩愈在《哀辞》中说："詹虽未得位，其名声流于人人，其德行信于朋友，虽詹与其父母皆可无憾也。詹之事业文章，李翱既为之传，故作哀辞，以舒余哀，以传于后，以遗其父母而解其悲哀，以卒詹志。"①

韩愈说：自己和李翱为欧阳詹之死，大费笔墨，希望欧阳詹借此可以"传于后"，并希望欧阳詹的父母因此有所慰藉而"解其悲哀"；但并没有说欧阳詹的妻子也会因此得到慰藉并"解其悲哀"，可见，对欧阳詹的妻子而言，其夫之亡的难言之痛，绝非韩愈、李翱的赞誉笔墨能够"解释"得了的。

孝于双亲、仁于妻子，这本是韩愈"道起八代之衰"的要义之一，士大夫们可以公开与歌舞伎谈情说爱，但如因此溺情而死，与儒家的家庭伦理还是乖离的。欧阳詹英年早逝，如果正常病亡，不至于引发太多同时代文人的笔墨。但韩愈为他的死，不停地赞誉欧阳詹对父母对朋友的"孝诚"，不仅郑重其事地写《哀辞》，又再写一篇《题哀辞后》，希望后学刘伉相信他对欧阳詹的赞誉是"皆有实"的，请刘伉"知欧阳生也无惑"，这反倒说明了欧阳詹死因绝非一般。不是欧阳詹不可以热恋歌妓，而是他不该沉溺于此恋情而亡，这是当时的文人士大夫为欧阳詹倍感遗憾悲痛的原因。或许在他们的眼里，欧阳詹若不为情而亡，其以后的仕宦人生一定更上层楼，自足以显名荣亲，但这一切，都随着他为情而亡一起消失了。所以孟简作诗哀欧阳詹说："钟爱于男女，其效死，夫亦不蔽也。大凡以时断割，不为丽色所汩，岂若是乎！"②孟简无非是以欧阳詹警示士大夫：对家室之外的歌妓等女流，逢场作戏即可，不能为"丽色"所溺，应懂得"以时断割"，否则，溺情而亡，是士大夫的不幸。

围绕欧阳詹的情事，我们可以看出，唐代士大夫的主流家庭伦理观和情爱观。但欧阳詹却是例外，他竟然为情而死。或许，他所热恋的歌妓除了丽色可人，还真是他的精神知音。但无论如何，我们可以看到，这一时期，较之于李寄和"白水素女"（田螺姑娘），在儒家家庭伦理的主导下，女性的独立性正在消解。女性在与男性同构中，或以色貌或以才艺取悦于男性，但其命运往往是被动的、被男性所掌控的。这一点，在唐代福建另外两个史有明载的女性身上一样得到证明。

一个是莆田女子江采蘋。据宋人文言小说《梅妃传》记载：此女九岁能诵《诗经》，开元中，高力士入闽，"见其少丽，选归侍明皇，大见宠幸。妃善属文，自比谢女。淡妆雅服而姿态明秀，笔不可描画。性喜梅，所居阑槛悉植数株，上榜曰'梅亭'。梅开，赋赏至夜分，尚顾恋花下不能去。上以其所好，戏名曰'梅妃'。妃有《箫》、《兰》、《梨园》、《梅花》、《凤笛》、《玻杯》、《剪刀》、《绮窗》八赋。上于兄弟间极友爱，日从燕閒，必妃侍侧。后上与妃斗茶，顾诸王戏曰：'此梅精也。赐白玉笛，作惊鸿舞，一座光辉。斗茶今又胜我矣。'妃应声曰：'草木之戏，误胜陛下。设使调和四海，烹饪鼎鼐，万乘自有心法，贱妾何能较胜负也？'上大悦。会太真杨氏入侍，宠爱日夺。上无疏意，而二人相疾，避路而行。——太真忌而智，妃性柔缓，无

① 韩愈.韩愈文集汇校笺注：第三册[M].刘真伦，岳珍，校注.北京：中华书局，2010：1278.

② 李昉，等.太平广记：六卷第二百七十四"欧阳詹"[M].北京：中华书局，1961：2162.

以胜,竟为杨氏迁于上阳东宫。"①

宋人小说《梅妃传》,刻画了福建莆田女子江采蘋美丽多才艺且性格柔缓的形象。但作为唐玄宗李隆基的宠妃,她却在后宫争宠中败给了"忌而智"的杨贵妃,被打入冷宫,并丧身于安禄山之乱中。梅妃作有诗歌《谢赐珍珠》,抱怨唐玄宗的疏远。诗云:

> 桂(一作柳)叶双眉久不描,残妆和泪污红绡。长门尽日(一作自是)无梳洗,何必珍珠慰寂寥。②

另一个是唐末闽国王延钧的皇后陈金凤,据徐熥《陈金凤外传》记载:陈氏有才智,且荒淫无度,闽王"筑长春宫以居之",后与李春燕争宠,一度失宠于王延钧。韩偓为之"赋诗曰:'泪滴珠难尽,容残玉易消。倘随明月去,莫道梦魂遥。'延钧动意,因返驾长春宫"。③ 陈金凤写有《乐游曲》二首:

> 龙舟摇曳东复东,采莲湖上红更红。波淡淡,水溶溶。奴隔荷花路不通。
> 西湖南湖斗采舟,青蒲紫蓼满中洲。波渺渺,水悠悠。长奉君王万岁游。④

从梅妃与陈金凤二人来看,唐代福建少数有姿色的女性接受了一定的文化教育和才艺训练,目的或许就是为了入宫侍候君王或嫁入豪门侍候权贵。但她们无论以才色或以心智争宠于男主,其实都毫无独立自主性可言,都是男主的附属品或玩物,最后都以悲剧结局。

古代,由于缺医少药,福建民间信仰中形成了医神传说。唐代著名的福州女医神是临水夫人。"临水夫人原名陈靖姑,唐大历年间生于福州下渡,后嫁给古田人刘杞为妻。传说她出身于一个世代行巫的家庭,年轻时曾到闾山学道,能降妖伏魔,扶危济难。相传,贞元六年(790),福州大旱,陈靖姑不顾自己怀有身孕,毅然为民祈雨,不幸身亡,年仅24岁。临终前,她发愿死后要'扶胎救产,保赤佑童'。陈靖姑去世后,灵异累著,声名远播,百姓遇上求子、问病、辟邪、难产等问题,往往要祈求于她,故民间奉之为妇幼保护神,称之为娘奶、奶娘,又尊称临水夫人、太奶夫人、陈夫人等。宋淳祐间,朝廷赐匾'顺懿',敕封'崇福昭惠慈济夫人'。"⑤

和李寄、田螺姑娘等传说一样,晚出四五百年的临水夫人的传说,在福建文人文化的描述中,也同样充满了社会责任心和公益心,这类福建女性扶危济困的善良美好形象,都为儒家文化所推崇。

---

① 郑杰,等.全闽诗录:"江妃"[M].福州:福建人民出版社,2011:75-76.
② 郑杰,等.全闽诗录:"江妃"[M].福州:福建人民出版社,2011:77.
③ 郑杰,等.全闽诗录:"陈后"[M].福州:福建人民出版社,2011:145-146.
④ 郑杰,等.全闽诗录:"陈后"[M].福州:福建人民出版社,2011:146.
⑤ 卢美松.中国地域文化通览:福建卷[M].北京:中华书局,2013:424.

三、宋朝:柳永艳词与歌舞艺妓、钱四娘与林默娘等

唐宋两朝,由于社会财富的增加和繁华都市生活的发达,“妓业也在沿袭前代格局的情形下迅速膨胀,成了适合广大市井阶层消费的商业行业。唐宋时代的艺妓虽然在门类上并不比前代更丰富,大体由宫妓、家妓、官妓和市妓组成,但在庞大的程度上却远非前代所能及”①。这些艺妓们学习歌舞杂戏等,以取悦于男性谋生。因此之故,宋朝诸多出自士人之手的言情之词多与此类女性相关联。著名的闽籍词人柳永及其词作便是代表。

柳永词作几乎“通本皆摹写艳情,追述别恨”②。其词集《乐章集》中“艳冶”之句比比皆是,如何评价他这些终日流连于“烟花巷陌”“平康巷里”“偎香倚暖”的词,后代学者意见不一,争执不休。胡云翼先生指出:“柳永的笔下,妓女实际上是安于被人狎玩的形象,她们没有不满和反抗,甚至某些写妓情的词还有着色情描写,即便五代文人的艳词也没有达到如此淫秽的程度。”③但也有学者认为:“柳永遭压抑的身世和妓女遭压抑的身世有相似处,他们情谊的基础是建立在相互同情之上的。”④有人认为柳永“怀着同情和平等的态度”为风尘女子“鸣不平”,“虽然柳永词中有时也流露出市民阶层的庸俗气息,但这种市民意识总的来说是对封建士大夫意识的一种冲击”⑤。柳词中,确实充满了许许多多关于男欢女爱缠绵缱绻的内容,但这种缠绵缱绻不是简单停留在肉体感官的描写上,而是超越出情爱的俗套俗意,将男情女爱作为他生存关怀的终极意象,视作与功名利禄具有同等甚至更高存在价值的人生慰藉,这才是柳永艳词内在的文化意义。柳永将与女性的风月艳情视为比功名利禄更有价值的人生追求,正是在这一点上,他对士大夫标榜的“言志载道”传统进行了解构。“每个生命都要依恋另一个生命,相依为命,结伴而行。”⑥无论男女,就生命的本质意义而言,唯有两情相悦,才是最堪慰藉的真实。柳永笔下的女性美丽、温柔、体贴,足以慰藉他失意的人生,而他对这些社会地位与他距离悬殊的特殊女性发出真诚的同情和热爱,这使得他的人生和他的词作都不同流俗。赵仁珪指出:柳永“以世俗的心理、世俗的趣味来写他们之间的爱情生活,充满了平凡而甜蜜、琐细而愉快的市民情调。——妓女们的世俗之爱,反过来也影响了柳永。他们之间的感情必然是对等的,否则无法维系”。⑦

妓女作为特殊阶层,由于她们中的一部分人受过相当的歌舞等文化艺术技能的训练,且能在一定场合抛头露面与男性社交,所以她们有的能够留下诗文。《闽诗录》收有宋代福建古田妓周氏的诗歌两首:《春晴》和《赠陈筑》。《春晴》云:

瞥然飞过谁家燕,蓦地香来甚处华。深院日长无个事,一瓶春水自煎茶。

---

① 邓红梅.女性词史[M].济南:山东教育出版社,2002:33.

② 吴梅.词学通论[M].上海:华东师范大学出版社,1996:68.

③ 胡云翼.宋词选[M].香港:中华书局香港分局,1980:前言 8.

④ 蔡厚示.唐宋词鉴赏举隅[M].北京:紫禁城出版社,1997:85.

⑤ 章培恒,骆玉明.中国文学史[M].上海:复旦大学出版社,1996:364-365.

⑥ 周国平.人与永恒[M].上海:上海人民出版社,1998:98.

⑦ 赵仁珪.柳永[M].沈阳:春风文艺出版社,1999:28.

《赠陈筑》云：

梦和残月过楼西，月过楼西梦已迷。唤起一声肠断处，落花枝上鹧鸪啼。(《夷坚志》云：陈筑，字梦和，莆田人。崇宁初登第，为福州古田尉。至官，惑一倡周氏。周能诗，尝以诗赠筑，首句盖寓筑字也。)[①]

唐代，官员与娼妓往来还是有相当严格的限制，如欧阳詹有"十目所视，不可不畏"的担心，不敢公然携带太原妓一起返京。至宋代，士大夫与妓女的往来则较唐代更为普遍和公开，虽然如柳永者，终日混迹于风月场中，也被晏殊等人诟病，甚至影响了其仕途，但士大夫笔下无论是宋词还是话本小说等，这类特殊女性形象都频繁地跃然纸上。

除了娼妓这类特殊女性外，宋朝其他女性的状况又如何呢？《闽诗录》"闺阁"类录有四个女性的诗句，依次如下：谢希孟《咏芍药》、黄淑《咏竹》、连倩女《题竹帘》、暨氏女的残句等。摘录如下：

谢希孟

希孟，字母仪，晋江人，景山之妹，嫁陈安国，早卒。欧阳公《序》云：希孟之诗尤隐约深厚，守礼而不自放，有古幽闲淑女之风，非特妇人之能言也。

《咏芍药》

好是一时艳，本无千岁期。所以谑相赠，载之在声诗。

黄淑

淑，字致柔，适建宁进士王防。寡居后族议改适，因咏竹以见志。

《咏竹》

劲直忠臣节，孤高烈女心。四时同一色，霜雪不能侵。

连倩女

倩女，延平人，适应邻生陈彦臣。

《题竹帘》

绿筠劈破条条直，红线经回眼眼奇。为爱如花成片段，致令直节有参差。

暨氏女

《残句》

多情樵牧频簪首，无主蜂莺任宿房。

《春渚纪闻》云：建安暨氏女，十岁能诗，赋《野花》云云。观者虽加惊赏，而知其后不保贞素。竟更数夫，流落而终。[②]

从上述文字可见，宋时妇女读书能诗文者渐多。宋朝女性嫁为人妇后，社会对她们并无从一而终的硬性规定，如进士夫人黄淑，其夫死后，夫家族人商议后决定让她改嫁，但她写了《咏竹》诗歌以明志，宁可守寡，在其诗中，把烈女的高洁与忠臣的劲直之节相类比。这既表

① 郑杰，等.全闽诗录："周氏"[M].福州：福建人民出版社，2011：809.

② 郑杰，等.全闽诗录："谢希孟"等[M].福州：福建人民出版社，2011：809.

明宋朝女性家庭生活的选择度相对于后来的明清两朝更为自由多元，但也表明一部分女性自身或当时社会对女性还是有“守节”的期许的。欧阳公对谢希孟“守礼而不放”“有古幽闲淑女之风”的赞誉，北宋福建浦城人何薳所撰的笔记集《春渚纪闻》对暨氏女“不保贞素”的批评等，都说明了这一点。

宋朝福建女性的生存状况，当代中国留美的女性学者许曼做出了卓越的研究。2019 年 6 月，上海古籍出版社出版了刘云军翻译的许曼博士论文《跨越门闾——宋代福建女性的日常生活》，柏文莉认为此书“挖掘了大量题材各异的史料，向我们展示了宋朝女性生活的多重维度。她以福建省为重点，展现了女性作为旅行者、作家、家庭管理者、诉讼当事人以及宗教从业者的活动。她还创新性地考察了墓葬的物质文化，来探索墓葬习俗的性别维度。这一广泛的研究，为我们了解宋朝女性生活带来了许多崭新而可喜的信息”。①

根据许曼的研究，福建女性在宋朝的生活形态是多姿多彩的。她指出，两宋时期，福建的士大夫精英们，如李纲、朱熹、真德秀等，“已经留给我们丰富而且体裁多样的与女性相关的文献。我们在朱熹所撰的《家礼》、墓志、信件、与弟子交谈的语录，以及正式奏议中所见到的宋代女性形象，在某些方面颇为相似，但绝无雷同。体裁在很大程度上塑造着书写的内容，赋予了女性主人公各种各样的、甚至相互矛盾的特征。考虑到体裁传统的多样性，这些不同的文本向我们展现了多种视角，不断趋近历史上女性的‘真相’”。②

许曼指出，即便有“男主内，女主外”的儒家观念长久的影响，但宋朝女性并非都不能自主自觉地参与社会活动。比如两宋的女性通过旅行、宗教修行和远足等，扩大其社会交往；宋朝士大夫家庭中的女性直接经营或掌控着家庭或家族的经济财政；宋朝女性或者是儒家信念教义的持守者，或者热衷于佛教信仰及其传播，或者信奉道教。“一般来说，无论身为官宦还是学者，精英男性往往接受女性的个人追求，承认她们在家庭内外的能动作用，并且不鼓励对女性事务的直接干涉。”③

两宋的一些女性还与男性一起，承担起建设地方社会的责任。比如福州长乐的钱四娘在 1064 年捐出大量家产修建莆田的水利工程木兰陂，虽然以失败告终，但“从 12 世纪到 19 世纪，在木兰陂的遗址上矗立着至少十三座石碑，以纪念在宋元明清各个时期建造、维护和修复木兰陂的人。作为木兰陂的发起者，所有的碑文中都不可避免地提到了钱四娘”。④“莆田人和官员对她的积极评价表明，一个未婚女子在非本县的公共工程上的经济贡献和个人参与是可以被接受的，甚至是受欢迎的。”⑤钱四娘出巨资修木兰陂，但在庆祝木兰陂竣工之时，木兰陂溃堤，钱四娘当即“赴水而死”。“负责调查的主簿被钱四娘的雄心和正直所感动，对她的自杀感到震惊，叹息道：‘钱氏室女，负大志节，不克而终。’在整个事件中，地方官员采取了被动接受的态度。在钱四娘亡故一个多世纪之后，国家应地方官的请求，官方认可了当地民众对钱四娘的神化，并最终确认了她的价值。”⑥

---

① 许曼.跨越门闾——宋代福建女性的日常生活[M].刘云军，译.上海：上海古籍出版社，2019：封底.

② 许曼.跨越门闾——宋代福建女性的日常生活[M].刘云军，译.上海：上海古籍出版社，2019：7.

③ 许曼.跨越门闾——宋代福建女性的日常生活[M].刘云军，译.上海：上海古籍出版社，2019：12.

④ 许曼.跨越门闾——宋代福建女性的日常生活[M].刘云军，译.上海：上海古籍出版社，2019：139.

⑤ 许曼.跨越门闾——宋代福建女性的日常生活[M].刘云军，译.上海：上海古籍出版社，2019：141.

⑥ 许曼.跨越门闾——宋代福建女性的日常生活[M].刘云军，译.上海：上海古籍出版社，2019：143.

在当地祠堂里,钱四娘的塑像与她之后继续捐资修建木兰陂的男性林从世、李宏的塑像并置在一起。“在她亡故后的两个世纪里,许多莆田地方精英,如徐铎(11 世纪)、陈俊卿(1113—1186)、刘克庄(1187—1269)和吴叔告(1193—1265)都恭敬地拜谒祠堂,并赋诗歌颂她的非凡之举。尽管她的工作失败了,这些地方名人无疑将钱四娘视作在提倡当地福祉上是一个有价值的、英勇的急先锋,并认可她的非凡贡献。”[①]宋朝福建精英家庭的女性轻财好义,济贫扶弱,她们或捐资修建水利工程,或办义学,或修桥梁道路,或建寺庙道观等,甚至助兵给粮、破寇保境,为此,男性士大夫们用碑志、诗文、墓志等文体赞誉这些女性,官方也用授予各种奖励和头衔等“鼓励女性在地方社区展现她们的仁慈品质”。[②]

略早于钱四娘,一样值得重视的同时期女性还有福建莆田的林默娘,明以后被尊称为“妈祖”。传说林默娘生于宋建隆元年(960)三月廿三,卒于雍熙四年(987)九月初九。和临水夫人陈靖姑一样,林默娘通巫术,“从小饱读诗书,孝顺父母,善于泅水驾舟,具有男人般的坚强性格;她一生扶危救急,在惊涛骇浪中拯救过许多渔民商船;她终身不嫁,以行善济世为己任,深受乡民的崇敬和爱戴”。[③] 林默娘死后,当地民众尤其出海航行者,都立庙祭祀她。北宋以降,历代帝王对林默娘的褒封不断升级,林默娘由人而神,其影响逐渐扩大。北宋宣和五年(1123),宋徽宗赐给莆田宁海圣墩庙“顺济”庙额,这是第一座受朝廷赐额的林默娘庙。绍兴二十六年(1156),莆田人陈俊卿出任宰相,奏请朝廷,诰封林默娘为“灵惠夫人”;绍熙元年(1190),朝廷又敕封她为“灵惠妃”,“妃”是宋朝女神的最高封号。这样,林默娘的传说逐渐扩大到全国沿海地区,祭祀她的祠庙在与航海有关的地区被大量兴建,林默娘声名远播,成为航海者的保护神,到元代,其信仰“得到迅速传播,从区域性海神发展为全国影响最大的海神”。[④] 和临水夫人一样,钱四娘与林默娘,也体现了福建女性敢于为社会尽责担当的勇毅品格。

许曼把宋代福建女性分为两类。“精英女性,尤其是地方官员的亲戚,构成第一类,其他所有女性构成第二类。”“前一类女性比后一类女性与地方官员的关系更密切。因此,一方面,她们倾向于利用亲属关系来影响地方政务,而另一方面,她们可能成为官员处理地方事务时容易获得并操控的人力资源。第二类女子构成了福建女性居民的主体。一方面,地方政府有义务处理与这些女性日常生活相关的经济、法律和文化问题,而另一方面,这些女性可能主动去当地政府,主张她们所认为的应受到国家当局保护的权利。”[⑤]

宋代福建非精英女性也以在家外参加各种劳动的勤劳勇毅形象著称于世。南宋状元梁克家(1127—1187)出知福州,于淳熙九年(1182)纂《三山志》,说福州“市廛阡陌之间,女作登于男”[⑥],可见宋朝无论在城市商贸领域还是在田野劳作场所,都活跃着广大女性的身影。甚至“从宋代开始,女劳动力抬女性轿子的现象在福州逐渐成为一种传统”。[⑦] 生活在南北

① 许曼.跨越门闾——宋代福建女性的日常生活[M].刘云军,译.上海:上海古籍出版社,2019:141-142.

② 许曼.跨越门闾——宋代福建女性的日常生活[M].刘云军,译.上海:上海古籍出版社,2019:136.

③ 卢美松.中国地域文化通览:福建卷[M].北京:中华书局,2013:435.

④ 卢美松.中国地域文化通览:福建卷[M].北京:中华书局,2013:434-437.

⑤ 许曼.跨越门闾——宋代福建女性的日常生活[M].刘云军,译.上海:上海古籍出版社,2019:128.

⑥ 梁克家纂,福建省地方志编纂委员会编.三山志[M].北京:方志出版社,2003:771.

⑦ 许曼.跨越门闾——宋代福建女性的日常生活[M].刘云军,译.上海:上海古籍出版社,2019:81.

宋之交的庄绰，“在《鸡肋编》中称：‘泉、福二州，妇人轿子则用金漆，雇妇人以荷。’——女性大多使用女轿夫，这是福州和泉州的另一种当地风俗”①。

许曼通过对宋朝文人文化中呈现的福建女性的研究，得出了如下结论：宋代的福建女性，享有较多的自主性和流动性，“与明清时期的女性相比，宋代所有阶层的女性都享有相对的自由。宋代的国家和精英通常采用不干涉的策略来处理女性事务。国家从未颁布法令来规范女性的日常行为，而是将女性人口的行政管理留给地方官员。地方官员被允许在劝阻或者促进女性相关习俗方面实施行政自主权”。②

不过，许曼也指出：尽管宋代福建精英女性受教育范围扩大，识字率提高，自由流动性和自主性都较其后的元明清尤其明清两朝更为大些，但宋朝妇女留下的文字诸如诗歌或游记之类的，毕竟少之又少，女性的生活样态主要还是靠男性精英士大夫的文字得以保存或形塑而成的，“没有任何现存的资料表明，在宋代福建已经形成了建立在共同文学兴趣之上的女性社团”。③

Female Images in Fujian's Culture from the Eastern Jin Dynasty to the Song Dynasty

Lin Yi

[Fujian Provincial Committee Party School of CPC (FuJian Academy of Governance), Fuzhou, 350025]

Abstract: Fujian's female culture has its own regional characteristics from the earliest times. From the East Jin Dynasty, the Tang Dynasty to the Song Dynasty, there existed many legends about astounding women, fairies, accomplished women, chivalrous women and goddesses in Fujian and the constructions of these female images in the relevant works, such as Li Ji Cutting the Snake, the Snail Girl, Mei Fei, Mrs. Linshui, Qian Siniang and Mazu Lin Moniang, which shaped the images of Fujian's women who were courageous, benevolent, versatile, benevolent, obedient and courteous. While the love story of Ouyang Zhan and the prostitute from Taiyuan in Tang Dynasty and the correlation between the obscene lyrics created by Liu Yong and geishas constructed the equal relation of gender culture between Fujian's wits and women. This paper aims to work through the construction of female images in Fujian's culture from the Eastern Dynasty to the Song Dynasty, which will be conducive to the investigation of the history of Chinese women.

Key Words: Li Ji Cutting the Snake; Snail Girl; Ouyang Zhan; Mei Fei; Qian Siniang; Lin Moniang; gender culture

① 许曼.跨越门闾——宋代福建女性的日常生活[M].刘云军，译.上海：上海古籍出版社，2019：77-78.

② 许曼.跨越门闾——宋代福建女性的日常生活[M].刘云军，译.上海：上海古籍出版社，2019：311-312.

③ 许曼.跨越门闾——宋代福建女性的日常生活[M].刘云军，译.上海：上海古籍出版社，2019：100.

客家文化符号七娘历史文化新探*

刘　涛**

内容摘要：围绕客家文化符号七娘的形成过程与原因，通过考证其姓名、籍贯、生日、身世、“神迹”、“封号”、名人题诗等方面，从中发现七娘形象由层累建构而成，其文本书写存在曲笔、编造、杂糅等问题，反映了宋元明时期闽西北区域社会的历史文化变迁，对地方民俗、军事、经济、社会、文化产生深远影响。在重新书写七娘信仰传播历程的基础上，还原七娘应有的历史地位，揭示七娘信俗发挥的历史作用，为新时期客家女性研究提供新的路径。

关键词：七娘；文天祥；陈友定；明溪寨；客家；族群互动

七娘，又称“莘七娘”“莘圣七娘”“夫人嫲”，其信仰发源于汀州清流县明溪驿（今福建省三明市明溪县），2012年以“惠利夫人信俗”列为福建省第四批省级非物质文化遗产名录。七娘文化符号是指围绕七娘身世产生的诗作、姓名、“神迹”、“封号”、籍贯、相关历史名人如文天祥题诗以及民间故事等文化建构，其文化符号建构始于南宋，以《临汀志》记载为标志，在明代中期进行重构，张永隆《显应庙序》是其集大成者。目前，学术界关于七娘信俗研究已取得部分成果，也存在一些问题。如谢重光《客家文化与妇女生活——12—20世纪客家妇女研究》一书述及七娘信仰，明人张永隆《显应庙序》认为七娘信仰肇端于五代，实则源于七娘自吟诗内容，并不可靠；却未对《显应庙序》史料来源进行分析，还原其书写过程，揭示其书写原因。① 陈金平《民间的狂欢与社会控制——福建明溪县莘七娘信仰研究》一文认为文天祥题诗真实性存疑，却又在文中述及文天祥于景炎二年（1277）谒庙题诗，未能揭示文天祥题诗由来，误认为七娘首次“神迹”发生在北宋开宝七年甲戌（974），未对七娘丙申年获封、六月十一日生辰、帮助陈友定镇压罗天麟起事进行考证，未发现七娘为何会受到陈友定、林文埜、林则方等福州籍名人关注。②

基于七娘是客家文化符号，超越客家人与闽北人之分，与文天祥、陈友定结缘，具有较高研究价值与现实意义。

本文将围绕七娘身世与信俗传播，搜集新旧方志、正史、《明实录》等史料，结合田野考察

---

* 基金项目：福建省财政厅专项基金项目“八闽地方文化调查研究与建设”。

** 刘涛，男，龙岩学院闽台客家研究院研究员、肇庆学院肇庆经济社会与历史文化研究院历史文化研究员，主要研究方向为历史人类学和闽学。

① 谢重光.客家文化与妇女生活——12—20世纪客家妇女研究[M].上海：上海古籍出版社，2005：69.

② 陈金平.民间的狂欢与社会控制——福建明溪县莘七娘信仰研究[D].福州：福建师范大学硕士学位论文，2008.

所得民间故事、口述史料，通过翔实考证七娘身世，揭示七娘“神迹”由来，还原文天祥为七娘题诗由来。

一、七娘身世考实

(一)姓名

1. 姓氏

七娘之名始载《临汀志》：“旧七娘庙”①，即感应惠利夫人庙的前身。该志仅载“七娘”之名，却未载其姓氏，可见其时已不知其姓氏。从七娘自吟诗：“少习女工及书史”来看，②既然七娘自幼熟读书史，为何七娘无姓氏？然而，明人张永隆《显应庙序》却始载其全名：“莘圣七娘”③，弘治《汀州府志》沿此说：“莘氏七娘”④，为何宋代方志未载七娘姓氏，到了明代民间文献却出现其姓氏的记载？

七娘既然“本是良家女”⑤，为何未留下姓氏？比较来看，宋代汀州从民女成为女性神明，如始载《舆地纪胜》的“王氏女”⑥“刘女”⑦，均留下姓氏。而始载《临汀志》的汀州女性神明，如灵应显庙的“灵顺夫人即五道圣七娘神”⑧、三圣妃宫的“三圣妃”⑨，却未留下姓氏。七娘姓氏早已失传，其姓氏并非后世所“发现”，而是宋代以后“出现”的。

2. 七娘

“七娘”属于数字娘名，数字娘名与数字郎名在宋代广泛流传于闽西、赣南、粤东一带，至今散见客家族谱宋元以及明中叶以前祖先谱系。然而，七娘自吟诗述及生活在“五季”⑩，七娘既然生活在五代十国时期，但是五代十国时期闽西、赣南、粤东一带是否已经出现数字娘名却无从可考，可见七娘只能是宋代人。

3.“圣七娘”名字由来

“圣七娘”之名从何而来呢？汀州女性神明有同名“圣七娘”，始载《临汀志》：

① 临汀志：祠庙[Z]//马蓉，陈抗，等，点校.永乐大典方志辑佚：第2册.北京：中华书局，2004：1282.

② 临汀志：祠庙[Z]//马蓉，陈抗，等，点校.永乐大典方志辑佚：第2册.北京：中华书局，2004：1283.

③ 吴文度，修.杜观光，纂.弘治汀州府志(第3册)卷18词翰序[Z].北京：中国国家图书馆藏，弘治年间(1488—1505)刻本：48b.

④ 吴文度，修.杜观光，纂.弘治汀州府志(第1册)卷9宫室：祠庙[Z].北京：中国国家图书馆藏，弘治年间(1488—1505)刻本：13b.

⑤ 临汀志：祠庙[Z]//马蓉，陈抗，等，点校.永乐大典方志辑佚：第2册.北京：中华书局，2004：1283.

⑥ 王象之.舆地纪胜(第28册)卷132：福建路・汀州・景物下[M].天津：天津图书馆藏，惧盈斋清道光二十九年(1849)刻本：6a.

⑦ 王象之.舆地纪胜(第28册)卷132：福建路・汀州・仙释[M].天津：天津图书馆藏，惧盈斋清道光二十九年(1849)刻本：8b.

⑧ 临汀志：祠庙[Z]//马蓉，陈抗，等，点校.永乐大典方志辑佚：第2册.北京：中华书局，2004：1275.

⑨ 临汀志：祠庙[Z]//马蓉，陈抗，等，点校.永乐大典方志辑佚：第2册.北京：中华书局，2004：1278.

⑩ 临汀志：祠庙[Z]//马蓉，陈抗，等，点校.永乐大典方志辑佚：第2册.北京：中华书局，2004：1283.

灵应显庙,在州东兴贤门内。初,无境王(即开元观土地)。灵祐将军(即五通圣七郎神)。灵顺夫人(即五通圣七娘神)。三神庙,闽永隆间封创,宋朝景德中,合为一庙,绍圣间重修,崇宁间赐庙额,后各坊皆有庙食。嘉定间,封无境王为忠惠侯,灵祐将军为协佑侯。宝祐间,羽流廖真常募缘修殿及门庑。①

此"圣七娘"与"圣七郎"名字相对应,皆冠名"五通",可知"圣七娘"与"圣七郎"有关。然而,此"圣七娘"在宋景德中(1005—1006)与"圣七郎"、土地神三神合为一庙,自成体系。七娘信众认为常见的五通女神名"圣七娘",在汀州城各坊均有庙食,可据此借用作为七娘全名。

(二)籍贯

七娘籍贯旧志无载,却见今人记载,有"江西秀州华亭人"、天水人两种说法。首先,江西未辖秀州与华亭,为何要在"秀州华亭"之前冠以"江西"?实则与七娘被认为是江西人有关。

1."江西人"说法由来

究其原因,应与汀州百姓部分来自江西有关。"开庆元年知州胡公太初奏请经界保伍及移兵官一员置司城外三事(节要)……一、本州南接潮、梅,西连盱、赣,寇攘间作,渊薮实繁。昨者捕到贼徒,鞫之囹圄,多是邻郡奸民来此告说某处某家富有财物,此邦之奸民籍其向导,聚众而行。其始集也,持挟刀杖,止以贩盐为名;其既集也,置立部伍,公以劫屋为事。既行劫掠,岂免杀伤?民志惊惶,率多逃匿。""但邻郡之奸民贩私盐而来者,常十百为群,未易遏绝,欲朝廷行下盱、赣、潮、梅诸郡,一体编排保伍,严行禁戢,则犬牙相制,皆不可越境生事,岂惟汀民安,而诸郡之民举安矣"②,赣州一带农民因食盐问题来到汀州。七娘被认为"秀州华亭人"则与民间信仰合流有关。

2."秀州华亭人"说法由来

究其原因,应与七娘信俗曾与清流县渔沧庙交融,据此借用渔沧庙神明樊令的籍贯。《临汀志》始载清流县渔沧庙,③却未载其神明樊令的籍贯,直到《八闽通志》方载其是"秀州华亭人"。④

七娘庙与渔沧庙同属清流县管辖,樊令"绍兴间,赣寇冲突入郭而辟易十五里,贼党具言初至时闻金鼓雷厉,顷之见人马帜刃罗列庙后山上,于是骇愕而退"。⑤ 与七娘"闻金鼓声""神迹"相近,⑥促进渔沧庙、七娘信众交流,樊令"秀州华亭人"的说法早于七娘"秀州华亭人"的说法出现,七娘信众据此借用樊令的籍贯。

---

① 临汀志:祠庙[Z]//马蓉,陈抗,等,点校.永乐大典方志辑佚:第2册.北京:中华书局,2004:1275.

② 临汀志:丛录[Z]//马蓉,陈抗,等,点校.永乐大典方志辑佚:第2册.北京:中华书局,2004:1462-1463.

③ 临汀志:祠庙[Z]//马蓉,陈抗,等,点校.永乐大典方志辑佚:第2册.北京:中华书局,2004:1282.

④ 陈道,修.黄仲昭,纂.八闽通志(第26册)卷59:祠庙[Z].天津:天津图书馆藏,明弘治四年(1491)刻本:23b.

⑤ 临汀志:祠庙[Z]//马蓉,陈抗,等,点校.永乐大典方志辑佚:第2册.北京:中华书局,2004:1282.

⑥ 临汀志:祠庙[Z]//马蓉,陈抗,等,点校.永乐大典方志辑佚:第2册.北京:中华书局,2004:1283.

3."天水人"说法由来

究其原因,应与莘姓郡望天水有关。客家社会流传溯源中原的祖先叙事,认为七娘来自郡望天水,实则反映七娘籍贯不可考只能远溯其姓氏郡望。

七娘到底来自何处?七娘应来自江西盱、赣一带。为何地方志未记载其原籍?究其原因,应与赣南农民在汀州私贩食盐的社会现象有关,导致方志避而不谈其原籍。

(三)七娘生活朝代与生日

谢重光认为七娘信俗雏形在五代十国时期,七娘生前是五代十国时期人,其根据七娘自吟诗述及生活在"五季"①。然而,从七娘信俗产生的地点来看并非如此。七娘自吟诗述及七娘信俗产生地点:"传者以昔有过客投宿驿中,闻吟咏声,因使反之,且许为传播"②,此"驿"指明溪驿。明溪驿的设置时间史志未载。《临汀志》始载:"明溪铺,在县东一百二十五里。(旧有驿,今亦有。)"③此"驿"指明溪驿。明溪驿隶属清流县,清流县有"嵩溪铺","旧有驿。郡守陈公轩秩满抵驿"④,"郡守陈公轩"即汀州知州陈轩,陈轩继任"谢履,元祐元年,以朝奉大夫知"。⑤ 陈轩在元祐元年(1086)离任,其时清流县已出现驿站,明溪驿最迟在此时已设置。

七娘自吟诗云:"五季乱兮多寇盗,良人被令为征讨。因随奔走到途间,忽染山岚命丧夭。军令严兮行紧急,命既殁兮难收拾。独将骸骨葬明溪,夜长孤魂空寂寂。"⑥七娘随夫从军途经明溪,因病卒于明溪,其时尚未设置明溪寨。元祐元年(1086)之际,汀州并无战事,七娘信仰应在元祐元年之后、明溪寨设置之前产生。

明溪寨的设置时间,"绍兴间,本路帅叶公梦得奏请置巡检一员"⑦,"(绍兴)十三年,奉旨创寨,改隶左翼军额"。⑧ 绍兴十三年(1143)奉旨创建汀州营寨,其中包括叶梦得奏请设置明溪寨。

绍兴十三年之前清流县是否有战事?"绍兴间,寇扰,无险可恃,邑人大恐。令郑思诚鸠集流散,以兴板筑"⑨,该志未载郑思诚担任清流县令时间,但从此处未提及明溪寨来看,其时尚未建寨,事发绍兴十三年之前。就汀州来看,"建炎间,杨勍乱后,赣梅寇屡起,朝廷时遣大军讨捕,驻扎城中,初散泊民家,后或屯开元寺。绍兴十年,翟皋统广东摧锋军一千二百人到州,权住同庆、文殊寺。至十一年,安抚司准旨于摧锋军存留上件事,就州驻扎"。⑩《宋

① 临汀志:祠庙[Z]//马蓉,陈抗,等,点校.永乐大典方志辑佚:第2册.北京:中华书局,2004:1283.

② 临汀志:祠庙[Z]//马蓉,陈抗,等,点校.永乐大典方志辑佚:第2册.北京:中华书局,2004:1283.

③ 临汀志:邮驿[Z]//马蓉,陈抗,等,点校.永乐大典方志辑佚:第2册.北京:中华书局,2004:1327.

④ 临汀志:邮驿[Z]//马蓉,陈抗,等,点校.永乐大典方志辑佚:第2册.北京:中华书局,2004:1326.

⑤ 临汀志:郡县官题名[Z]//马蓉,陈抗,等,点校.永乐大典方志辑佚:第2册.北京:中华书局,2004:1347.

⑥ 临汀志:祠庙[Z]//马蓉,陈抗,等,点校.永乐大典方志辑佚:第2册.北京:中华书局,2004:1283.

⑦ 临汀志:营寨[Z]//马蓉,陈抗,等,点校.永乐大典方志辑佚:第2册.北京:中华书局,2004:1339.

⑧ 临汀志:营寨[Z]//马蓉,陈抗,等,点校.永乐大典方志辑佚:第2册.北京:中华书局,2004:1336.

⑨ 临汀志:城池[Z]//马蓉,陈抗,等,点校.永乐大典方志辑佚:第2册.北京:中华书局,2004:1211.

⑩ 临汀志:营寨[Z]//马蓉,陈抗,等,点校.永乐大典方志辑佚:第2册.北京:中华书局,2004:1336.

史》记载："（建炎）四年三月辛酉，御营前军将杨勍叛。"[①]建炎四年（1130）杨勍起义后，赣州、梅州"寇"接连起事，南宋派大军到汀州镇压。从七娘自述诗"行军"二字来看，七娘来自外地，很可能是翟皋在绍兴十年（1140）率领的广东摧锋军。七娘是进军汀州的广东摧锋军军官家眷，为何能够成为明溪寨兵的信仰？与七娘来自赣南有关。七娘来自赣南，明溪寨兵隶属左翼军，左翼军统制陈敏"赣之石城人"[②]，即赣州石城县人，与七娘是赣南同乡。

为何七娘自吟诗不直接说生活在南宋，而要远溯五季？根据七娘自吟诗述及地方动荡不安，反映其时王朝治理无方，官修的《临汀志》对此自然避而不谈。七娘自述诗所云时间只能采取置换时间的形式，其未溯北宋实则与其时在位的宋理宗是宋太祖后裔有关，只能继续往前追溯到"五季"。

七娘生于六月十一日的说法始载正德《归化县志》："惠利夫人出游，以六月十一日为夫人诞辰。"[③]这一说法从何而来？究其原因，应与归化县地方经济有关。然而，此前《八闽通志》始载：归化县"六月市，在县治前。岁以六月十一日集，十八日散"[④]。显然先有"六月市"，后有七娘"六月十一日"诞辰的说法。由于六月市在六月十一日始集，因此定六月十一日为七娘的生日。

二、七娘"神迹"考辨

（一）"可考""神迹"

七娘"神迹"始载《临汀志》。

首先，夜晚在明溪驿自吟诗。陈金平认为七娘自吟诗出自好事者，不足为据，实则七娘自吟诗反映七娘信仰与明溪驿关系。明溪驿为官府设置，七娘信俗获得官府支持，避免被视为"淫祀"。因此，"自是乡人敬而祀之"[⑤]，在明溪驿附近获建宫庙，称之为"七娘庙"。明溪寨巡检李寔将七娘庙移建明溪寨侧，反映七娘庙成为明溪寨兵信仰，七娘庙为何成为明溪寨兵信仰？这就要从明溪寨兵的构成说起。明溪寨巡检"管土军三百人"[⑥]，明溪寨兵来自当地。既然七娘信众最初是当地人，明溪寨兵又来自当地，七娘信仰由此成为明溪寨兵信仰。明溪寨巡检李寔为促进官兵关系，增进军民互动，将七娘庙移建明溪寨侧。七娘自吟诗通过下榻明溪驿过客之手流传，此过客应是男性，突破"男女大防"，由陌生男性公之于世，反映南

① 托克托，等，修.宋史卷26：本纪第二十六：高宗三[M].钦定四库全书荟要卷五千六百五十四（史部），清乾隆四十一年（1776）抄本：4a.

② 托克托，等，修.宋史卷402：列传第一百六十一：陈敏[M].钦定四库全书荟要卷六千三十（史部），清乾隆四十一年（1776）抄本：1a.

③ 杨缙，修.正德归化县志卷1：风俗：岁时[Z].北京：中国国家图书馆藏，明弘治年间（1488—1505）刻本：6a-6b.

④ 陈道，修.黄仲昭，纂.八闽通志（第6册）卷14地理：坊市：汀州府[Z].天津：天津图书馆藏，明弘治四年（1491）刻本：18a.

⑤ 临汀志：祠庙[Z]//马蓉，陈抗，等，点校.永乐大典方志辑佚：第2册.北京：中华书局，2004：1283.

⑥ 临汀志：营寨[Z]//马蓉，陈抗，等，点校.永乐大典方志辑佚：第2册.北京：中华书局，2004：1339.

宋时期男性掌握地方社会话语权。

其次，葬于明溪。七娘因病在明溪驿居住，死后葬于明溪驿后，汀州“俗尚鬼信巫”[①]民风导致明溪当地百姓信奉为神明。七娘生于北宋末年，是寓居汀州的赣州人，南宋初年与驻防汀州的广东摧锋军军官成亲。七娘随夫征讨途经明溪，因瘴疠病逝当地，就地安葬。由于摧锋军改由左翼军接管，七娘又无子嗣，导致七娘墓长期以来无人祭祀。七娘获得崇奉的原因，实则碍于其失祀成为“孤魂野鬼”，被视为地方社会潜在威胁。

再次，七娘助阵远赴建康的明溪寨兵获胜。“端平间，调寨兵戍建康。忽一日，旁近人闻庙中若有钲鼓声。后戍兵有书回，恰是日与虏会战，始知其助威焉。”[②]所谓庙中有如钲鼓声，实则反映七娘击鼓助阵，与梁红玉击鼓退金兵叙事相似。

(二)后增“神迹”

1. 绍兴二十四年甲戌(1154)平定阮定起事

陈金平认为七娘在北宋“显灵”一次，援引《显应庙碑记》记载：“岁甲戌，世扰攘，豪奸阮定等集众作乱，民罔宁处，恳祷神灵，戢而获削而平之。”[③]认为此“甲戌”指974年，即开宝七年。然而，根据乾隆《汀州府志》记载：“宋绍兴中，阮定等作乱，民祷于神，获平之。”[④]

绍兴二十四年正好是甲戌(1154)，阮定起事应发生在其时，并非开宝七年(974)。

然而，从《临汀志》未载七娘帮助平定阮定事件，可见七娘信仰与阮定事件无关。

2. 淳熙十一年甲辰(1184)平定姜大老起事

淳熙甲辰，西北姜大老、官黄三、潘豺羊辈相继窃据，黎庶遑遑，拜祝庭下，举兵往捕，即殄渠魁，余党被执者告云：“始至境内，望旗帜罗列，贼众胆寒，计无所出，竟伏诛。”[⑤]

姜大老事件见载《宋会要辑稿》：

(淳熙)十一年十一月二十七日，福建路安抚提刑司奏：讨捕汀贼姜大老等立功，官属将佐军兵，诏赵汝愚、延玺各特转一官，赵希曾转一官，余人各转官受赏有差。[⑥]

---

① 临汀志：名宦[Z]//马蓉，陈抗，等，点校.永乐大典方志辑佚：第2册.北京：中华书局，2004:1416.

② 临汀志：祠庙[Z]//马蓉，陈抗，等，点校.永乐大典方志辑佚：第2册.北京：中华书局，2004:1283.

③ 吴文度，修.杜观光，纂.弘治汀州府志(第3册)卷18词翰序[Z].北京：中国国家图书馆藏，弘治年间(1488—1505)刻本：48b.陈金平所引张永隆《显应庙碑记》即《显应庙序》(弘治《汀州府志》、正德《归化县志书》所载)。

④ 曾日瑛，修.乾隆汀州府志卷13祠祀[Z].北京：中国国家图书馆藏，满洲延楷清同治六年(1867)刻本：8a.

⑤ 吴文度，修.杜观光，纂.弘治汀州府志(第3册)卷18词翰序[Z].北京：中国国家图书馆藏，弘治年间(1488—1505)刻本：48b.

⑥ 国立北平图书馆宋会要编印委员会，编辑.宋会要辑稿：第178册：兵十三[M].北京：国立北平图书馆，民国二十五年(1936)影印：34a.

同日(淳熙十二年正月十一日),诏权遣福建路提点刑狱公事延玺与带高州刺史,以汀贼姜大老平定推赏故也。①

"淳熙甲辰"即淳熙十一年(1184)。姜大老事件确实发生在"淳熙甲辰",但是仅载平定姜大老起事官兵,却未载七娘信俗于此发挥的作用。姜大老起事在《临汀志》修纂之前,《临汀志》却未载姜大老事件与七娘信俗的关系,七娘信俗与姜大老事件无关。究其原因有二:其一,与七娘信俗为突出其历史地位有关,由此借用汀州地方事件,强调其"灵验"。其二,与七娘信众构成有关。七娘是明溪寨兵信仰,"将佐军兵"平定姜大老起事,均是宋军。

3. 嘉定二年己巳(1209)驱除蝗灾

嘉定己巳,蝗螨生发,亢旱苗枯,感神默相,蝗不为灾,是岁丰稔。②

"嘉定己巳"即嘉定二年(1209),此蝗灾早于《临汀志》修纂时间,《临汀志》却未将其与七娘信俗相联系,为《临汀志》成书之后添加。蝗灾毁坏农田,七娘驱除蝗虫保护农田,有利于汀州小农社会发展。张永隆增加七娘此"功能",是出于农民成为七娘信众而阐发,反映七娘信俗在小农社会的地位。

4. 惊退宁化"贼徒"

继后,宁化贼徒黎七等四处剽掠,里社靡宁,复祷神祠,方迎敌,贼惧潜退。③

宁化黎七起事未载史志,从张永隆记载黎七起事在端平年间之前,然而却未见载《临汀志》七娘"神迹",可见本非七娘"神迹",也是《临汀志》成书之后增加的。究其原因,应与宁化有关。宁化"运福盐,每年运四中纲,到清流岭下交卸,别雇船搬运入县"④。宁化与清流县一样也是食用福盐,需途经清流县运入宁化。清流县明溪寨"内拨三十人驻石洞寨。今石洞寨废,复隶明溪"。⑤ 明溪寨曾拨出三十名寨兵驻防石洞寨,然而石洞寨废除后,又重新隶属明溪寨。明溪寨"管土军三百人"⑥,是清流县最重要的营寨,长期以来是清流县唯一营寨,是清流县安宁主要依靠力量。由于七娘信俗是清流明溪寨兵重要信俗,明溪百姓通过推崇七娘信俗,达到增进与明溪寨兵关系的目的。

---

① 国立北平图书馆宋会要编印委员会.宋会要辑稿第181册:兵十九[M].北京:国立北平图书馆,民国二十五年(1936)影印:30b.

② 吴文度,修.杜观光,纂.弘治汀州府志(第3册)卷18词翰序[Z].北京:中国国家图书馆藏,弘治年间(1488—1505)刻本:48b.

③ 吴文度,修.杜观光,纂.弘治汀州府志(第3册)卷18词翰序[Z].北京:中国国家图书馆藏,弘治年间(1488—1505)刻本:48b.

④ 临汀志:税赋[Z]//马蓉,陈抗,等,点校.永乐大典方志辑佚:第2册.北京:中华书局,2004:1333.

⑤ 临汀志:营寨[Z]//马蓉,陈抗,等,点校.永乐大典方志辑佚:第2册.北京:中华书局,2004:1339.

⑥ 临汀志:营寨[Z]//马蓉,陈抗,等,点校.永乐大典方志辑佚:第2册.北京:中华书局,2004:1339.

5. 帮助陈友定平定罗天麟、曹福山、马文甫

七娘"神迹""逮夫至正神功尤著"①，其至正年间"神迹"最突出。张永隆《显应庙序》始载陈友定与七娘信仰渊源：

连城草寇罗天麟者，图为不轨，率众遍侵坊厢等处，甚遭其毒。又红巾贼人曹福山、马文甫等攻郡县，夺印信，发仓库，暴虐无辜。维时巡检陈友定奋然兴义兵捣贼垒，擒取天麟、福山、文甫，悉皆屠戮，仍追遗孽至扶竹凹，日且暮，贼窥明光遍野，兵甲无际，一人乘白马前后指挥，矢石如注，贼知神兵钦迹宵遁。②

然而，《明太祖实录》始载陈友定事迹：

友定，字安国，福州福清县人，徙汀之清流。世业农，为人沉勇，喜游侠，乡人畏服之。壬辰兵起，所在骚动，汀州府判蔡公安至清流募民兵为保障。友定以壮士见，公安与语，奇之，令长所集民兵，署为黄土寨巡检。从福建佥都元帅吴按滩不花讨汀、延、建、邵诸山寨，以功授清流县主簿，寻升县尹。岁己亥，陈友谅遣康泰取邵武邓克明，攻汀州，转略延平将乐诸处行省，乃授友定汀州路总管以御之，战于黄土，获其将邓益。克明遁去，元拜友定行省参政。岁辛丑，邓克明复取汀州，进攻建宁，不克而还，友定遂复汀州，开分省守御，升左丞。甲辰，又置分省于延平，以友定为平章。于是闽中八郡，皆其所守。③

至正十二年壬辰(1352)战乱，汀州通判蔡公安到清流募兵，陈友定被任命为黄土寨巡检。此黄土寨，即《八闽通志》记载："南平寨，在县南乡潭飞漈。宋绍定六年招捕使陈奏移黄土寨于此。"④位于宁化县。追随吴按摊不花征讨，功授清流县主簿，升任县尹。至正十九年己亥(1359)，陈友谅部将邓克明攻打汀州，陈友定获任汀州路总管，在黄土寨抵御邓克明。邓克明撤兵，陈友定获任行省参政。至正二十一年辛丑(1361)，邓克明再次攻占汀州，攻打建宁不克撤兵，陈友定重新攻占汀州，设置分省，升任左丞。至正二十四年甲辰(1364)，陈友定控制八闽。未述及陈友定曾平定罗天麟、曹福山、马文甫起事，也未述及其与明溪关系。

罗天麟事迹见载《元史》：

(至正六年)六月己酉，汀州连城县民罗天麟、陈积万叛，陷长汀县，福建元帅府经历

---

① 吴文度，修.杜观光，纂.弘治汀州府志(第3册)卷18词翰序[Z].北京：中国国家图书馆藏，弘治年间(1488—1505)刻本：49a.

② 吴文度，修.杜观光，纂.弘治汀州府志(第3册)卷18词翰序[Z].北京：中国国家图书馆藏，弘治年间(1488—1505)刻本：49a.

③ 明太祖实录卷29：明实录：第1册.台北："中央研究院"历史语言研究所校印，1962：504-505.

④ 陈道，修.黄仲昭，纂.八闽通志(第37册)卷80古迹：汀州府[Z].天津：天津图书馆藏，明弘治四年(1491)刻本：18a.

真宝、万户廉和尚等讨之。[①]

八月丙午，命江浙行省右丞呼图克布哈、江西行省右丞图噜合讨罗天麟。[②]

（闰月）癸未，汀州贼徒罗德用杀首贼罗天麟、陈积万，以首级送官，余党悉平。[③]

未述及罗天麟起事遭到陈友定及其长官吴按摊不花的镇压，也未云及罗天麟与明溪寨关系。且罗天麟在至正六年(1346)六月起事，是年十月即遭镇压。陈友定在六年后起家，显然无法镇压罗天麟起事，七娘也未保庇陈友定。

七娘助陈友定平乱“神迹”源于陈友定与明溪渊源，正德《归化县志》始载：

陈友定，元季明溪市人。……因为明溪寨兵卒。时红巾寇乱，宁化曹柳顺据曹坊寨，拥众数万，蚕食诸县。一日，遣先锋八十人来明溪取马，众莫敢拒。友定谕众，计给之，收其兵器尽斩之。柳顺怒，亲率步骑数千将屠明溪。友定率壮丁千余下山麓，乘柳顺营自惊，驰击之，斩获大半，遂进图曹坊，擒柳顺以归。时邻壤巨寇数十，各据寨堡，互相争夺。友定以次削平之，事闻，初授明溪巡检，升清流县尉，又升延平路总管。[④]

该志称陈友定是明溪市人，初为明溪寨兵，保护明溪马匹，使明溪躲过屠杀，初授明溪寨巡检，却未述及陈友定镇压罗天麟、曹福山、马文甫起事。

为何会出现陈友定与七娘的叙事？陈友定是福州福清人，《临汀志》记载：“清流县，运福盐。”[⑤]“福盐”指福州产食盐。元丰《九域志》记载：福清“一盐仓”[⑥]，是福盐生产地之一，陈友定因此迁居清流，私下从事“福盐”贸易。七娘生日与明溪市密切相关，所谓陈友定是明溪市人，反映陈友定与明溪市渊源颇深。由于明溪寨是清流战略要地，要在清流境内进行“福盐”贸易，就要参与明溪市贸易。陈友定迁居明溪市，与其来自“福盐”产地，到清流从事“福盐”贸易有关。《临汀志》记载：“南平寨，元(原)系黄土寨盐巡”[⑦]，宁化黄土寨设有盐巡。由于清流是宁化“福盐”运输要道，明溪寨是清流战略要地，从而出现陈友定与明溪寨关系叙事，衍生出明溪寨兵信仰的神明七娘帮助陈友定的说法。其书写依据是将乐县“黄土寨，在县南兴善都。宋庆元二年，以其地介清流二县境，民俗顽悍，特置寨以备之。元废，国朝洪武元年

① 宋濂，等，修.元史卷41：本纪第四十一：顺帝四[M].钦定四库全书荟要六千四百二十（史部），清乾隆五十四年(1789)抄本：10a.

② 宋濂，等，修.元史卷41：本纪第四十一：顺帝四[M].钦定四库全书荟要六千四百二十（史部），清乾隆五十四年(1789)抄本：10b-11a.

③ 宋濂，等，修.元史卷41：本纪第四十一：顺帝四[M].钦定四库全书荟要六千四百二十（史部），清乾隆五十四年(1789)抄本：11a.

④ 杨缙，修.正德归化县志卷9人物：附录：陈友定[Z]].北京：中国国家图书馆藏，明弘治年间(1488—1505)刻本：53a-53b.

⑤ 临汀志：税赋[Z]//马蓉，陈抗，等，点校.永乐大典方志辑佚：第2册.北京：中华书局，2004：1234.

⑥ 王存，等，纂修.元丰九域志（第4册）卷9福建路[M].清初(1644—1722)影宋抄本，善本书号：06265，北京：中国国家图书馆藏：2b.

⑦ 临汀志：营寨[Z]//马蓉，陈抗，等，点校.永乐大典方志辑佚：第2册.北京：中华书局，2004：1338.

复置。十三年以与清流、明溪寨密迩，遂省”。[①] 将明溪寨比邻的将乐黄土寨误认为是宁化黄土寨。

6. 永乐十四年丙申(1416)避免陈添保劫掠明溪

大明永乐丙申，沙邑山寇陈添保等越县城劫财物，官民廨舍一爝无遗，退经玉华驿，普为灰烬。惟明溪一乡预避之，贼见四壁甾空，不惬所图，方欲纵火，惊闻哨山震，捐命窜奔，适官军追及，杀死几半，明溪室家相庆，赖无虞神之力哉！[②]

“永乐丙申”即永乐十四年(1416)，沙县陈添保起事。明溪乡能够躲过此劫，其原因有二：其一，明溪乡尚武之风盛行。明溪乡与明溪寨毗邻，明溪寨兵来自当地，直到《八闽通志》仍云：“归化县本清流、宁化及延平府将乐、沙四县地。国朝置明溪镇巡检司，属清流县。成化六年，汀州同知程熙以其地为将乐、沙、宁化之交，民多伉健难治，议置县以镇之，巡抚副都御史滕昭会三司奏请升为归化县。”[③]“民多伉健难治”就包括明溪乡民。其二，与明溪乡民具有一定军事能力有关。明溪乡民作战经验丰富，观察能力较强，对此早有防备。

《明太宗实录》记载：

(永乐十五年八月己酉)福建沙县贼陈添保等伏诛。初添保与县人杜孙、李乌嘴及龙溪余马郎、龙岩樊添受、永春林九十、德化张五官等聚众作乱，烧劫龙溪银场，杀中官及土民三十余人，官军捕之，四散逃匿，既又僭称太平大人、先烽等号，招集贼众烧清劫流等县，杀县官军民三十余人。至是福建守臣执送京师诛之。[④]

“烧清劫流”有误，应作“烧劫清流”，张永隆希望通过震惊朝野的陈添保事件，突出七娘信俗的历史地位，反映了七娘信俗在明代尚未获得合法身份。

三、“封号”考述

(一)“封号”由来

宁、顺、连、邵四县官躬诣核实，钦降庙额曰“显应”，而谥之诏尚未锡颁，耆老即次

① 陈道，修.黄仲昭，纂.八闽通志(第37册)卷80古迹：汀州府[Z].天津：天津图书馆藏，明弘治四年(1491)刻本：21b.

② 吴文度，修.杜观光，纂.弘治汀州府志(第3册)卷18词翰序[Z].北京：中国国家图书馆藏，弘治年间(1488—1505)刻本：49a-49b.

③ 陈道，修.黄仲昭，纂.八闽通志(第1册)卷1地理：建置沿革[Z].天津：天津图书馆藏，明弘治四年(1491)刻本：24a.

④ 明太宗实录卷192[M]//明实录：第2册.台北：“中央研究院”历史语言研究所校印，1962：2024.

申呈。[①]

"宁、顺、连、邵"分别指宁化、顺昌、连城、邵武。宁化说，与上述宁化黎七起事有关。连城说，与上述罗天麟起事有关，实则均不可信，只是宁化、连城的七娘信众借用地方历史事件，融入七娘"神迹"，以期达到信奉七娘是"名正言顺"。

明溪寨"在清流县东一百二十里汀、剑、邵界首""衣粮三郡分给"[②]，明溪寨位于汀州、南剑州、邵武军交界，战略要地险要，因此其营寨补给由汀州、南剑州、邵武军三地提供。宁化、连城隶属汀州，顺昌县隶属南剑州，所谓邵武县即邵武军。四县官奏封叙事并非史实，却反映七娘信众明溪寨兵的历史作用，七娘信俗通过其明溪寨兵在区域社会产生深远影响。

(二)获封时间

《临汀志》未载七娘获封，然而，张永隆《显应庙序》始载："丙申七月三日，敕封惠利夫人。"[③]认为七娘获封"惠利夫人"。"丙申"所指，从《临汀志》记载："绍兴间，巡检李寔移创寨侧。"[④]李寔将"旧七娘墓"移创明溪寨侧，其时已出现"惠利夫人"。从绍兴十三年(1143)设置明溪寨到开庆元年(1259)《临汀志》成书期间，有淳熙三年(1176)、端平三年(1236)两个"丙申"。查《宋史》《宋会要》未有记载，七娘未获封惠利夫人。张永隆《显应庙序》记载：七娘获封惠利夫人后"寻加福顺夫人"[⑤]，查《宋史》、《宋会要》未有记载，七娘也未获封"福顺夫人"。

"丙申七月三日"获封的说法从何而来?《临汀志》始载七娘帮助明溪寨兵御敌："端平间，调寨兵戍建康，忽一日旁近人闻庙中若有钲鼓声，后戍兵有书回，恰是日与虏会战，始知其助威焉。"[⑥]端平三年正好是丙申岁，似乎可以认为七娘助兵御敌而备受推崇，因此在端平三年丙申(1236)获封惠利夫人，然而七娘并未获封，为避免核实史料，只能避而不谈其年号。

七娘获封具体时间定在"七月三日"，则与七娘的生日有关，由于七娘诞辰被定在六月十一日，因此将七娘获封时间定在翌月。

七娘封号由来，张永隆《显应庙序》记载："今年夏，署驿事、阴阳训术张旭偕耆民吴熙宁于乡士黄本家，得元福建左右司郎中林文埜抄腾(誊)历代褒封事实。"[⑦]"署驿事"指署明溪驿事。"乡士"指明溪乡士。张永隆所载七娘敕封之事源于署明溪驿事、县阴阳训术张旭偕

---

① 吴文度，修.杜观光，纂.弘治汀州府志(第3册)卷18词翰序[Z].北京：中国国家图书馆藏，弘治年间(1488—1505)刻本：49a.

② 临汀志：营寨[Z]//马蓉，陈抗，等，点校.永乐大典方志辑佚：第2册.北京：中华书局，2004：1339.

③ 吴文度，修.杜观光，纂.弘治汀州府志(第3册)卷18词翰序[Z].北京：中国国家图书馆藏，弘治年间(1488—1505)刻本：49b.

④ 临汀志：祠庙[Z]//马蓉，陈抗，等，点校.永乐大典方志辑佚：第2册.北京：中华书局，2004：1282-1283.

⑤ 吴文度，修.杜观光，纂.弘治汀州府志(第3册)卷18词翰序[Z].北京：中国国家图书馆藏，弘治年间(1488—1505)刻本：49a.

⑥ 临汀志：祠庙[Z]//马蓉，陈抗，等，点校.永乐大典方志辑佚(第2册).北京：中华书局，2004：1283.

⑦ 吴文度，修.杜观光，纂.弘治汀州府志(第3册)卷18词翰序[Z].北京：中国国家图书馆藏，弘治年间(1488—1505)刻本：49b.

耆民吴熙宁在明溪乡士黄本家中，获得元代福建左右司郎中林文埜誊抄的七娘历代褒封事实，据此获悉七娘封号。

张旭署明溪驿事，七娘庙最初建在明溪驿旁，自然与之有关。林文埜为何要誊抄七娘历代褒封事实？林文埜誊抄的历代褒封事实并不可信，林文埜为何未发现？仍然以讹传讹？

乾隆《福州府志》记载："祉溪桥，在二十都。元至正间，行省林文埜建。"①

史志未载林文埜籍贯，但从林文埜在长乐县建桥，可见长乐与明溪渊源。明溪寨在成化六年(1470)由清流县划归归化县。清流县食用"福盐"，元丰《九域志》始载：长乐县"一盐场"②，长乐县是"福盐"产地之一，促使林文埜誊抄七娘"历代褒封事实"。

林文埜生活在元至正年间(1341—1368)，至正年间有"丙申"年，即至正十六年(1356)，然而《临汀志》已载"惠利夫人"，显然自相矛盾。此"丙申"应是产生七娘封号的时间。至正十二年(1352)到至正十九年(1359)，陈友定历任宁化黄土寨巡检、清流县主簿、县尹，至正十六年(1356)的明溪正是陈友定担任清流县父母官时期。明溪寨在宋代事关汀州、南剑州、邵武军安危，实则关系到元代汀州、延平、邵武三路安宁，自然引起陈友定关注。陈友定寓居清流，自然熟知七娘信俗，在任期间关注七娘。由于《明太祖实录》记载：

> 王师西征，驻军浦城，参军胡深与战锦江而败，友定执而害之。至是被执，及其子送至京师。上诘之曰："元纲不振，海内土崩，天命更革，岂人力所能为？尔窃据偏方，负固逆命，害吾参军，杀吾使者，陆梁弗服，欲何为哉？"友定对曰："事败身亡，惟有死耳！尚何言？"遂并其子诛之。③

陈友定父子遭到明太祖诛杀，明人张永隆只能避而不谈，有意"写错"陈友定镇压罗天麟起事。

七娘"封号"与陈友定有关。"惠利夫人"出自《临汀志》所载七娘庙号，与陈友定无关，"福顺夫人"应是陈友定所"封"。由于陈友定在明初被诛，缺乏合法性，自然避称其与陈友定关系。张永隆所云"惠利夫人，后加福顺夫人"，既可强调七娘获"封"，又可达到记载陈友定与七娘信俗渊源的目的。

(三)"祖庙"与"分灵庙"

七娘庙"祖庙"之说始载正德《归化县志》："惠利庙，在县治西清街桥头，坐北向南建，见《词翰》。又一所在驿治西，名祖庙。"④"惠利庙"即"惠利夫人"庙。此"县治"指归化县治。此"驿治"指明溪驿。该志认为七娘庙祖庙位于明溪驿，位于归化县城的则是分灵庙。七娘庙最初位于明溪驿旁，绍兴十三年(1143)之后改建明溪寨侧，明代中期以后又增建归化

---

① 徐景熹，修.乾隆福州府志卷 9 津梁[Z].北京：中国国家图书馆藏，清乾隆二十一年(1756)刻本：21b-22a.

② 王存，等，纂修.元丰九域志(第 4 册)卷 9 福建路[M].清初(1644—1722)影宋抄本，善本书号：06265，北京：中国国家图书馆藏：3a.

③ 明太祖实录卷 29[M]//明实录：第 1 册.台北："中央研究院"历史语言研究所校印，1962：505.

④ 杨缙，修.正德归化县志卷 8 祠庙：庙宇[Z].北京：中国国家图书馆藏，明弘治年间(1488—1505)刻本：44a.

县城。

七娘"分灵庙"位于归化县城，归化县城"旧为明溪镇巡检司，隶清流县。成化六年改为县治按察司佥事周谟命通判吴桓、明溪驿丞孙亮督建，知县郭润继而成之"。① 归化县城原是明溪镇巡检司所在地，明溪驿丞参与督建，七娘信俗发源于明溪驿，七娘又是明溪寨兵信仰的神明，促使县城出现七娘"分灵庙"，其时应在成化六年(1470)之际。

张永隆《显应庙碑序》未载"祖庙"与"分灵庙"，究其原因，应与其时尚未出现"分灵庙"有关。张永隆撰写碑铭的时间，历来无考。张永隆，弘治《汀州府志》有其传略：

> 任鲁府纪善。正统间，沙寇胁之从，示以诗曰："平生操志节，耿耿未尝灭。"贼怒而去。②

张永隆是清流县永乐二年甲申(1404)进士，其时明溪隶属清流县管辖，以乡绅身份为七娘庙撰写碑铭。张永隆撰写碑铭的原因与其经历有关。

《八闽通志》始载：

> 吕镛，湖广蕲水人。正统间知清流县。抚字有方，邑民悦服。岁己巳，沙、尤贼邓茂七寇县境，镛尽力保障。民或逃窜，则躬巡历招抚之。未几，贼众二万余攻县。镛率民兵与战，众寡不敌，为贼首陈正景所执，欲逼降之，镛大骂不屈而死。邑民哀思，遂于其被害之处构草舍祀之。③

"沙寇"指"沙、尤贼"，指沙县、尤溪邓茂七起事。邓茂七起义军攻打清流县，百姓逃窜，知县吕镛尽力安抚。邓茂七起义军攻打清流县城，吕镛率领民兵抵抗，终因寡不敌众被害。百姓对此悲痛万分，促使曾遭邓茂七起义军胁迫的张永隆，寄希望于七娘信俗。张永隆撰写碑铭的时间应在成化六年(1470)设置归化县之前，选在夏天，很可能就是六月十一日七娘诞辰之际。

四、文天祥为七娘题诗考证

(一)文天祥未为七娘题诗

1. 文天祥题诗始载弘治《汀州府志》

陈金平查阅文天祥文集未发现文天祥为七娘题诗，认为其诗或是伪作、遗漏。文天祥为

---

① 陈道，修.黄仲昭，纂.八闽通志(第18册)卷42公署：郡县：汀州府：归化县[Z].天津：天津图书馆藏，明弘治四年(1491)刻本：18b.

② 吴文度，修.杜观光，纂.弘治汀州府志(第2册)卷13：人物[Z].北京：中国国家图书馆藏，弘治年间(1488—1505)刻本：12a.

③ 陈道，修.黄仲昭，纂.八闽通志(第16册)卷38秩官：郡县：汀州府：清流县[Z].天津：天津图书馆藏，明弘治四年(1491)刻本：10b.

七娘题诗是如何产生的呢?文天祥题诗目前最早见载弘治《汀州府志》。正德《归化县志》收录"知县杨缙撰"《宋丞相温先生题夫人诗小引》披露文天祥为七娘题诗由来:

> 正德癸酉四月,予承乏知归化县事。……一旦公暇,偶得汀郡志并本县志,披诵至宋信国公文丞相题夫人诗一绝句,予竦然一唱三叹,曰"此夫人庙有自来矣!文丞相诗即夫人庙之征也。盖丞相文公乃故宋之忠臣烈士,赤心义胆,以身报国者,其言即春秋笔也。其所以为夫人题者,其必知之详,信之笃然,后乃敢发于言,成于诗,见于笔"。[①]

杨缙在正德八年癸酉(1513)到任归化知县,所见"汀郡志"指弘治《汀州府志》,"本县志"指《归化县志》。文天祥为七娘题诗始载弘治《汀州府志》,为之后的正德《归化县志》沿用。

杨缙并未查阅文天祥诗文集,只是从文天祥题诗出发,认为文天祥既然为七娘题诗,所云应有所本,不足为据。

2. 文天祥诗题取材于张永隆《显应庙序》

文天祥是否为七娘题诗,不仅可从文天祥文集进行考证,还可从文天祥的诗题进行分析。弘治《汀州府志》记载:文天祥诗题"师次清流,闻圣七娘屡显灵,应捍灾御寇,作诗歌之"。[②] 首先,从"圣七娘"来看,《宋史》记载:"(至元十三年)七月,乃以同都督出江西,遂行,收兵入汀州。"[③]又云:"至元十四年正月,大元兵入汀州,天祥遂移漳州,乞入卫。"[④]文天祥在至元十三年(1276)七月入汀州,至元十四年(1277)正月离开汀州。然而,开庆元年(1259)《临汀志》仅载"七娘"之名,如何会在《临汀志》刊行十余载后出现"圣七娘"之名?

其次,文天祥题诗述及七娘"捍灾""神迹"。七娘"捍灾""神迹"应指嘉定二年己巳(1209)驱除蝗灾,然而未载《临汀志》,如何会在《临汀志》刊行十余载后出现"捍灾"之说?

显然文天祥题诗所述"圣七娘"之名,与"捍灾""神迹"始载张永隆《显应庙序》,文天祥诗题"师次清流"实则文天祥到汀州勤王抗元的阐发。

文天祥未为七娘题诗,文天祥为七娘题诗为后世托名所作,文天祥为七娘题诗出自何人之手?

(二)文天祥题诗与姚龙、林则方、赵智无关

弘治《汀州府志》虽载惠利夫人庙"国朝大臣"题诗,[⑤]然而查阅该志仅收录归化县知县

---

① 杨缙,修.正德归化县志卷10词翰[Z].北京:中国国家图书馆藏,明弘治年间(1488—1505)刻本:91a-91b.

② 吴文度,修,杜观光,纂.弘治汀州府志(第3册)卷17词翰:诗[Z].北京:中国国家图书馆藏,弘治年间(1488—1505)刻本:24a.

③ 托克托,等,修.宋史卷418:列传第一百七十七:文天祥[M].钦定四库全书荟要卷六千四十六,清乾隆四十一年(17776)抄本:29a.

④ 托克托,等,修.宋史卷418:列传第一百七十七:文天祥[M].钦定四库全书荟要卷六千四十六,清乾隆四十一年(17776)抄本:29b.

⑤ 吴文度,修.杜观光,纂.弘治汀州府志(第1册)卷9宫室:祠庙[Z].北京:中国国家图书馆藏,弘治年间(1488—1505)刻本:13b.

赖永正题诗一首，[①]直到正德《归化县志》首次较为全面收录七娘庙明人题诗，先后有福建左布政使姚龙、行人林则方、教谕赵智、知县赖永正，[②]为何弘治《汀州府志》仅载归化县知县赖永正题诗呢？

1. 姚龙是明代最早为七娘题诗

姚龙两次宦游福建，对当地有较深了解。姚龙第一次宦游时间，《明英宗实录》记载：

> （景泰二年夏四月壬午）署员外郎姚龙为福建右参议。[③]
> （景泰五年八月戊子）除授福建布政司右参议姚龙于河南布政司。[④]

姚龙自景泰二年（1451）到景泰五年（1454）任福建布政司右参议。

姚龙第二次宦游时间，《明英宗实录》记载：

> （天顺五年九月）乙卯升河南布政司左参政姚龙为福建左布政使。[⑤]

《明宪宗实录》又云：

> （成化二年春正月壬子）吏部奏黜浙江等十三布政司、按察司、南北直隶府州县来朝并在任官一千七百八员老疾。……布政使姚龙、刘让、运使王福等八十四员贪暴。[⑥]

姚龙自天顺五年（1461）到成化二年（1466）担任福建布政司左参政。

正德《归化县志》称“福建左布政使姚龙”[⑦]，可知姚龙担任福建左布政使期间为七娘题诗。

姚龙是明朝第一位为七娘题诗的福建地方官员，产生哪些影响？

《明宪宗实录》记载：

> 龙，浙江桐庐县人，与兄夔同登壬戌进士第，历官福建左布政使，才善治剧，然少廉名。时刘让为右布政。让，沧州人，龙同年进士，粗鄙暴戾，多不循理，二人同官，每事恒相反。龙兄夔，为礼部尚书。让，吏部尚书王翱乡人也。二人各有所恃，龙来朝觐，因吏

---

① 吴文度，修，杜观光，纂.弘治汀州府志（第3册）卷17词翰：诗[Z].北京：中国国家图书馆藏，弘治年间（1488—1505）刻本：25b.

② 杨缙，修.正德归化县志卷10词翰[Z].北京：中国国家图书馆藏，明弘治年间（1488—1505）刻本：61b-62b.

③ 明英宗实录卷203[M]//明实录：第5册.台北：“中央研究院”历史语言研究所校印，1962：4342.

④ 明英宗实录卷344：废帝郕戾王附卷六十二[M]//明实录：第5册.台北：“中央研究院”历史语言研究所校印，1962：5302.

⑤ 明英宗实录卷332[M]//明实录：第5册.台北：“中央研究院”历史语言研究所校印，1962：6817.

⑥ 明宪宗实录卷25[M]//明实录：第6册.台北：“中央研究院”历史语言研究所校印，1962：490.

⑦ 杨缙，修.正德归化县志卷10词翰[Z].北京：中国国家图书馆藏，明弘治年间（1488—1505）刻本：61b.

部退官，欲去让、翱并龙去之。[①]

姚龙担任福建左布政使期间，获得其兄姚夔的支持，与刘让斗争。姚夔担任礼部尚书，礼部负责管理民间信仰，姚龙为七娘题诗促进七娘信俗在明朝获得合法身份。然而，姚龙诗作未述及文天祥，文天祥题诗显然与之无关。

2. 林则方因归化县"福盐"渊源为七娘题诗

行人林则方，《八闽通志》记载：(成化)十三年丁酉乡试"林则方""俱长乐县学"。[②] 林则方是福州府长乐县人，在成化十三年(1477)以长乐县儒学生员考取举人，为何林则方会为七娘题诗？

究其原因，应与明溪食用"福盐"有关。明溪隶属清流县，归化县在成化六年(1470)从清流等县析置，明溪划归归化。清流县食用"福盐"，明溪也食用"福盐"。林则方故里福州府长乐县是"福盐"产地，促使长乐举人林则方关注福盐食用地明溪七娘信仰，在成化十三年(1477)中举后为七娘题诗。林则方题诗未述及文天祥，可见文天祥题诗与林则方无关，成化十三年(1477)尚未出现文天祥题诗。

3. 赵智是归化县首位为七娘题诗者

正德《归化县志》始载：归化县地方官为七娘庙题诗"教谕赵智""知县赖永正"[③]，归化县儒学教谕赵智"南京江宁人，举人""成化十四年乃归"。[④] 赵智在成化十四年(1478)离任归化，赵智为七娘题诗的时间在成化十三年(1477)到成化十四年(1478)期间。赵智题诗未述及文天祥题诗，其时尚未"出现"文天祥题诗，赵智与文天祥题诗无关。

(三)文天祥题诗出自赖永正之手

正德《归化县志》记载：归化县知县"赖永正，江西赣县人，成化十八年知本县"[⑤]，又作"江西赣州府新淦县人"[⑥]，其继任姜凤"弘治二年"[⑦]任，赖永正自成化十八年(1482)到弘治二年(1489)担任归化县知县。

虽然赖永正迟于赵智宦游归化、晚于赵智为七娘题诗，但是赖永正却是首位提及文天祥

---

① 明宪宗实录卷25[M]//明实录：第6册.台北："中央研究院"历史语言研究所校印，1962：491.

② 陈道，修.黄仲昭，纂.八闽通志(第21册)卷48选举：科第：福州府[Z].天津：天津图书馆藏，明弘治四年(1491)刻本：33a.

③ 杨缙，修.正德归化县志卷10词翰[Z].北京：中国国家图书馆藏，明弘治年间(1488—1505)刻本：62a.

④ 杨缙，修.正德归化县志卷5名宦[Z].北京：中国国家图书馆藏，明弘治年间(1488—1505)刻本：34b.

⑤ 杨缙，修.正德归化县志卷5名宦[Z].北京：中国国家图书馆藏，明弘治年间(1488—1505)刻本：33b.

⑥ 杨缙，修.正德归化县志卷5历官[Z].北京：中国国家图书馆藏，明弘治年间(1488—1505)刻本：27a.

⑦ 杨缙，修.正德归化县志卷5历官[Z].北京：中国国家图书馆藏，明弘治年间(1488—1505)刻本：27a.

为七娘题诗者，赖永正《题夫人庙》云及："文山诗句高千古"[①]，"文山"即文天祥，号文山。究其原因有三：其一，弘治《汀州府志》始载明人题诗仅收录赖永正题诗，未载高官姚龙题诗，显然并非遗漏，而是避而不谈，与姚龙遭到罢官有关。其二，文天祥确曾到汀州勤王抗元，七娘是南宋明溪寨兵信仰的神明，符合抗元要求。其三，正德《归化县志》始载："惠利桥，在县西清街，永乐二十二年，明溪寨巡检（建）。"[②]与七娘庙相关的惠利桥在永乐二十二年（1424）为明溪寨巡检所建，七娘在明代继续成为明溪寨兵信仰的神明，为七娘题诗有利于促进地方官府与驻军的关系。

赖永正与文天祥是江西同乡，对文天祥有深入了解，托名文天祥题诗可改变汀州对"江右""游手失业逋逃之人"的不良印象。当朝官员仕途叵测，不如过往的历史人物早已盖棺论定，促使赖永正托名文天祥。

五、结语

综上所述，可归纳为以下三点结论。

第一，七娘是南宋乡村社会、营寨军队、地方社会互动的结果，超越客家人与闽北人的族群之分，成为闽西北的重要民间信仰。七娘是明溪寨兵的信仰，明溪寨是汀州、南剑州、邵武军三地的战略要地，促使七娘信仰在汀州、南剑州、邵武军的传播。宋代"建、剑、汀、邵四州，细民生子多不举"习俗，[③]为未生育子嗣的七娘成为神明营造有利的环境。弘治《汀州府志》始载："至今汀风俗生子未有不举，抑以宋之遗泽云"[④]，明代汀州逐渐重视男丁，未生育子嗣的七娘未受到冲击，得益于姚龙题诗与文天祥题诗文本叙事的出现。

第二，七娘生前途经明溪乡，去世后葬于明溪驿旁，最初为明溪乡民所供奉，随后成为明溪寨兵信仰，对明溪市产生积极影响。七娘信俗增进官兵关系，有利于军民团结，促进族群互动。七娘信俗在传播过程中，先后与汀州女性神明"五通圣七娘"、男性神明樊令信俗交融，体现在其姓名、籍贯等方面。七娘信俗虽与文天祥无关，却与陈友定密切相关，具有一定历史研究价值。虽然文天祥题诗实则托名伪作，但是早已成为地方文化的组成部分，应着重从"制造"文天祥题诗的过程与原因进行分析。

第三，新时期七娘研究应视为文化符号重新审视，既要进行历史研究，又要从产生的历史作用进行分析。文献所见七娘史料虽不可信，却是区域社会的历史文化变迁的反映，从七娘信俗产生的历史作用来看，无所谓"真伪"，只能是"真实"的，否则将无法达到凝聚族群的目的。七娘信俗影响深远表面上看女性地位尊崇，然而从七娘身世却要通过男性传播并得

---

① 吴文度，修，杜观光，纂.弘治汀州府志（第 3 册）卷 17 词翰：诗[Z].北京：中国国家图书馆藏，弘治年间（1488—1505）刻本：25b.

② 杨缙，修.正德归化县志卷 3 桥梁[Z].北京：中国国家图书馆藏，明弘治年间（1488—1505）刻本：16b.

③ 临汀志：仓场库务[Z]//马蓉，陈抗，等，点校.永乐大典方志辑佚：第 2 册.北京：中华书局，2004：1316.

④ 吴文度，修.杜观光，纂.弘治汀州府志（第 2 册）卷 9 古迹[Z].北京：中国国家图书馆藏，弘治年间（1488—1505）刻本：9b.

以载入文献来看，女性地位实则低下。七娘自述诗云“笄年父母常趑岐，遂选良人职军史”。[①] 反映了七娘及笄后，奉父母之命，包办婚姻，与其夫成亲。百姓因七娘绝祀，视为“孤魂野鬼”，为求地方安宁而祭祀她，继而为寻求农业发展而推崇她。寨兵见七娘未列入“祀典”，视为“厉鬼”，欲借助其力而供奉她，并借助其激励士气。地方官府为促进地方官府、驻军、民间社会关系，而关注她，将其载入方志，为之题诗，制造文天祥题诗的文本叙事。七娘文化符号的建构与重构，实则民间社会、驻军、地方官府的文化策略，只是王朝利用的工具，作为协助王朝、被王朝“恩赐”的对象。此“王朝”则是父系传承的社会，话语权掌握在男性手中，此为七娘历史文化的本质。

A New Study on the History and Culture of Qiniang, a Hakka Cultural Symbol

Liu Tao

(Fujian and Taiwan Hakka Research Institute of Longyan University, Longyan, 364012)

Summary: Focusing on the formation process and reason analysis of the Hakka cultural symbol Qiniang, through textual research on her name, hometown, birthday, life experience, “miracles”, “titles”, and celebrity poems, it is found that Qiniang's image has been constructed by layers accumulating. Its text writing has problems such as twisting strokes, fabricating and mixing, reflecting the historical and cultural changes of the north-western Fujian region during the Song, Yuan and Ming Dynasties, and has a profound impact on local folk customs, military, economy, society, and culture. On the basis of re-writing the history of Qiniang belief, this research restores, reveals the historical role of Qiniang belief and customs, and provides a new path for the study of Hakka women in the new era.

Key Words: Qiniang; Wen Tianxiang; Chen Youding; Mingxi Village; Hakka; interaction between ethnic groups

① 临汀志:祠庙[Z]//马蓉,陈抗,等,点校.永乐大典方志辑佚:第 2 册.北京:中华书局,2004:1283.

20世纪80年代以来中国苗族性别研究回顾与展望*

齐玉莹**

内容摘要：受国际妇女运动影响，国内性别研究迅速发展，20世纪80年代开始，学界对涉及苗族女性刺绣、服饰、婚姻等问题进行了探讨。经过40余年的发展，国内苗族性别研究硕果累累，尤其是在苗族女性的形象角色、社会地位、社会活动、体质与健康等方面，但仍存在对苗族男性、当代苗族面临的社会问题关注不够，以及理论化不强，研究方法单一等问题。未来研究苗族男性的成果可能会逐渐增多，苗族女性的健康、教育、就业等或许会更受关注，生态、政治、国际交往和乡村振兴等可能会成为苗族性别研究的核心议题。

关键词：中国苗族；性别研究；回顾；展望

苗族作为中华民族大家庭的重要成员，是新中国建立后最早被确认的少数民族之一，也是我国人口第四的少数民族①。除中国外，越南、老挝、泰国、美国、法国、澳大利亚、加拿大等国家和地区也都有苗族聚居。所以，无论是在中国，还是在世界其他地区，都有不少学者从事苗族研究。随着我国"一带一路"的推进，跨境民族研究显得愈发重要，中国是苗族的发源地和聚居人口最多的国家，经过多年的发展，苗族研究已有大量成果，学界已经就国内外苗族研究的成果进行整理和总结，②性别研究作为苗族研究的重要组成部分，学界目前尚未对其研究成果进行回顾和反思，只有了解当下中国苗族性别研究的现状，才能更有效地推动海外苗族研究。因此，对中国苗族性别研究的成果进行梳理是十分必要的。

中国苗族性别研究是指从性别视角对生活在中国的苗族及其相关事项的研究。20世纪70年代美国黑人女权主义者提出向种族歧视、性别歧视、阶级压迫等斗争，促进了美国少数族裔妇女参与到社会性别研究中，③受其影响从80年代开始妇女/社会性别研究在我国兴起；1995年联合国第四次世界妇女大会（The United Nations' World Conference on Women）在北京召开，"社会性别"概念在我国广泛传播；2000年开始我国各级妇联多次举办了"社会性别与发展在中国"研讨会，④有效推进了中国社会性别研究的实践和理论研究。

---

* 基金项目：国家社科基金重大项目"世界苗学通史"（15ZDB113）。

** 齐玉莹，女，汉族，云南大学民族学与社会学学院博士研究生，主要研究方向为民族政策与社会治理。

① 据《中国统计年鉴（2021）》，截至2020年底苗族人口共为11067929人，在中国各民族中排第五，少数民族中排名第四，详见 http://www.stats.gov.cn/tjsj/pcsj/rkpc/6rp/indexch.htm。

② 刘芳.人类学苗族研究百年脉络简溯[J].广西民族研究，2008(1)：5-79；石朝江.国际"显学"国外苗学研究概览[J].贵州民族研究，1998(3)：150-159.

③ 王政.社会性别研究在国内外的发展[J].中华女子学院山东分院学报，2009(5)：1-7.

④ 付红梅.社会性别理论在中国的运用和发展[J].中华女子学院学报，2006(4)：161-163.

在这个过程中，中国苗族性别研究应运而生。1995年之前零星地有一些关于苗族女性的研究，1995年之后则开始出现苗族社会性别研究，尤其是2000年之后苗族社会性别研究进入快速发展时期，涉及的领域也越来越多。

本文旨在梳理20世纪80年代以来中国苗族性别研究的成果，具体以中国知网、万方、维普等网站论文为主要材料，辅之以部分专著，从研究对象、内容、方法、材料等方面进行分类归纳，根据现有研究成果进行总结，提出反思与展望，以便学界了解中国苗族性别研究的状况，更好地开展今后的研究工作。

一、中国苗族女性研究

苗族女性是苗族性别研究的主要对象，特别是1995年世妇会之后，苗族女性研究发展迅速，涌现了不少研究成果，其内容涉及苗族女性的形象角色、社会地位、社会活动、体质与健康等方面，考察的群体既有虚拟的人物形象，也有现实生活中的普通人物和特殊群体。

（一）苗族女性的形象角色

苗族女性形象大致可以分为：文学作品中塑造的虚拟女性形象、苗族传统文化中产生的特殊女性群体以及随时代发展而改变的现实生活中的女性。文学作品大多从正面展现苗族女性的淳朴、追求幸福等积极方面的特性；对“蛊女”“折房女”等特殊苗族女性群体的研究主要是分析遭受歧视和迫害的社会原因；苗族女性角色的变迁展现了时代发展对苗族女性生活的影响。这些研究体现了研究者对苗族女性个性的欣赏，遭遇的同情，以及追寻幸福生活的肯定。

一是对文学作品中的苗族女性形象的研究。著名文学家沈从文曾借用“月亮女神”的特性来塑造苗族女性，这种创作手法较为普遍。谢萍将沈从文小说中湘西苗族女子翠翠等作为研究对象，从文化背景和创作手法等方面进行分析，发现她们是苗族传说、汉族文化综合神化的“月亮女神”分化成代表不同特性的形象。① 游芳从人性维度的视域对沈从文小说中的苗族女性形象进行考察，发现这些苗族女性既是自由的自然存在，也是自己这个自然体的主人，得出沈从文对苗族女性的文学创作是从“人”的视点进行的。② 苗族神话传说中有不少女性形象，徐利分析了苗族神话传说如“蝴蝶妈妈”中所体现的女性意识，并对苗族神话传说的特点进行分析，认为其内容以人们对自然的抗争和提高人类能力的渴望为主，最后得出苗族神话传说的传统性、抗争意识影射到了当代苗族女性作家的小说作品中，焕发出光芒。③ 蔡熙将苗族史诗《亚鲁王》中塑造的女性形象分为殉道者、女英雄、女神和家庭妇女四类。④ 黄尚霞以苗族作家小说中的女性为研究对象，从淳朴民风的熏陶、陈规陋习的禁锢、

① 谢萍.试论沈从文湘西小说中女性人物的原型[J].广西师范大学学报(哲学社会科学版)，1999(2)：44-49.

② 游芳.论人性维度视阈下沈从文短篇小说中苗族女性形象[J].唐山文学，2018(8)：174-175.

③ 徐利.苗族神话传说在当代苗族女性文学中的影射[J].短篇小说(原创版)，2012(16)：11-12.

④ 蔡熙.《亚鲁王》的女性形象初探[J].湖南工业大学学报(社会科学版)，2014(3)：66-69.

封建宗法制的束缚以及神巫文化的伤害论述了传统文化习俗影响下的苗族女性形象。① 她还对传统的苗族女性形象和新时期苗族女性形象进行阐释，然后分析男性话语和女性话语下的不同的女性形象，得出这些苗族作家笔下的女性形象既丰富了文学人物形象，也展现了苗族女性的生存现状和她们的特性。② 类似的还有赵先凤的研究。③

二是对特殊苗族女性群体形象的研究。麻勇斌根据不同性别将苗族之巫的神性内容进行分类，男性之巫和女性之巫的神性内容具有很大区别，在男性之巫对女性之巫的否定、残害过程中产生了“蛊”这个概念来打击女性之巫。④ 在苗族社会中“蛊”是一个语言禁忌，而“蛊”往往连接着苗族女性，许多苗族女性因此遭到不公平的对待，李芹香和胡铂等对“蛊女”“蛊婆”进行解释，并探讨如何对待巫蛊文化。⑤ “蛊”像一层阴影笼罩在苗族女性身上，类似的阴影还有“折房女”，“折房女”是指核心家庭中没有兄弟的女孩。龙仙艳从苗族尊舅的传统、封闭的生活环境和女性无继承财产的权力和自身纤弱的体质四方面对“折房女”这一文化歧视现象的存在进行分析。⑥

三是苗族女性角色的变迁研究。赵锐从女性人类学视角出发考察苗族口传文学的女性形象，发现这些作品中的苗族女性受不同时代社会历史文化影响经历了从“女神”到“女奴”再到“女祸”，最后到“女人”的角色变迁过程，这与汉族女性的发展大致相同，但在具体时期苗族女性具有更强的自我意识。⑦ 苗族女性在苗族地区经济发展中扮演了重要角色，粮丽萍研究湘西山江苗寨在发展民族旅游的过程女性在其中的作用，具体从女能人、游客眼中的女性、旅游从业群体和传统的苗族妇女四种不同的角色展开叙述，以探讨苗族女性如何转变社会角色。⑧ 杨菲硕士论文将贵州苗族的主要聚居区雷山县的绣女作为研究对象，分析在不同社会历史时期的性别分工，论述了绣女从女织到女农再到女商的角色变迁历程，并分析这种转变的原因和影响。⑨ 臧丽娜的硕士论文以黔东南施洞镇苗族为例分析了苗族女性社会角色的变迁。⑩

---

① 黄尚霞.传统文化习俗下的苗族女性形象[J].贵州民族大学学报(哲学社会科学版)，2014(6)：103-107.

② 黄尚霞.新时期苗族作家小说中的女性形象探析[J].铜仁学院学报，2013(1)：65-68.

③ 赵先凤.从女性主义视角比较中美苗族文学作品中的女性人物——以《苗族作家作品选集》和《橡树林中的翠竹》为例[J].兴义民族师范学院学报，2019(6)：22-25.

④ 麻勇斌.苗族神性妇女研究[J].贵州民族学院学报(哲学社会科学版)，2002(1)：15-20.

⑤ 李芹香.黔东南苗族“蛊女”的女性主义批评[J].吉林省教育学院学报(上旬)，2013(2)：140-141；胡铂.湘西苗族“蛊婆”的悲剧意蕴探析[J].长春教育学院学报，2015(9)：15-19，34.

⑥ 龙仙艳.苗族“折房女”歧视的文化背景浅析[J].凯里学院学报，2012(4)：20-22.

⑦ 赵锐.女性人类学视野下苗族女性社会角色变迁研究——以苗族口传文学为例[J].贵州民族研究，2017(10)：144-147.

⑧ 粮丽萍.民族旅游时空中的少数民族女性社会角色的嬗变——以山江苗族女性为例[J].贵州民族学院学报(哲学社会科学版)，2008(1)：143-147.

⑨ 杨菲.雷山县苗族绣女性别角色变迁研究[D].贵阳：贵州大学，2016.

⑩ 臧丽娜.苗族女性社会角色变迁研究——以贵州省黔东南施洞镇为例[D].北京：中央民族大学，2018.

(二)苗族女性的社会地位

社会地位在苗族女性研究中居于核心位置,关于苗族女性地位问题,虽然苗族在母系时代是女性为尊,但学界一般认同传统的苗族社会大多数时期是男权社会,不过苗族社会也给予了女性某些方面的自由;与其他民族女性相比,苗族女性的地位具有自己的特点;新中国成立后,国家性别平等的政策,以及苗族女性在经济、政治等领域的发展提高了她们的社会地位。除此之外,解决苗族女性贫困问题也是提高其社会地位的重要方面。

一是男权的苗族社会给予女性的某些空间。苏晓红等对黔东南苗族的婚姻理辞中的女性形象进行解析,归纳出三种女性的形象类型以及她们与男性平等的社会地位,并对苗族婚姻理辞中男女平等地位的成因进行分析,从而得出苗族社会具有尊重并赋予女性平等地位的文化观念。[①] 苏晓红还通过社会性别理论考察黔东南苗族的情歌、爱情叙事诗、逃婚歌、离婚歌、婚姻理辞等民间文学作品,认为这些作品中苗族女性具有较为平等的地位,她们的自我意识已觉醒并积极争取婚姻自主权,这与苗族社会的文化观念和传统习俗等有关。[②] 类似的还有杨雪对苗族婚姻礼俗歌的研究。[③] 袁洁的博士论文以黔东南的郎德上寨为田野点,分析了家庭财产和婚姻财产与苗族女性的继承状况,探讨了苗族社会权利继承的性别选择、宗祧继承变迁中的性别角色、民族文化继承中的女性,最后思考了苗族社会继承与女性发展的关系。[④] 于鹏杰通过对湖南一个具有典型宗族特征的苗族村寨太平村的女性进行考察,发现她们通过结婚、生育、操持家庭、祭祀等社会活动维系娘家和婆家两边的关系,从而在实践中获得与男性基本相当的社会地位、双重的身份归属。[⑤]

二是苗族女性社会地位的特点。吴才茂研究了清代贵州苗族地区经济的发展与苗族女性社会地位变化的关系,他发现:随着苗族女性经济的独立,她们也拥有了更多社会权利和自由;[⑥]评价苗族社会评价女性的标准也从贞洁为重,逐渐趋向于贤能为重;[⑦]贵州清水江地区苗族女性通过参与社会活动分享区域社会的话语权利;[⑧]与徽州地区汉族女性相比,清水

---

① 苏晓红,胡晓东.苗族婚姻理辞女性形象社会地位探析[J].贵州师范大学学报(社会科学版),2012(3):67-72.

② 苏晓红.社会性别视角下苗族女性形象社会地位研究——以黔东南苗族民间作品为例[J].原生态民族文化学刊,2012(3):85-90.

③ 杨雪.苗族婚姻礼俗歌中的女性文化探析[J].黔南民族师范学院学报,2019(6):60-65.

④ 袁洁.社会继承制度变迁中的苗族女性研究——以贵州黔东南雷山县郎德上寨为个案[D].北京:中央民族大学,2012.

⑤ 于鹏杰.宗族社会中的女性——一项来自湖南苗族村落的研究[J].贵州民族学院学报(哲学社会科学版),2008(1):143-147.

⑥ 吴才茂.清代苗族女性史料的发掘与运用举隅——以清水江地区为例[J].贵州大学学报(社会科学版),2015(2):75-81.

⑦ 吴才茂.贞节与贤能:族谱所见黔东南苗族妇女的守节与传记书写[J].贵州大学学报(社会科学版),2016(5):83-92.

⑧ 吴才茂.立碑树德:清代清水江地区少数民族妇女的公益事业及其表达[J].贵州大学学报(社会科学版),2017(2):15-24.

江地区的苗族女性具有更高的社会地位和权利。[①]

三是新中国成立后苗族女性社会地位的上升。首先是法律，以性别平等为原则的法律对于改变苗族传统男尊女卑的习惯具有突破性作用，如石婷以湘西某苗县苗族社会女性的继承习惯为研究对象，叙述了当下国家颁布的有关法律规定男女具有平等的继承权与传统社会中的习惯法相冲突的表现，并从三方面分析冲突的根源，然后提出协调的策略。[②] 其次是经济方面，尤其是近些年民族旅游业的发展对苗族女性社会地位的提升起到了十分重要的作用，如李萍等以贵州三个苗族景区的民族村寨旅游为研究对象，分析在民族村寨旅游的不同阶段女性的参与状况，探讨在初创期、成长期和成熟期参与的女性的增权表达。[③] 李玼蒨、杨芬芬、吴桂鸿等也研究了民族村寨旅游对苗族女性社会地位的影响。齐玉莹分析了贵州苗族家庭结构的变化使得夫妻关系成为最主要的家庭关系，在这个过程中家庭中女性的经济作用的增大使得她们的家庭地位发生变化，通过增强女性的文化素质和女性主导的文化产业可以提高女性的经济地位，从而提升她们的家庭地位。[④] 除了在经济方面的发展，还有一些苗族女性进入到公共事业中，王菊苹以原湘西苗族自治州州长石玉珍为例，叙述了新时代苗族女性生活、生产发生的巨大变化，体现了新时代苗族女性在政治领域占据越来越重要的位置。[⑤]

四是苗族女性扶贫研究。钱宁等认为妇女贫困的根源是主体性的缺失，通过考察云南三个经济非常贫困的苗族村寨妇女的贫困现状，发现受教育程度低、家庭地位低、缺乏经济支配权、缺乏社区参与和决策机会使得苗族女性比男性更加贫困，只有在尊重女性主体性的基础上，认识到女性贫困的多维性、复杂性，结合宏观政策和微观干预，融合个人和集体赋权，才能实现苗族女性的主体性赋权和脱贫。[⑥] 杨丹考察了贵州猴儿关苗族女性在文化扶贫的机遇下实现从绣娘到画师身份的转换，认为在尊重苗族女性主体性的基础上，考虑性别差异和区域整体特征，才能真正消除苗族女性贫困，更好地实现她们的社会功能。[⑦]

(三)苗族女性的社会活动

苗族女性社会活动的研究成果，概括起来主要在婚姻、教育、经济生产和社会交往活动等几个方面。这部分研究中，婚姻研究探讨得比较深入，注重苗族女性的婚恋观；教育研究主要以情况概述为主，更多以苗族女童为考察对象；经济生产方面侧重苗族女性在民族工

---

① 吴才茂.清水江文书所见清代苗族女性买卖土地契约的形制与特点——兼与徽州文书之比较[J].安徽师范大学学报(人文社科版)，2017(3)：281-288.

② 石婷.冲突与协调：苗族女性继承习惯与继承权的双重探析[J].河北法学，2016(7)：90-97.

③ 李萍，吴亚平.民族村寨旅游发展的阶段性演化与女性增权的差异化表达——基于贵州雷山县三个苗族村寨案例的实证分析[J].贵州师范学院学报，2017(7)：12-17.

④ 齐玉莹.贵州苗族地区女性家庭地位与经济发展初探[J].改革与战略，2018(1)：25-28.

⑤ 王菊苹.苗族女性领导成长探析——以湘西自治州原州长石玉珍为例[J].湘潮(下半月)，2016(4)：71-74.

⑥ 钱宁，王肖静.主体性赋权策略下的少数民族地区妇女扶贫研究——以云南省三个苗族村寨为例[J].社会工作，2020(2)：10-22.

⑦ 杨丹.民族地区妇女反贫困实践透视——基于贵州猴儿关苗寨的调查[J].广西民族师范学院学报，2019(6)：32-35.

艺、旅游业中的价值;至于社会交往活动关注的则是女性的参与程度和代际变迁。

一是苗族女性婚姻的研究。婚姻是苗族社会生活中最重要的事项之一,是一个社会群体与另一个社会群体交往的重要方式,也是女性生命中最重要的事情之一。所以,婚礼是苗族社会最盛大的仪式之一,婚俗也成为社会习俗的核心成分。杨丽云等以昆明下属的一个苗族村寨芭蕉箐的苗族嫁妆演变为研究对象,从芭蕉箐嫁妆的变迁、嫁妆类型蕴含的象征意味展开论述,得出在父系社会中嫁妆对女性身份确立具有重要意义。① 毕圣雪通过游方、姊妹节、踩鼓等活动介绍苗族女性多种多样的婚恋形式。② 龙仙艳以苗族民间故事为研究对象,分析求婚难题的出题者姑娘的父兄、姑娘本人和有权势者三种不同角色所反映的婚恋观,总结得出苗族女性主动追求幸福、向往坚贞的爱情、摒弃物欲的婚恋观。③

二是苗族女性教育的研究。在教育方面主要关注苗族女童教育面临的问题以及解决的策略。陈忠勇的硕士论文从贵州毕节地区的苗族概况和女童教育的重要性、现状、现存问题的原因及对策五部分展开叙述,重点讨论了苗族女童教育受经济、地理环境、传统习俗等多方面因素影响存在的七大问题。④ 同样是对贵州女童教育的研究,翁泽红考察了贵州苗族聚居区尤其是黔东南苗族女童教育的现状,在梳理以往研究的基础上,从人力资源开发的角度呼吁重视、发展女童教育。⑤ 除了贵州外,云南的女童教育也受到关注,李丽娇等以云南开远市杂居区的苗族为研究对象,在了解对女童的教育现状的基础上,分析得出女童教育出现的三大问题,从家庭经济等四个方面进行原因分析,最后从社会组织、学校等四方面提出促进苗族女童教育的建议。⑥

三是苗族女性经济生产活动的研究。这方面尤其关注苗族女性在民族工艺及旅游经济发展中的作用。贾婷对黔东南的短裙苗聚居地舟溪传统纺织工艺与妇女的关系进行探讨,认为在传统的性别分工和现代社会中苗族妇女发挥主观能动性,实现自身价值。⑦ 民族旅游的发展离不开苗族女性的参与,如何发挥苗族女性的价值是不少学者关注的问题。敖惠以武陵山苗族地区的旅游为研究对象,分析发现服饰、歌舞等旅游符号女性化奠定苗族女性在旅游业中的重要地位,但文化素质低、男尊女卑观念、沉重的家务负担制约了苗族女性参与旅游业,然后总结了苗族女性在旅游业中的作用以及如何实现她们在旅游业中的价值。⑧ 李丽娇等介绍了云南开远市苗族女性的职业和收入、受教育情况与思想观念、人力资源开发

① 杨丽云,董新朝.芭蕉箐村苗族嫁妆的女性象征意涵分析[J].边疆经济与文化,2015(2):41-42.

② 毕圣雪.浅析苗族女性的婚恋形式[J].环球市场信息导报,2017(20):78-80.

③ 龙仙艳.从难题求婚透视苗族女性的婚恋观[J].民族文学研究,2007(2):41-44.

④ 陈忠勇.贵州省毕节地区苗族女童教育发展的背景、现状和策略研究[D].重庆:西南师范大学,2001.

⑤ 翁泽红.贵州苗族聚居区苗族女童教育普及现状及研究状况[J].贵州民族大学学报(哲学社会科学版),2006(3):115-119.

⑥ 李丽娇,邓荣龙,毕蓝方.云南开远民族杂居区苗族女童教育问题与对策研究[J].楚雄师范学院学报,2015(12):83-88.

⑦ 贾婷.岁月沉淀的苗族纺织——性别视角下舟溪妇女与纺织关系的透视[J].民族论坛,2012(18):49-51.

⑧ 敖惠.浅谈武陵山民族风情旅游发展中苗族女性的作用[J].文化创新比较研究,2018(14):38-39,41.

情况，分析在苗族女性人力资源开发中就业、受教育水平和观念方面的问题，并进行原因分析，提出建议。[①]

四是苗族女性社会交往活动的研究。传统苗族社会的社会交往活动以男性为主，随着时代变迁，女性如何参与社会交往活动也是人们关注的问题。宗族是苗族社会的重要组织，在传统的苗族社会，宗族活动和相关制度组织和制约着苗族个体和家庭，其内容也体现了苗族女性的地位。徐莉等以广西融水雨卜村的苗族习俗为考察对象，介绍女性在生产生活习俗、宗教仪式习俗和恋爱婚姻习俗中的角色，分析得出女性在苗族习俗中既受传统习俗的规约，又存在代际的差异以及角色冲突。[②] 邵如蓉等从女权主义视角出发分析了苗族女性在社会中的角色和地位，随着经济发展女性体育活动日渐重要，但由于性别观念、个人意识和法律体系等方面的问题使得苗族女性的体育参与度不够充分，并对此提出建议以增强苗族女性的体育活动参与度。[③]

（四）苗族女性体质与健康

对于苗族女性体质和健康方面的研究，医学界关注得比较多。从目前的研究成果来看，一些学者对比苗族与其他民族女性体质的差异，从而建议临床诊疗中注意患者的民族差异；还有一些研究认为不同民族人口的体质并无本质差异，而是生活环境、文化习俗、经济条件等方面造成了苗族女性特殊的体质和健康问题。这些研究大多使用统计数据进行分析，但往往只是陈列数据或简单的对比结果，缺乏深入分析。另外，苗族女性心理健康和养身保健方面也受到学者关注。

一是苗族女性体质特征的研究。对苗族女性体质特征的研究，往往与其他民族女性进行对比。吴国运等以湖南、贵州和重庆边界1309例年龄为20～60岁的苗族和汉族女性为研究对象，经测量、分析发现苗族女性和汉族女性体表面积变化趋势相似，但苗族女性的发育比汉族迟缓，且体表面积值比汉族小。[④] 林彤等统计比较土家族、苗族、汉族等不同民族产妇产道分娩时的损伤程度和新生儿的体重大小，发现苗族产妇的软产道受损情况最小，苗族与其他民族新生儿体重无显著差异，从而得出民族间的差异与苗族产妇的产伤有关，呼吁关注不同民族产妇的差异。[⑤] 曾莉也关注到苗族女性的妇科健康，她对贵阳市1800名自然绝经年龄为40～60岁的妇女进行月经史、生育史和绝经年龄情况的问卷调查，得出苗族女性的自然绝经年龄晚于汉族女性，且发现苗族女性自然绝经年龄与首孕年龄呈负相关，汉族

---

① 李丽娇，王太忠.民族杂居区苗族女性人力资源开发问题实证研究[J].昭通学院学报，2018(3)：20-23；李丽娇.苗族女性人力资源开发不足的原因分析——以云南省开远市为例[J].湖北函授大学学报，2018(8)：124-125.

② 徐莉，梁小丽.民族习俗中女性参与的社会性别观察：雨卜苗族村寨的个案[J].当代教育与文化，2010(4)：15-20.

③ 邵如蓉，李延超.女权主义理论视角下贵州苗族女性民族体育参与研究[J].体育研究与教育，2016(2)：72-75.

④ 吴国运，肖乐婷，等.湘黔渝边区女性体表面积[J].解剖学杂志，2016(4)：491-493.

⑤ 林彤，莫生娣，等.苗族育龄女性软产道产伤性损伤的研究[J].实用预防医学，2006(3)：237-238.

女性的自然绝经年龄与首孕年龄无相关性。① 唐广应等收集了381例苗族和汉族的绝经后骨质疏松症患者的数据，统计发现苗族和汉族女性绝经后骨质疏松症证型都以阴虚症和气虚症为主，不同点在于苗族女性还以血瘀症为主，而汉族女性则以阳虚症为主，原因可能是不同民族生活环境和生活习惯的差异，因此在进行女性绝经后骨质疏松症防治时要注意民族群体的差异。② 杨予等通过对比苗族、布依族女性的血液数据，发现苗族患者三项指标的达标率均高于布依族患者，但两族患者血压、血脂、血糖的达标率均较低，可能与女性患者认知水平、文化程度和经济条件，以及当前以男性为主的预防指南有关。③ 常智玲等通过测量、统计发现苗族女性的血亲睾酮水平高于布依族女性，但促黄体生成素、尿促卵泡素和多巴胺水平低于布依族女性，因此在进行妇女生殖健康防治工作时要注意民族特性。④ 邓琼英等对比了苗族和仫佬族444名成年女性的血脂和体成分，统计分析后发现苗族和仫佬族成年女性的血脂异常检出率都比较高，苗族比仫佬族女性血脂水平和血脂异常检出率高。⑤ 周璇等则是针对广西的苗族、瑶族、仫佬族和毛南族四个民族860位女性的体重、肌肉量、脂肪量、蛋白总量、骨总量和体水分量等进行测定，通过统计分析发现苗族女性的体脂肪率最高，而肌肉量和骨量最低，且苗族肥胖人数比例最高，从而得出苗族女性是体成分状况最不健康的。⑥ 毛万成、罗世强等通过基因分析对比苗族女性与汉族等其他民族女性的差异。⑦

二是苗族女性体质和健康差异的成因分析。学者们认为苗族女性生活的自然环境，日常的劳作方式和生活方式，以及苗族社会的文化习俗深刻影响了苗族女性的体质和健康。何从科等选择贵州两个地区1126名6～12岁苗族女童为调查对象，通过问卷等方法收集她们的基本信息和骨骼状况，统计分析后进行比较，发现盘县的苗族女童发育早于都匀的苗族女童，认为自然地理因素是产生差异的重要原因。⑧ 罗家顺等在湖北、湖南、贵州、重庆四地通过分层整群随机抽样1069例农村苗族妇女为调查对象，与226例高血压新发病例对照研究，经分析发现苗族女性高血压患病率较低，对苗鼓运动的单因素分析和多因素分析结果表

---

① 曾莉，杜发立.贵阳市汉族与苗族女性自然绝经年龄与月经初潮、孕次的相关性分析[J].中国妇幼保健，2016(20)：4203-4204.

② 唐广应，陆永刚，等.黔南地区苗族和汉族女性绝经后骨质疏松症证型分布状况及影响因素[J].中国妇幼保健，2016(3)：600-602.

③ 杨予，李溥，等.黔南州苗族和布依族女性代谢综合征患者血液指标的比较[J].中国妇幼保健，2012(5)：660-663.

④ 常智玲，赵苏萍，等.苗族和布依族女性血清神经内分泌激素水平及影响因素比较研究[J].中国妇幼保健，2013(16)：2529-2532.

⑤ 邓琼英，周璇，等.中国广西苗族与仫佬族成年女性血脂异常的差异及危险因素分析[J].中华解剖与临床杂志，2015(3)：224-229.

⑥ 周璇，玉洪荣，等.广西少数民族成年女性体成分的差异及年龄变化规律[J].人类学学报，2017(2)：260-267.

⑦ 毛万成，鲁衍强，等.贵州思南县汉族与苗族、土家族女性MTHFR、MTRR基因多态性研究[J].中国计划生育学杂志，2015(5)：310；罗世强，邱萍，等.广西柳州地区苗族女性MTRR和MTHFR基因多态性分布研究[J].中国优生与遗传杂志，2015(9)：20-23.

⑧ 何从科，李溥，等.贵州盘县与都匀两地农村苗族女性6—12岁儿童骨发育差异性比较研究[J].中国妇幼保健，2014(33)：5471-5474.

明农村苗族妇女长期参加苗鼓运动可能预防高血压。① 陈奕滔等对比了贵州农村地区40～60岁苗族、汉族女性的更年期症状和睡眠情况，认为民族因素影响不大，造成苗族、汉族女性差异的是苗族女性大多生活在条件艰苦的山区农村，长期的劳作以及营养不良等原因造成的。② 刘祯发发现苗族妇女乳腺疾病患病率最高，作者认为是由于苗族女性的依山而居、穿束胸服饰、长期饮酒等原因造成的。③

三是苗族女性养身保健和心理健康方面的研究。陈雅婷的《苗族女性养生保健初探》关注了苗族医药文化中苗族女性养身保健内容。④ 梁圆圆以广西融水一个苗族村寨青春期的女性为对象，考察了她们的教育方式和内容，从经济、政治和恋爱婚姻三方面介绍分析她们的行为，最后探讨了年轻人的品格塑造及苗族文化的传承问题。⑤ 孙姣英的《苗族女性在文化适应过程中的心理调适》介绍了文化适应的有关概念并指出文化适应与健康的关系，提出从建立新社区、加强心理健康教育两方面促进苗族女性在文化适应中的心理调适。⑥

二、中国苗族男性研究

相较于苗族女性研究，目前学界对苗族男性的研究并不多见。造成这种现象的原因有二：一是关注苗族性别研究的学者大多是女性，因此更容易也更方便进行女性主题的研究；二是女性研究是以往性别研究的主旋律，对男性的研究尚未得到学界的足够重视。

在苗族男性形象与文化方面，代乐的硕士论文《岜沙苗族男性形象与文化形态解析》以贵州从江岜沙苗族的男性文化为考察内容，从岜沙苗族的文化起源、男性形象、性别文化现状几方面展开论述，重点从岜沙苗族的社区入手研究其男性文化的有关情况。⑦ 邓舒文的《岜沙苗族男性文化在舞蹈作品中的呈现》从岜莎苗族男性特色的装扮和形象切入，分析在展现岜沙文化的舞蹈《岜沙枪舞》等作品中的男性文化。⑧

在苗族男性服饰方面，丁朝北的《谈苗族男性服饰美》从牯脏节男性盛装体现的祖先崇拜意识，女性对男性的审美在男性服饰上的表现、地理环境对男性服饰的影响三方面对贵州苗族男性的服饰美进行阐释。⑨

---

① 罗家顺，杜建林，等.苗鼓运动与苗族女性高血压关系的流行病学调查[J].重庆医学，2014(19)：2467-2469.

② 陈奕滔，金鹰，等.贵州省农村地区苗族和汉族围绝经期女性睡眠情况调查[J].中国健康教育，2020(12)：1129-1132.

③ 刘祯发，程启文，等.惠水县农村已婚育龄妇女乳腺疾病患病现状及相关因素分析[J].名医，2019(4)：12，20.

④ 陈雅婷，朱星，等.苗族女性养生保健初探[J].江西中医药大学学报，2020(4)：12-15.

⑤ 梁圆圆.青春话语——苗族女性青春期的人类学研究[J].广西民族学院学报(哲学社会科学版)，2004(S5)：59-63.

⑥ 孙姣英.苗族女性在文化适应过程中的心理调适[J].边疆经济与文化，2017(10)：63-64.

⑦ 代乐.岜沙苗族男性形象与文化形态解析[D].武汉：华中师范大学，2012.

⑧ 邓舒文.岜沙苗族男性文化在舞蹈作品中的呈现[J].艺术评鉴，2016(14)：56-58.

⑨ 丁朝北.谈苗族男性服饰美[J].贵州民族研究，1990(1)：48-50.

在苗族男性婚姻方面，我国当下失衡的男女比导致了男性婚姻困难，尤其是广大农村地区，苗族大多聚居在农村地区，苗族男性的婚姻也受到关注。陶自祥的《初婚青年男性娶寡妇的社会基础分析——以滇东南苗族社区初婚男性娶寡妇为例》从乡土社会视角出发以滇东南苗族聚居的社区为研究区域，探讨了寡妇再嫁的婚配方式、自主权、速度和男性的竞争等情况，分析了寡妇再婚的社会基础，从而形成了初婚男性娶再婚女性的情形。①

在体质研究方面，李后文等在《广西、贵州、四川及海南苗族男性手的皮纹研究》中通过按捺法取样收集桂、黔、川、琼四省苗族男性手的皮纹，用常规皮纹分析法分析后得出四地苗族男性的弓形指纹出现率低，贵州苗族的总指纹嵴数与另外三地苗族差异明显等结果，提出关注苗族各群体的多态性。②

三、中国苗族的性别文化

在漫长的历史进程中苗族形成了自己的性别观念，从母系时代的女尊男卑到父系时代的男尊女卑，再到当下的日趋平等。性别观念深刻影响了苗族的生育观，造成了人口性别比例失衡等问题。同时，苗族社会的节日活动、亲属制度和家庭日常等都体现了苗族的性别特征。

(一)苗族性别观念与人口性别问题

对苗族性别观念的研究，黄尚霞叙述了苗族社会男女尊卑观念的变化过程，母系氏族时期的族外群婚制形成了母系大家庭，女性处于领导地位；父系氏族时期父系血亲组成的家庭中男性居于中心地位，掌握了社会的生产和分配规则；新中国成立后，提倡男女在婚姻、财产、教育等方面的平等，提升了苗族女性的社会地位，构建了一个日趋和谐的两性文化空间。③ 可见，婚姻制度、经济生产能力、文化教育等因素的改变导致了苗族性别观念的变化。

苗族出生人口的性别研究。杨军昌等在《黔东南苗族侗族自治州出生性别比失调问题研究》中对 1980—2005 年黔东南州的人口出生性别进行统计，归纳出四个性别比偏高的特点，分析性别比失衡的根本原因、直接原因和间接原因及性别失衡对婚姻的影响，最后针对性别比偏高提出五项对策。④ 彭卓等从时间和空间上对湘西土家族苗族自治州的人口结构和性别比进行分析，发现社会文化影响、社会保障不全等因素使得人口性别比偏高，最后就此提出对策建议。在广大农村地区，重男轻女观念十分普遍，在这种观念下二女户承受很大

---

① 陶自祥.初婚青年男性娶寡妇的社会基础分析——以滇东南苗族社区初婚男性娶寡妇为例[J].云南行政学院学报，2017(4)：18-23.

② 李后文，毛庭枝.广西、贵州、四川及海南苗族男性手的皮纹研究[J].广西医科大学学报，1997(3)：27-30.

③ 黄尚霞.论苗族的男女尊卑观念[J].贵州民族大学学报(哲学社会科学版)，2012(5)：25-28.

④ 杨军昌，王希隆.黔东南苗族侗族自治州出生性别比失调问题研究[J].妇女研究论丛，2008(4)：27-34.

的压力。[①] 王曦以贵州威宁某苗、汉、彝杂居的村的 76 户二女户为研究对象，分析发现二女户面临着地位不高、受歧视、没有足够养老保障等问题并探究其原因，然后从就业等方面提出对策建议。[②]

(二)苗族社会生活中的性别特征

苗族在社会生活中形成了自己的性别观念，其社会生活中往往也蕴含了苗族的性别特征。苗族聚居的村寨被称为“百节之乡”，黔东南是我国苗族聚居的重要地区，姊妹节是当地最盛大的节日之一。李芹香在《黔东南苗族姊妹节与性别身份认同》中从女性身份认同视角出发，对姊妹节兴起的原因与女性身份的建构、赠信物与性别身份的认同、姊妹节的社会功能帮助实现性别身份认同三方面展开论述。[③] 四月八姑娘节和姊妹节一样都是以青年女性为中心的节日，《“四・八”姑娘节：智勇女性的文化演绎》以绥宁苗族一年一度最盛大的活动之一的四月八姑娘节为研究对象，分析智勇女性的文化的演绎。[④]

苗族礼俗仪式中的性别分析。乐之乐通过考察湘西苗族的“还傩愿”仪式，分析了苗族女性的社会性别是如何建构的，认为仪式既规范了女性的性别意识，也树立了男权社会中女神的神圣地位。[⑤] 齐玉莹以黔中苗族最重要、盛大的祭祖仪式的核心部分“敲巴郎”为研究对象，分析仪式中的社会性别分工，发现女性地位在仪式中既被肯定又被隐藏，其缘由是苗族父系继承制的深刻影响。[⑥] 古文凤考察了苗族“阿卯”“孟”支系传统的生育礼俗，认为“阿卯”社会保存了母系制的部分习俗，因此男尊女卑观念不重；而“孟”社会受到汉族封建势力重男轻女观念的影响较大，损害了苗族女性的利益。[⑦] 代江平从恋爱、结婚、离婚三方面叙述黔东南苗族的婚俗习惯，总结得出苗族女性的婚俗比较自由和开放，这与女性文化观影响和苗族自身演变等因素有关，但同时也存在一些如“姑舅表先婚”的陋习。[⑧]

宗族、亲属关系中的性别特征。亲属关系是苗族社会最重要的社会关系之一，张晓的《西江苗族亲属制度的性别分析》将中国最大的苗族聚居区西江的亲属制度作为研究对象，分析性别在亲属分类中的价值，发现西江苗族社会亲属制度以男权为主，同时背后还有隐形的母系制，最终得出性别对亲属制度分类的意义是根本性的。[⑨]

家庭中的性别关系。在现代社会，消费是每个家庭的日常，家庭消费的情况也蕴含了两性关系。方劲在《苗族家庭消费中的两性关系——以滇东一苗族社区为主要个案》中以滇东

---

① 彭卓，张世秀，李二晶.湘西土家族苗族自治州出生人口性别比现状、原因及对策[J].关爱女孩行动，2007(5)：9-11.

② 王曦.由农村二女户引发的思考——以贵州省威宁县嘎基村为例[J].魅力中国，2010(34)：198-199.

③ 李芹香.黔东南苗族姊妹节与性别身份认同[J].文学教育(下)，2013(1)：14-16.

④ 绥宁县文化馆.“四・八”姑娘节：智勇女性的文化演绎[J].民族论坛，2013(4)：52-53.

⑤ 乐之乐.仪式中的社会性别建构——以湘西苗族“还傩愿”为例[J].湖北民族学院学报(哲学社会科学版)，2016(5)：31-34.

⑥ 齐玉莹，杨军昌.苗族“敲巴郎”仪式的社会性别特征——以黔中 B 寨为例[J].兴义民族师范学院学报，2017(4)：13-17.

⑦ 古文凤.云南苗族传统生育文化论[J].贵州民族研究，1998(4)：10-16.

⑧ 代江平.黔东南苗族婚俗中女性文化浅探[J].广西民族师范学院学报，2009(1)：20-22.

⑨ 张晓.西江苗族亲属制度的性别分析[J].西南民族大学学报(人文社科版)，2008(10)：22-25.

苗族村寨寻村的家庭消费为研究对象，通过分析在家庭消费中的利他主义倾向和行为，探讨消费对性别的关系。[①] 廖婧琳对比了苗族旅游村寨和非旅游村寨的家庭权力，发现发展旅游的村寨中女性获得的是比较稳定的自致性家庭权力，女性经济收入的提高，使得男性参与到家务协商中；而没有发展旅游的苗寨女性获得的是一种不稳定他致性的权力，这种权力以婚姻为基础，来自女性的丈夫。[②]

四、中国苗族性别研究的方法与材料

目前，学界进行苗族性别研究所使用的方法比较多样，基本能够根据苗族本身的特点使用适当的研究方法。由于苗族没有自古传承至今的文字，因此服饰、苗绣、银饰和歌舞成为独具苗族特殊的研究资料，但是纸质文本的资料较少，清水江文书成为研究清水江流域苗族珍贵的文本史料。

（一）研究方法

苗族性别研究的方法主要有口述史研究、统计分析的方法和田野调查等。苗族妇女在传统的正史中被忽略，口述史成为其发声之重要渠道；同时，民族学/人类学、民俗学等领域对苗族性别的研究最常用的方法是田野调查；另外，苗族体质健康的性别分析常使用统计分析的方法。

一是妇女口述史研究。《西江苗族妇女口述史研究》是苗族妇女口述史中最经典的作品，苗族学者张晓此书以口述史的方式系统地阐释了贵州西江苗族村寨妇女生活中的婚姻、经济、文化传统和传承及变迁、历史等方方面面，对人生旋律、幸福标准、性的羞耻感的探讨是全书的经典章节，通过这些叙述生动地展示了文化和人的互动关系。[③] 古学斌通过聆听黔东南某贫困县的苗族中年妇女的故事，撰写了《性别性受苦——中国贵州苗族中年妇女关于家庭暴力的口述见证》一文，文中分析了苗族妇女家庭暴力和受苦经历的原因，得出父权制度、社会政策、贫困的生活和传统文化习惯等共同作用下造成妇女群体的苦难。[④]

二是田野调查方法的研究。民族学/人类学、民俗学等领域的苗族性别研究主要通过田野调查的方法进行，如：张晓的《"好女人"的建构：以西江苗寨的一个家庭为例》通过对西江千户苗寨进行深入系统的田野调查，探究苗族女性如何在社会文化的变迁中，保持自我建构和创造的力量。[⑤] 齐玉莹的硕士论文《黔中苗族"乌牛祭祖"性别研究——以惠水县板长寨为例》基于惠水县板长苗寨"乌牛祭祖"仪式的田野调查，对黔中苗族的祭祖仪式进行性别分析。[⑥] 叶荫茵对施洞苗族女性的刺绣实践进行田野调查，发现在苗族女性刺绣技艺的学习、

① 方劲.苗族家庭消费中的两性关系——以滇东一苗族社区为主要个案[J].社会工作，2008(18)：23-25.

② 廖婧琳.旅游与非旅游村落苗族女性家庭权力比较研究[J].北方民族大学学报，2020(1)：63-69.

③ 张晓.西江苗族妇女口述史研究[M].贵阳：贵州人民出版社，1997.

④ 古学斌.性别性受苦——中国贵州苗族中年妇女关于家庭暴力的口述见证[J].浙江工商大学学报，2014(4)：3-21.

⑤ 张晓."好女人"的建构：以西江苗寨的一个家庭为例[M].贵阳：贵州大学出版社，2008.

⑥ 齐玉莹.黔中苗族"乌牛祭祖"性别研究——以惠水县板长寨为例[D].贵阳：贵州大学，2018.

制作和传授的过程中，传递了苗族的文化技艺，增强了族群认同，还形成了苗族女性的多种身份认同。①

三是统计分析的方法。喻磊的硕士论文采用问卷调查、数理统计等多种方法对湖南吉首625名13～15岁苗族学生进行体质健康情况进行调查，根据统计数据分析不同性别不同生活环境的苗族学生身体形态、机能、素质，并探究产生差异的影响因素。② 谌晓安等以湘西一所农村中学的619名12～14岁留守儿童为调查对象，对他们的身高、体重等基本信息进行收集，统计分析他们的体质和营养状况，得出女生形态发育较优，男生肢体力量和速度较优，这与男女的生理发育特点有关，据此呼吁进行留守儿童体质和营养改善的干预时根据实际情况区别对待男女生。③ 黄祥祥等在湘西的四所中学随机抽取158名高中生，对他们的人格特征进行研究，得出与汉族相比苗族高中生具有自己的人格特征，苗族男、女高中生在部分特征上有区别，但共性更大。④ 张福兰等对湘西8所农村中学的1974名苗族和土家族学生进行问卷调查，收集在饮食、上网等方面11种不健康行为的数据，分析后得出男女的标志性行为差异明显。⑤ 潘运等对贵州不同地区12所学校进行韧性素质问卷调查，统计分析后发现苗族男、女学生的韧性素质特点差异较大，这与传统的性别观念有很大关系，受社会支持的影响也较大。⑥

(二)研究材料

苗族性别研究所使用的研究材料，主要有服饰、苗绣、银饰等实物资料，还有清水江文书、碑刻、族谱等文字资料，其中苗族服饰、苗绣、歌舞等主要关注的是苗族女性文化，也是最具苗族特色的研究材料，清水江文书是较为珍贵的文本资料。

一是苗族服饰。杨鹓从不同地区苗族服饰的差异，苗族服饰制作中展现的女性技艺，以及苗族服饰艺术生存的条件三方面对苗族女性服饰艺术进行叙述。⑦ 姜日韦从苗族对自然的尊敬、祖先的崇拜、生命源流的猜想和对美的探求四方面阐释贵州苗族女性服饰的审美。⑧ 张鹏凯等以湖南湘西苗族童帽上的蝴蝶纹为研究对象，通过苗族对蝴蝶的称呼、有关历史、卵生神话和父系社会对母系社会称呼的沿用的分析，认为蝴蝶纹并不能代表某一具体性别的象征，但可以发掘其中的性别特征。⑨ 安丽哲通过对亚洲第一座生态博物馆贵州六

---

① 叶荫茵.绣制"苗族女性"——苗绣时间共同体和身份建构的关联性分析[J].徐州工程学院学报(社会科学版)，2020(6)：20-29.

② 喻磊.吉首市13—15岁苗族学生体质状况城乡对比研究[D].吉首：吉首大学，2013.

③ 谌晓安，陈景，等.湘西地区12—14岁苗族农村留守儿童体质与营养状况分析[J].体育世界(学术版)，2014(7)：129-130，100.

④ 黄祥祥，杨翠娥.湘西自治州苗族高中生人格特征的调查研究[J].民族论坛，2005(4)：39-41.

⑤ 张福兰，张天成，等.2014年湘西州农村土家族和苗族中学生健康危险行为聚集模式的性别差异[J].卫生研究，2017(5)：767-771.

⑥ 潘运，刘宇，等.苗族青少年韧性素质现状及其与社会支持的关系研究[J].中国特殊教育，2016(2)：86-91.

⑦ 杨鹓.服饰·生活·社会——苗族女性艺术简论之一[J].民族艺术，1989(1)：37-47.

⑧ 姜日韦.贵州苗族女性服饰的审美内涵[J].贵州师范大学学报(社会科学版)，2008(3)：39-41.

⑨ 张鹏凯，舒水.湘西苗族童帽蝴蝶纹之性别探究[J].昭通学院学报，2017(4)：41-43.

枝梭戛生态博物馆的所在地陇戛寨的长角苗的服饰变迁进行调查，发现不同性别、年龄、教育程度对本族服饰的变迁有不同的观点，提出民族传统文化应何去何从。① 李菁等探讨了苗族女性服饰在舞蹈过程中，对肩、腰、胯和踩踏的动律的影响。② 翁泽仁从传播学和符号学的角度解读苗族女性服饰的文化信息和传播功能。③

二是苗族刺绣。苗绣既是苗族女性手工技艺的体现，也展现了苗族的文化，是苗族女性研究的重要材料。杨国将苗族女性文化影响下的苗绣与儒家文化规范下的汉族传统文化进行对照，重点阐述了苗族女性与汉族女性的生活的社会环境不同造就了不同的女性文化。④ 孙刚将苗族刺绣的民间艺术与女性主义艺术进行对照，认为二者在传统艺术中的地位和作用相似，通过边缘的隐形的声音进行诉说，从而丰富了艺术的表达形式。⑤

三是苗族银饰。银饰也是苗族生活的重要物品，与苗族服饰一起成为苗族的装扮特色，因而也成为苗族研究的重要材料。赵祎从苗族女性文化为主导的价值取向、民族自信心的增强和地方经济政策的促进三方面分析贵州施洞地区苗族银饰文化兴盛的原因。⑥ 王益从美学视角阐释苗族古歌中的银饰与女性、苗族社会母系文化的遗存、银饰的制作和使用的性别分工、苗族女性对银饰的审美四方面体现的苗族银饰对女性的关怀。⑦

四是苗族歌舞及其他艺术。苗族是一个能歌善舞的民族，苗族男女是歌舞的创作者和参与者，因而苗族歌舞体现了苗族的艺术文化。赵锐等从女性人类学视角对《仰阿莎》从苗族古歌改编为电视文学剧本和大型苗族歌舞剧过程中苗族姑娘的角色转变进行考察，分析发现在《仰阿莎》改编过程中女性角色经历了“物化”到“人化”最终“神化”的嬗变。⑧ 向杨探究了文山苗族独特的麻文化对当地女性的服饰及舞蹈的影响，形成一个裙摆动律一个前脚掌为支撑点和重心向上的特有的舞蹈动律，区别于贵州苗族热烈奔放的舞蹈风格。⑨ 女性主义雕塑家邓柯的雕塑作品《岜沙人的芦笙节》通过女性细腻的艺术触角生动地展现了黔东南苗族“芦笙节”的节日场景。⑩ 王娇艳等从苗族非遗村寨女性题材绘画的创作方向、构思、前期准备和取得成果及艺术价值等方面，叙述了岜沙苗寨女性题材绢本工笔画创作的过程。⑪

五是清水江文书、碑刻和族谱等。由于传统的正史对苗族女性的忽视，因此研究苗族女性历史只能通过民间史料。《清代苗族女性史料的发掘与运用举隅——以清水江地区为例》《贞节与贤能：族谱所见黔东南苗族妇女的守节与传记书写》《清水江文书所见清代苗族女性

① 安丽哲.符号·性别·遗产——苗族服饰的艺术人类学研究[M].北京：知识产权出版社，2010.

② 李菁，姚岚.试论苗族女性服饰对其舞蹈动律的影响[J].民族论坛，2008(11)：52.

③ 翁泽仁.贵州苗族女性服饰信息传播功能的解析[J].贵州民族研究，2011(2)：36-41.

④ 杨国.典型的苗族女性艺术瑰宝——苗绣[J].民族艺术，1993(3)：208-220.

⑤ 孙刚.边缘的声音——女性主义艺术与苗族民间艺术的比较研究[J].美术界，2015(9)：83.

⑥ 赵祎.试析贵州施洞地区苗族银饰文化兴盛的原因[J].艺术设计研究，2005(4)：10-12.

⑦ 王益.苗族银饰中的女性关怀意识——基于一种美学价值的简要考察[J].美与时代(上)，2009(10)：211-212.

⑧ 赵锐，赵榕.从古歌到剧本：《仰阿莎》的女性角色嬗变研究[J].凯里学院学报，2016(5)：32-36.

⑨ 向杨.苗族麻文化传统影响下的苗族女性舞蹈特点[J].音乐时空，2015(19)：27-28.

⑩ 炜鸣.点评邓柯的铸铜雕塑“岜沙人的芦笙节”[J].雕塑.2015(1)：17.

⑪ 王娇艳，尚会芳.贵州苗族非遗村寨的女性题材绘画[J].美与时代(下)，2018(4)：77-78.

买卖土地契约的形制与特点——兼与徽州文书之比较》《立碑树德：清代清水江地区少数民族妇女的公益事业及其表达》等通过对族谱、传记、文书和碑刻等民间历史文献资料中有关清代贵州苗族妇女的记录进行收集、整理和研究的成果，展现了被正史忽略或掩盖的苗族女性生活诸方面。①

五、回顾与展望

经过四十多年的发展，学界出现了不少中国苗族性别研究的成果，涵盖了民族学、人类学、社会学、历史学、艺术、医学等学科领域，研究主题多元，涉及性别角色、社会地位、婚姻家庭、经济发展等主题。总的来说，这些成果有助于苗族性别研究的进一步深入，同时也呈现出一些问题，归纳起来主要有以下几点。

一是研究对象上，现有的研究绝大多数以苗族女性为研究对象，对苗族男性的研究较少。不论是在中国还是世界其他国家，"性别研究"在相当长的时间里基本等同于"妇女研究"，苗族性别研究沿袭了以苗族女性及社会生活作为研究对象；加之性别研究者大多是女性，更容易对苗族女性的遭遇和经历共情；再者，传统的苗族社会文化的核心是以苗族男性为主导的，因而才会缺少专门对苗族男性的研究。另外，如美国苗族学者Lee所说"有一些关于东南亚高地以及现代西方大都市的苗族女性的研究，但还没有人敢就苗族男子气概的话题展开讨论"。② 苗族男性气质、私人情感与生活方面需要继续探索。

二是研究内容和主题上，对传统苗族社会形成的性别文化分析较多，对当下苗族面临的社会问题研究较少。研究者的猎奇心理，促使其更易关注苗族传统社会文化的变化和发展，因现代化发展出现的新情况和新问题，表面上看起来缺乏特殊性，所以关注不够。至于研究主题，现有的研究主题虽然多元，但是选题相对集中，例如：总是将苗族女性经济发展置于民族村寨旅游的背景中。另外，对专题的研究有待深入，在苗族女性健康问题研究中虽然指出了她们的生活环境和文化习俗等对健康的影响，但是并未就此进行深入分析和讨论。

三是理论方法上，需要综合使用多种研究方法，加强研究理论建构。中国苗族性别研究起步较晚，理论建构仍处于探索阶段。实际上不论是苗族性别研究，还是中国性别研究，都需要增强理论化建设。至于研究方法，现有的研究使用的研究方法较为单一，其得出的结论也类似。只有采用不同的理论方法，进行多角度分析，才能进行更深入的苗族性别研究。

近些年，男性气质、父职参与成为性别研究的热点，并且越来越多男性研究者参与到性别研究中，可以预见在接下来的研究中苗族男性研究会有所增加，但苗族女性研究仍旧是苗族性别研究的主要部分。今后对苗族女性的研究，将更关注健康、教育、就业等领域，而生

① 吴才茂.清代苗族女性史料的发掘与运用举隅——以清水江地区为例[J].贵州大学学报(社会科学版)，2015(2)：75-81；吴才茂.贞节与贤能：族谱所见黔东南苗族妇女的守节与传记书写[J].贵州大学学报(社会科学版)，2016(5)：83-92；吴才茂.清水江文书所见清代苗族女性买卖土地契约的形制与特点——兼与徽州文书之比较[J].安徽师范大学学报(人文社科版)，2017(3)：281-288；吴才茂.立碑树德：清代清水江地区少数民族妇女的公益事业及其表达[J].贵州大学学报(社会科学版)，2017(2)：15-24.

② Lee, M. N. M. Dreams of the Hmong Kingdom：The Quest of Legitimation in French Indochina, 1850—1960[M].Wisconsin：The University of Wisconsin Press，2015：27.

态、政治、国际交往和乡村振兴等可能会成为苗族性别研究中的核心议题。随着中国各高校、科研机构中性别研究中心的设立，以及历史学、人类学、政治学、国际关系等学科对性别研究的重视，相信在未来的苗族研究中，研究者会更普遍地考虑性别因素，而苗族性别研究定会在中国性别研究的发展中更进一步。

Retrospect and Prospect of Gender Studies of the Miao Ethnic Group in China since the 1980s

Qi Yuying

(Yunnan University, Yunnan, 650091)

Abstract: Influenced by the international women's movement, gender studies in China have developed rapidly. Since the 1980s, academic circles have explored the issues related to Miao women's embroidery, dress, marriage and so on. After more than 40 years of development, the gender research of Miao in China has been fruitful, especially in the aspects of the image, role, social status, social activities, physique and health of Miao women. But there is still a lack of attention to the Miao men and contemporary social problems faced by Miao, as well as the theory is not strong, single research methods and other problems. In the future, the researches of studying Miao men may gradually increase, and the health, education, and employment of Miao women may receive more attention. Ecology, politics, international exchanges, and rural revitalization may become the core topics of Miao gender research.

Key Words: Miao Ethnic Group in China; gender studies; retrospect; prospect

林徽因诗歌中的爱情、自然与生命*

金美杰**

内容摘要：爱情、自然与生命是贯穿林徽因诗歌创作历程的三个基本主题。通过对浪漫爱情的追忆，林徽因建构了一个超越传统婚姻道德的浪漫自我形象，体现了“穿老鞋走新路”的林徽因潜在的女性立场；作为“京派”代表作家，林徽因对自然的书写往往闪烁着情感与灵性的光辉，其核心是对社会现代性的抵抗与反思；对生与死命题的思考，更使得林徽因的诗歌具有一定的现实力度和不断沉潜的哲思之美。在对爱情、自然与生命的不倦书写中，林徽因探索出了一种融浪漫主义与现代主义为一体、将主“情”与主“智”完美融合的现代诗风。

关键词：爱情；自然；生命；情与思

林徽因的诗歌创作起步于后期新月诗派，其诗风具有明显的新月派特色。然而，由于林徽因开始诗歌创作时（1931 年），已经是新月诗派风流云散而“现代派”诗歌方兴未艾之际，因此从林徽因的诗歌中又能明显看到西方现代主义的影响。李怡指出：“1930 年代中国诗歌有两个发展方向，一个是主情，一个是主智。”①如果进行一个粗略的划分，“情”与“智”分别可对应以郭沫若、徐志摩为代表的浪漫主义抒情诗与以卞之琳、穆旦为代表的现代主义智慧诗。从林徽因个人来看，她并不是像戴望舒、卞之琳那样从新月派走入现代派，其诗歌没有过于明显的阶段性，而是更多呈现出浪漫主义与现代主义的交汇、主情与主智的浑融。正如林徽因自己的心得：“写诗，或又可说是自己情感底，主观底，所体验了解到底；和理智底，客观底所检察辨别到的，同时达到一个程度……”②

无论是从林徽因诗歌的艺术成就还是文学史影响来看，林徽因都应该在中国现代诗歌史占据重要的一席。然而直到如今，不仅林徽因本人日益成为一个被凝视、被消费的女性符码，其诗歌也往往成为爱情故事的注解，甚至很多学者也纷纷以林徽因的爱情诗作为考证“林、徐之恋”的考据材料。这样导致的结果就是，一方面，林徽因的个人生活尤其是婚恋经历在大众语境中备受关注；另一方面，林徽因的文学创作，却并没有得到充分的学理性研究。撇开“恋情考据”不谈，已有的林徽因诗歌研究往往针对诗歌的某个侧面，例如“三美”原则、

* 基金项目：国家社会科学基金年度项目“中国当代女性文学本土化研究”（19BZW103）。

** 金美杰，男，厦门大学中文系中国现当代文学博士研究生，主要研究方向为中国现代文学、性别文化与文学。

① 李怡.中国新诗讲稿[M].北京：中国人民大学出版社，2014：104.

② 林徽因.究竟怎么一回事[M]//梁从诫.林徽因集（诗歌 散文）.北京：人民文学出版社，2014：144.

“时间意象”、“现代主义特质”①等等，尽管在不同方面呈现了林徽因诗歌的丰富性，但仍缺乏对林徽因诗歌的整体鸟瞰和客观的文学史定位。本文尝试以贯穿林徽因诗歌的爱情、自然与生命三重主题为线索，在现代性的视野下考察林徽因将情感与智慧融为一体的独特诗风，在文学史的长河中钩沉林徽因诗歌的诸多开拓之功。

一、爱情之忆

(一)追忆已逝的美好

爱情诗在林徽因的诗歌中占有重要位置，也是最为大众熟知的篇章，代表作有《那一晚》《仍然》《激昂》《深夜里听到乐声》《情愿》《你是人间的四月天——一句爱的赞颂》《忆》《别丢掉》《山中》《给秋天》《一串疯话》等等。这些诗歌大部分创作于 20 世纪 30 年代前、中期，并且大多采用回忆视角，以现实为支点回溯昔日恋情的美好。时空的阻隔，情感的缠绵，加上自然景色的渲染烘托，形成了林徽因爱情诗“此情可待成追忆，只是当时已惘然”的凄婉感伤意境。

未果的爱情，是诗人一个永远解不开的心结。一朵花，一缕风，都足以触动诗人的情思，令诗人想起那些相爱的细节，那纯净的微笑和动人的絮语。“是你在笑，仰脸望，/多少勇敢话那天，你我/全说了，——像张风筝/向蓝穹，凭一线力量。”(《忆》)诗人并不认为年少时的爱情是懵懂无知的，直到如今她依旧相信那份纯真，那从不设防的信任。“当时黄月下共坐天真的青年人情话，相信/那三两句长短，星子般仍挂秋风里不变。”(《山中》)然而，当时的诗人还是一个情窦未开的少女，面对不期而遇的爱情，她显得那么娇羞，那么犹疑。对于恋人含情脉脉的眼睛，诗人始终默默无言。“我却仍然没有回答，一片的沉静/永远守住我的魂灵。”(《仍然》)三言两语之间，诗人已将初涉爱河的少女既渴望爱情又不敢表露心迹的矛盾心理，以及微妙的心灵悸动表现得淋漓尽致。在爱情中，诗人甚至变成了一个宿命论者。她担心在强大的命运面前，无力把握自己的爱情。“生命早描定她的式样，/太薄弱/是人们的美丽的想象。”(《深夜里听到乐声》)从这个角度来看，林徽因爱情诗中的抒情女主人公，往往有着一种闽地女性的含蓄蕴藉。多年之后，同为福建女性诗人的舒婷也在诗歌中表达了相似的爱情心理：“如果你是火/我愿是炭/想这样安慰你/然而我不敢。”②(《赠》)异曲同工的爱情诗，正体现了两位不同时代的闽籍女性诗人的心灵相通。

无论爱情多么美好，诗人与恋人最终仍旧劳燕分飞。造化弄人，竟至于斯。诗人永远无法忘记与恋人分手时的痛彻心扉。“到如今我还记得那一晚的天，/星光、眼泪、白茫茫的江边！”(《那一晚》)没有了当初的恋人，即使再美的夜色，在诗人眼中都有着无法弥补的缺憾。“一样是月明，/一样是隔山灯火，/满天的星，/只使人不见，/梦似的挂起”(《别丢掉》)对往昔

① 黄素颖.林徽因诗歌艺术“三美”——“色彩感”、“音乐性”、“建筑意”[D].武汉：华中师范大学，2015；谢圣婷.流动的生命意识——试论林徽因诗歌的“时间”意象及其成因[J].暨南学报(哲学社会科学版)，2014(9)：83-88；王彬.论林徽因诗歌的现代主义特质[J].中国文学研究，2016(4)：79-83.

② 舒婷.赠[M]//中国当代名诗人选集·舒婷.北京：人民文学出版社，2007：88.

的依恋，更加反衬出诗人现实生活的落寞与凄惶。“到如今太阳只在我背后徘徊，/层层的阴影留守在我周围。”(《那一晚》)事实上，诗人又何尝不想忘掉这恼人的情丝呢?她无数次地告诉自己：“忘掉曾有这世界；有你；/哀悼谁又曾有过爱恋；”并且也希望恋人能够同样做到：“你也要忘掉了我/曾经在这世界里活过。”(《情愿》)可事实偏偏不遂人愿，无论诗人怎样努力忘记，结果却总是徒劳。昨天的人，在今天仍然划下了一道深刻的印痕。“我不曾忘，也不能忘/那天的天澄清的透蓝，/太阳带点暖，斜照在/每棵树梢头，像凤凰。”(《忆》)尽管斯人已逝，天涯永隔，诗人仍觉得“山谷中留着/有那回音!”(《别丢掉》)由此观之，林徽因的爱情诗最能够体现她“作品最重要处是诚实”[①]的美学追求。无论是书写热恋时的欢欣，还是失去爱情后的哀苦，林徽因的诗歌都能够让读者感受到一个真实跳动的脉搏。也正是这份“诚”与“真”，使得诗人的个人情感与普遍的人生经验沟通融汇，产生了恒久的打动人心的力量。

(二)爱情背后的女性立场

林徽因的爱情诗固然继承了中国古典诗歌的诸多传统母题，例如“美好易逝”“物是人非”“盛筵难再”等等，但林徽因所建构的抒情主体却是一个浪漫的现代知识女性。林徽因在1931年被诊断出肺结核，在北京香山疗养期间，她受到徐志摩的鼓励开始诗歌创作。此时的林徽因已经为人妻为人母，并时时刻刻感受到女性身份的焦虑。用林徽因自己的话说就是：“现在身体也不好，家常的负担也繁重，真是怕从此平庸处世，做妻生仔的过一世!”[②]然而，林徽因的诗歌却完全避开了诗人最具有现实感受的“做妻生仔”的家庭生活，心无旁骛地向自己的记忆深处进发，执意要在过往的情爱生活中“剖取一个无瑕的透明”。

在对爱情的不断回忆中，诗人仿佛又变成了那个不谙世事的少女，她循着林岸寻找自己的恋人，又对恋人的真诚与否抱着百般的疑心；她依旧像湖水、像冷涧一般澄清透明，永远不曾丢掉“那一把过往的热情”；甚至她还变成了自己一直想成为的叛逆女性：“那一天我要挎上带羽翼的箭，/望着你花园里射一个满弦。”(《那一晚》)这些想法若在现实生活中表达出来，肯定会被视为“一串疯话”。然而，在诗歌世界中，诗人可以一脚踢开优雅克制的外衣，挣脱社会对女性的所有规训。就像诗歌《激昂》所呈现的那样，诗人脚踩着高峰，攀牵着白云和锦缎一样的霞光，再跨过一条长虹，瞰临着澎湃汹涌的大海，仿佛进入了李白所描绘的“霓为衣兮风为马，云之君兮纷纷而来下”的神仙世界。

林徽因为什么要在爱情诗中塑造一个自由无拘的抒情主人公形象?结合林徽因的成长经历会发现，其爱情诗中的抒情主人公正是林徽因自我的主观投射，是诗人对自己的浪漫化想象。林徽因从恋爱到结婚，基本遵从了父亲林长民和公公梁启超的安排(尽管林徽因与梁思成的婚姻也是彼此恋爱的结果，但长辈的授意显然是最关键的因素)。与同时代的白薇、陈衡哲、冯沅君、庐隐、丁玲等叛逆女性相比，同为“五四”之女的林徽因无疑显得颇为传统。因此，有研究者称林徽因的一生是“穿老鞋走新路”，“老鞋”与“新路”不可能完全适应，既是现代职业女性又是家庭女主人的林徽因不得不在传统父权的规约与缝隙之中不断妥协又不

---

① 林徽因.《文艺丛刊小说选》题记[M]//梁从诫.林徽因集(诗歌 散文).北京：人民文学出版社，2014：142.

② 林徽因.致胡适[M]//梁从诫.林徽因集(小说 戏剧 翻译 书信).北京：人民文学出版社，2014：151.

断争取，由此带来了伴随一生的女性身份焦虑。[①] 徐志摩去世以后，林徽因在致胡适的书信中坦陈了自己思想的传统性："我的教育是旧的，我变不出什么新的人来，我只要'对得起'人——爹娘、丈夫（一个爱我的人，待我极好的人）、儿子、家族……"[②]然而作为"五四"第一代知识女性，林徽因关于婚姻爱情的精神资源，毫无疑问是根植于西方的"五四"新文化，尤其是最能够代表"五四"新文化之现代性的"恋爱自由"观念。20 世纪 20 年代，瑞典女性主义理论家爱伦凯关于婚姻爱情的经典表述影响甚大。"无论怎样的结婚，有爱情即为道德，即使没有法律上的手续；没有爱情，即使有法律上的完备手续，也是不道德的。"[③]爱伦凯的理论极大解放了"五四"一代青年的自我意识与婚恋观念，甚至林徽因的父亲林长民也在 1924 年于北京高等师范学校的一场题为《恋爱与婚姻》的演讲中，痛斥传统婚姻制所造成的婚姻与爱情分离的弊端。[④]

以此观之，深受"五四"新文化影响的林徽因在诗歌中建构的爱情世界，已经不同于一般的爱情书写。徐志摩逝世以后，林徽因在致胡适的信中谈到徐志摩时，除了称徐志摩给自己"不少人格上知识上磨炼修养的帮助"以外，还特意提到自己的人生"至少没有太堕入凡俗"。[⑤] 联系林徽因"没有情感的生活简直是死"[⑥]的自白不难发现，林徽因诗歌中所建构的浪漫之爱，更多是一种对"做妻生仔"的女性身份焦虑的诗性化解，或者说一种对"自己的屋子"的诗意建构。很多研究者将林徽因爱情诗中的意象一一落实，企图为众说纷纭的林、徐之恋提供例证，实际效果却都难免削足适履。根本原因即在于，林徽因爱情诗的象征性远大于本体性，其最大的价值在于诗歌中所潜隐的性别意识与女性立场。

林徽因并不是"五四"以来的第一位女性诗人，她的创作比同时代的冰心晚了整整十二年。然而，尽管冰心的《繁星》《春水》等"小诗体"在 20 世纪 20 年代初影响广泛，但其诗歌中塑造的"满含着温柔，微带着忧愁，欲语又停留"[⑦]的抒情主人公却基本上与性别意识无涉。相比而言，20 世纪 30 年代成名的林徽因尽管没有赶上"五四"的时代热潮，却以逾越传统婚姻道德的浪漫之爱与爱伦凯的"新性道德观"形成了潜在的回应，并以女性诗人的身份将性别化的女性形象以及现代女性的身份焦虑带入了现代诗歌。推崇"新贤妻良母主义"的冰心没有看到这一点，反作诗歌《我劝你》、小说《我们太太的客厅》等予以讥讽。撇开这些明显情绪化的个人偏见，林徽因的爱情诗对于中国现代诗歌中女性/性别意识的浮出历史地表，无疑起了一定的开拓作用。甚至可以说，她的存在本身，就是对男性诗人所把持的现代诗坛的一种反拨。

---

① 王宇.讲述林徽因的意义——妇女与中国现代性个案研究[J].学术月刊，2016(6)：122-130.

② 林徽因.致胡适[M]//梁从诫.林徽因集（小说 戏剧 翻译 书信）.北京：人民文学出版社，2014：151.

③ 转引自杨联芬.爱伦凯与五四新文化[J].中国现代文学研究丛刊，2012(5)：96.

④ 参见林长民.恋爱与婚姻[G]//梅生.中国妇女问题讨论集.上海：新文化书社，1923.

⑤ 林徽因.致胡适[M]//梁从诫.林徽因集（小说 戏剧 翻译 书信）.北京：人民文学出版社，2014：150.

⑥ 林徽因.致沈从文[M]//梁从诫.林徽因集（小说 戏剧 翻译 书信）.北京：人民文学出版社，2014：158.

⑦ 冰心.诗的女神[M]//卓如.新编冰心文集：第二卷.北京：商务印书馆国际有限公司，2008：106.

二、自然之诗

(一)情感化的自然

林徽因的诗歌之所以具有一种清新纯净、天然空灵的风格,很大程度在于林徽因对自然意象的广泛运用。风霜雨雪、日月星辰、山川湖海、草木花鸟、四季变换、岁月更迭,无不进入林徽因的诗歌世界。尤其是那种偏于轻盈、柔美的自然意象,例如星光、细雨、云霞、花瓣、落叶等,更能得到林徽因的青睐。

在对自然的书写中,林徽因常常倾注了主观的情感,使得客观的自然与诗人的心境形成了微妙的对应关系。对此林徽因亦有精辟的论述:“诗中意象多不是寻常纯客观的意象。诗中的云霞星宿,山川草木,常有人性的感情,同时内心人性的感触反又变成外界的体象,虽简明浅现隐奥繁复各有不同的。”[①]具有悠久抒情传统的中国古典诗歌,历来讲究“立象以尽意”,情感的抒发往往借助对景物的描绘,所呈现出的美学特征就是王国维所说的“物皆著我之色彩”,正所谓“一切景语皆情语”是也。林徽因可谓充分借鉴了中国古典诗歌对景物与情感的处理方法。在林徽因的多首诗歌中,自然的变化往往对应着诗人生活的悲欢离合与情感的潮起潮落。当诗人体验到爱情的欢乐时,她看到的是美丽旖旎、充满希望的大自然。“你来了,花开到深深的深红,/绿萍遮住池塘上一层晓梦,/鸟唱着,树梢交织着枝柯”(《你来了》),或者是“笑脸向着晴空/你的林叶笑声里染红/你把黄光当金子般散开/稚气,豪侈,你没有悲哀。”(《给秋天》)而当爱情逝去,诗人眼前变成了一片灰暗萧瑟、死寂沉沉。“现在连秋云黄叶又已失落去/辽远里,剩下灰色的长空一片/透彻的寂寞,你忍听冷风独语?”(《时间》)

除此之外,林徽因也常常直接赋予自然以人的灵性与情感,使得诗歌中的万事万物都具有了人性的光辉。例如《谁爱这不息的变幻》。在诗人笔下,这变幻不息的大自然竟是一个顽皮任性的少女,正是她的蛮横无理、喜怒无常,才造成了这个世界的时序变迁、沧海桑田。你瞧,“她催一阵急雨,抹一天云霞,月亮,/星光,日影,在在都是她的花样”。她不允许山川湖海有一刻安定,更奉着荒唐的使命让四时更迭、花开花落,让纯真的少女变成了母亲,让都市的喧嚣变成广漠的寂静。大自然瞬息万变,谁也无法预测。诗人将大自然拟人化、情感化,不仅赋予了自然以人性,更将人们习以为常的自然事物陌生化,重新激活了读者对大自然的感受力。因而,林徽因往往能够在继承古典诗歌资源的基础上“化古为新”,《一首桃花》就是一个绝佳的证明。

桃花,是中国古典诗歌的常见意象,并往往与爱情婚姻相关。从《诗经》“桃之夭夭,灼灼其华”的吟唱,到唐代崔护《题都城南庄》“人面不知何处去,桃花依旧笑春风”的叹惋,再到清代孔尚任《桃花扇》“借离合之情,写兴亡之感”的绵绵遗恨,桃花从外形到神韵几乎已经被中国传统文学表现到了极致。珠玉在前,林徽因对桃花的书写却完全没有落入窠臼。诗人首先从视觉的角度整体勾勒初见桃花时的色彩之美。“桃花,/那一树的嫣红”。的确,桃花成

① 林徽因.究竟怎么一回事[M]//梁从诫.林徽因集(诗歌 散文).北京:人民文学出版社,2014:146.

片盛开时往往云蒸霞蔚，具有极强的视觉冲击力。接着，诗人的描写角度从视觉转向听觉："像是春说的一句话：/朵朵露凝的娇艳，/是一些玲珑的字眼。"接下来，诗人的描写角度又从听觉转向触觉："一瓣瓣的光致，/又是些柔的匀的吐息。"这样一连串新奇的比喻和通感手法的运用，既打通了人的不同感官，全方位呈现了桃花盛开时的艳丽与生机，同时又具有极强的绘画美和现场感，令人仿佛置身桃林。接下来，诗人对桃花的描写更加富有浪漫气息。在诗人的眼中，桃花是一位妙龄少女。瞧，她，"含着笑，/在有意无意间/生姿的顾盼"。微风吹来，桃花随风摇曳，还不忘在三月的薄薄的嘴唇边留下多情的一瞥。原来，不仅桃花是一位多情的少女，三月竟也是一个温柔的少年。桃花与三月是一对情侣，在多情的春天共赴一场浪漫的爱情之约。桃花，这一生活中的寻常花卉、古典诗词中的常见意象，在诗人纤细空灵的笔触之下让读者感到似曾相识又新奇无比。原因就在于，林徽因既继承了中国古典诗词以桃花寓爱情的传统，又化古为新，将桃花所比喻的男女之爱，还原给桃花自身，呈现了桃花与三月之间纯美的爱情。这样，桃花就不仅仅是起兴的手段，而被提升至诗歌主体的高度，充分体现了林徽因对中国古典诗歌资源的颇具创造性的现代转换。

（二）"自然之子"的皈依

作为"京派"的代表作家，正如沈从文的小说多表现人与自然的契合一样，林徽因的多首诗歌也同样蕴含着一个"自然之子"对大自然的皈依心理。在浩瀚无边的宇宙之中，人类不过是一个极其渺小的存在。自然与人，本身就是一个包含与被包含的关系。林徽因的多首诗歌都设置了一个自然大于人、人处在自然之中的隐形对应结构，体现了林徽因物尽自然、天人合一的前现代自然观。

林徽因发表的第一首诗歌《谁爱这不息的变幻》，在运用浪漫主义的手法表现大自然的任性、蛮横的同时，也将大自然的广袤和人类的渺小进行着强烈的对比。大自然是永恒的，无边的，大到几千万年的斗转星移，小到极细微的生活日常，都尽在她的掌握之中。相比而言，人生短短数十载，不过是匆匆的一瞥。人们所谓的"永恒"，在大自然看来不过是用来抚慰失恋、离别、死亡等不幸遭遇的谎言，甚至显得十分可笑。在这千变万化的世界之中，人类有谁能够参透这幻化的轮回？又有谁能够逃过时间的雕刻与洗礼？人们能够做到的恐怕就只是坦然接受造物者的安排，甚至尝试着爱上这伟大的变幻。

纵观林徽因整个诗歌创作，这种对大自然之伟力的体认始终存在。《山中的一个夏夜》，表现的不仅仅是夏夜的美丽，更传达出了夏夜的神秘气息以及宇宙之中的不可知力量。深夜置身于山中，诗人的感受是"山中有一个夏夜，深得/像没有底一样"；触目所及，是如漆的黑影，是密密的松林，周围没有丝毫的光亮，只有对山闪着两盏灯，像是夜的眼睛。色彩上的强烈对比，更加凸显了夜晚的漆黑神秘，渲染出一种"石脉水流泉滴沙，鬼灯如漆点松花"的诡异氛围。除了黑暗，周围又是那么的寂静。满山的风全都蹑着脚在走，避开了山中各处的枝叶和荒草，没有发出一点声响。"单是流水，/不断的在山谷上/石头的心，/石头的口在唱。"听觉的强烈对比，更反衬出了夏夜的寂静。在这无边的寂静之中，一切都没有了，诗人的周围是现实还是梦境，或者现实就是梦境？庄生晓梦，望帝春心，一切都变得模糊不清了。"夜像在祈祷，无声的在期望。"夜晚在祈祷些什么，又在期望着什么呢？没有回答，只有幽馥的虔诚无声无息地弥漫开去。林徽因在这首诗中对自然的书写，淡化了抒情，隐匿了自我，没有过多表现夏夜的美，而是极力展现夏夜的静和大自然的神秘，流露出诗人对大自然的无限敬畏。

在林徽因的诗歌中，人类不再是万物的灵长、宇宙的主宰，人与一朵花、一片流云并没有本质区别。《藤花前——独过静心斋》表现的就是这样一个物我合一、物我两忘的和谐境界。“紫藤花开了/轻轻的放着香，/没有人知道……”不同于林黛玉面对落花时“花谢花飞飞满天，红消香断有谁怜”的哀叹，面对着紫藤花，诗人几乎没有情绪的变化。或者，我们应该深思，花儿为什么要以人的欣赏为自我认同的根据呢？花儿和“我”一样都是大自然的主体，人与花的关系仅仅是“轻香，风吹过/花心，/风吹过我，——/望着无语，紫色点”。“我”和紫藤花平等相对、默默无语。正是这彼此独立、毫无关涉的对应关系，显示了紫藤花自身的存在价值。显然，林徽因笔下的自然已经不是传统文学中的“风景”或者“环境”可以概括，而是一种主体的存在。

这种“自然之子”的皈依心态，体现了20世纪30年代的“京派”文人对乡土自然和最初形态人类文明的回归，其实质是现代人对日益异化的社会现代性和工具理性的反思。正如沈从文称自己“始终只是一个乡下人”①一样，林徽因在《旅途中》一诗中对自己也有相似的体认：“乡下人的笠帽，草鞋，/乡下人的性情。”“乡下”，并不是与城市相对的地理概念，而是一种回归自然的文化心态。或许，正是有了这种“乡下人”的心态，林徽因才能够摆脱现代文明的桎梏，以一个自然之子的最本真的心灵和感官，静观花开，聆听雨落。

三、生命之思

（一）青春的礼赞

在真切的情感之外，林徽因的诗歌同样流贯着鲜活的生命之思，并随着诗人阅历的增加而不断加深。林徽因早期的诗歌，常常表现对生命之美好年华的赞美，焕发着单纯净朗的青春气息。试看这首《笑》。诗人要表现一个妙龄少女的美，但没有面面俱到地呈现这个少女的外表如何惊艳，而是紧紧抓住了那一瞬间花枝乱颤的笑。“笑的是她的眼睛，口唇，/和唇边浑圆的漩涡。”“笑的是她惺忪的鬈发，/散乱的挨着她耳朵。”她的笑是那么的美：“艳丽如同露珠，/朵朵的笑向/贝齿的闪光里躲。”她的笑又是那么富有感染力：“软软如同花影，/痒痒的甜蜜/涌进了你的心窝。”这样极其富有画面感和动态感的文字，如电影镜头一般将女孩天真烂漫的笑，惟妙惟肖地呈现在读者面前，并且更具有诗意和想象的空间。仅仅呈现女孩的笑还不够，诗人更将这笑与清新空灵的自然意象联系起来：“那是笑——神的笑，美的笑：/水的映影，风的轻歌。”“那是笑——诗的笑，画的笑：/云的留痕，浪的柔波。”这样浪漫的联想，体现了诗人对青春、对生命的诗意礼赞。与之类似的还有这首《深笑》。为了描摹这“深笑”，诗人连续用了三个疑问句（分别对应诗歌的三个章节）：“是谁笑得那样甜，那样深，/那样圆转？”“是谁笑得好花儿开了一朵？”“是谁笑成这百层塔高耸，/让不知名鸟雀来盘旋？”更用清泉底的一串串明珠、风中细微的花香、塔顶转动的风铃三个美丽的意象来极力呈现这笑容的新鲜活泼、烂漫恣肆。

① 沈从文.烛虚[M]//沈从文全集：第12卷.太原：北岳文艺出版社，2002：22.

从这个角度看林徽因最著名的诗歌《你是人间的四月天——一句爱的赞颂》，似乎能提供一个新的解读视角。虽然这首诗的副标题是“一句爱的赞颂”，但关于此诗的主旨历来众说纷纭，并主要分成两派。一派是爱情说，即认为诗歌主题是怀念徐志摩；一派是亲情说，即认为该诗是林徽因献给自己的幼子梁从诫。两种观点看似都有理，但也不断受到质疑。或许，抛开历史的考据，回归这首诗歌的意象组合和整体的情感氛围能够找到更贴切的答案。试看这首诗的意象，如“四月天”“风”“春光”“云烟”“星子”“细雨”“百花”“鹅黄”“水光”“白莲”等等，无不具有清新纯美、生机勃发的特点。根据林徽因历来钟爱以自然比喻人生的创作个性来看，这首诗很可能是年轻的诗人面对万物生长、欣欣向荣的人间四月天时所引起的生命之思，表达的是对朝气蓬勃的生命力的由衷礼赞。青春的生命充满了爱与希望，更充满了庄严与肃穆。正如穆旦的诗歌《春》：“如果你是醒了，推开窗子，/看这满园的欲望多么美丽。/蓝天下，为永远的谜迷惑着的是我们二十岁的紧闭的肉体，/一如那泥土做成的鸟的歌……”[①]比起穆旦的冷静与思辨，林徽因的这首诗则是一首充满女性柔情与梦幻之美的感性之歌。与诗歌主旨相对应的是这首诗行云流水般的节奏和韵律。一方面，这首诗继承了新月诗派的“三美”原则：音乐的美（音节），绘画的美（辞藻），建筑的美（节的匀称和句的均齐）[②]。尤其是这首诗歌的断句、分行和结构安排，更完美呈现了林徽因作为建筑学家的风采。另一方面，正如诗论家叶公超所说，诗歌最理想的音节是“与意义的节奏互相谐和者”。[③] 这首诗将外在的诗形与诗歌的内蕴水乳交融，用看似固定实则自由飞扬的诗形为流动的生命之感赋形，完全摆脱了后期新月派“戴着镣铐跳舞”的弊端，可谓真正实现了闻一多所向往的“相体裁衣”[④]的诗歌境界。

（二）“运命的挣扎”

生命不只有青春的美好，不只有“梦一般的喜筵”，更有着无穷无尽的“不定的悲哀”。大自然固然瞬息万变，人生的祸福又何尝不在旦夕之间？造物者的安排、人生的前途，又有谁能够未卜先知呢？那么，人们应该怎么办？诗人的回答是：“这时候，/切不用哭泣；或是呼唤；/更用不着闭上眼祈祷；/（向着将来的将来空等盼）；/只要低低的，在静里，低下去/已困倦的头来承受……”

难道林徽因宣扬的是一种消极的不抵抗主义，一种阿Q式的精神胜利法吗？答案是否定的。正如鲁迅所说：“绝望之为虚妄，正与希望相同！”[⑤]生命的坚韧，绝不是盲目乐观，而是在炼狱的最底层、在生命所能承受的极限之外，继续坚持寻找希望。在很多人眼中，林徽因的诗歌呈现的是一个小资女性的生活和狭窄的情感，但实际上林徽因的诗歌从不缺乏对世间苦难的关注，也从不缺乏对在社会的压迫、生存的重担之下苦苦挣扎的芸芸众生的理解与悲悯。

《莲灯》是一首颇具有象征主义色彩的诗歌。诗人将自己的心比作一朵颇有佛教意味的

---

① 穆旦.春[M]//李怡.穆旦作品新编.北京：人民文学出版社，2011：75.

② 闻一多.诗的格律[N].晨报副刊・诗镌，1926-05-13.

③ 叶公超.音节与意义[N].大公报・文艺，1936-04-17.

④ 闻一多.诗的格律[N].晨报副刊・诗镌，1926-05-13.

⑤ 鲁迅.希望[M]//鲁迅全集(二).北京：人民文学出版社，1959：171.

事物——莲花，莲花的正中擎着一支点亮的蜡烛。这是一盏属于诗人自己的小小的莲灯。虽然它的灯光是那么微弱，照不见前后崎岖的人生；虽然它或燃烧或熄灭，或热烈或暗淡，都根本没有人关心。莲灯随着风驶出江河，那微弱的闪光在浪涛中起起伏伏，随时都有翻覆的危险。这孤单又艰辛的漂流之旅，不正是一个人的人生浮沉的象征式写照吗？可是即使前途未卜，即使随时都可能被淹没，这一盏小小的莲灯也要在命运的浪涛中不屈地漂流，挣扎着向前。诗人由此想到，这宇宙中任何一个个体，即使再渺小再卑微，只要认真地活过，不屈地挣扎过，这样的生命，不也是美丽甚至辉煌的吗？

如果说《莲灯》以寓言的形式表现了生命的不屈，那么《微光》就直接以现实的笔触呈现了 20 世纪 30 年代的中国底层人民的苦难与挣扎。诗人首先描绘了深夜小街上的一幅暗淡、穷苦的画面。“街上没有光，没有灯，/店廊上一角挂着有一盏；”灯下是贫苦的小店主的一家，他们已经睡熟了。“合家大小朴实的脑袋，/并排儿，熟睡在土炕上。”屋外是纷飞的暴雪，道路上铺满了泥泞；屋内四壁萧然，砂锅里已接近断炊。对于这一对贫苦的夫妻来说，生活已然成为定局，几乎没有了改变的可能。的确，在这动乱的社会，战争，饥荒，经济凋敝，百姓流离，个人还能有什么扭转乾坤的力量？明天又是新的一天，可明天不还是这样濒临死亡的惨境吗？然而，他们并没有放弃，而是拼命劳作，用自己宽厚的肩膀支撑那活下去的勇气。寒夜这样漫长，街角的那盏灯随时会熄灭，正如这一家人风雨飘摇的命运。林徽因在以冷峻的现实主义眼光审视底层人民困苦生活的同时，又运用了象征主义的手法，将店主一家的命运与灯光融合在一起，贯穿了诗歌的始终。我们相信，只要这灯光不灭，这一家人就会挣扎着活下去。

《年关》更是一首书写城市贫民生活的力作。“那里来，又向那里去，/这不断，不断的行人。/奔波杂遝的，这车马？/红的灯光，绿的紫的，/织成了这可怕，还是/可爱的夜？”车水马龙的大都市里，霓虹灯在闪烁，行人川流不息，灯红酒绿，喧嚣不已。可是敏感的诗人分明感觉到，这都市的聒噪中凝聚着沉静；在这热闹熙攘的人流中夹杂着一丝凄凉。原来，年关来临，街头不仅有着豪华的车辆，更有着诸多无家可归的人们。他们，就是这个城市的贫民。白天，他们敛声屏气，小心翼翼地看人眼色过活；夜晚，早已被侵蚀了健康的他们不停地咳着、喘着，一条街又一条街地走回自己的贫民窟。有谁知道，正是千千万万个他们的血汗，才建造这个现代大都市，才铸就了这个城市的繁华与绚烂。可他们又是完全被这个城市所拒绝的。不仅不能共享城市的富有与繁华，当他们完全透支了健康，再没有了年强力壮作本钱时，就像垃圾一样被扔出了城市。甚至，他们连回乡的机会也没有，就像野狗一样死在了城市。“看，街心里横一道影/灯盏上开着血印的花。”夜晚仍在继续，可这夜晚的流光溢彩是带血的，是有着无尽的罪恶的。对于这衣食无着的城市贫民来说，这年关带来的不是新年的喜悦与祥和，而是无穷的灾难。林徽因对苦难的书写并不仅仅是一种人道主义的同情，更有着对运命之挣扎的悲悯，对病态的现代文明的反思。林徽因创作这首诗歌的 1930 年代，中国还没有农民工，也没有“底层文学”的概念。可林徽因对贫民苦难的书写是那么的惊心动魄，其震撼之处丝毫不亚于当今任何一首“底层诗歌”。

贫苦民众挣扎着求生，整个备受帝国主义压迫的中国又何尝不是这样。试看林徽因的诗歌《“九一八”闲走》。1936 年中华民族已经到了生死关头，抗日的战火即将全面铺开。在“九一八事变”爆发五年后之际，诗人运用一系列现代主义的手法来呈现自己面对外界时候的心理感受。“天上今早盖着两层灰，/地上一堆黄叶在徘徊。”诗人看到的世界是晦暗无光的，也是极度压抑扭曲的。“黄雾扼住天的喉咙，/处处仅剩情绪的残破?”这一变形、荒诞意象的组合，写出了中国备受战火洗劫之后的疮痍和死寂。“不在沉默中爆发，就在沉默中灭亡。”难道我们的民族就要在沉默中死去吗?不，诗人绝不相信。“但我不相信热血不仍在沸腾;/思想不仍铺在街上多少层;/甘心让来往车马狠命的轧压，/待从地面开花，另来一种完整。”诗人坚信，我们的民族、我们的人民内部，永远潜藏着、翻涌着不息的反抗怒浪，即使曾被狠命压制，但终将从地底喷薄而出，燃烧出一个自由的、崭新的中国。如同何其芳“成都，让我把你摇醒”的呼唤，如同艾青“雪落在中国的土地上，寒冷在封锁着中国呀”的呐喊，如同萧红在《生死场》中让最愚昧的农民最终也走上了抗日之路一样，林徽因这一柔弱的女性诗人，在民族生死存亡的关头同样发出了时代的强音。

（三）“孤岛”体验

1936 年，刘西渭(李健吾)在评论卞之琳的《鱼目集》时曾这样总结 30 年代以来新诗所发生的新变：“我们的生命已然跃进一个繁复的现代;我们需要一个繁复的情思同表现。真正的诗已然离开传统的酬唱，用它新的形式，去感觉体味糅合它所需要的和人生一致的真淳;或者悲壮，成为时代的讴歌;或者深邃，成为灵魂的震颤。”[①]比起 20 世纪 20 年代新诗“浪子式的情感的挥霍”，李健吾显然更加看重“现代派”诗歌所表现出的“诗的本身，诗的灵魂的充实，或者诗的内在的真实”[②]。林徽因的诗歌之所以大大溢出了新月诗派的范畴，很大程度上在于林徽因的写作不再停留在表现单纯的生活感受，而趋向更加复杂、繁密的哲学化思考。林徽因多首诗歌通过自然与内心感受的对照，呈现了偌大的世界中独自一人的孤独体验，甚至多处直接出现了“寂寞”“孤独”等词语。在表达诗人难以言表的孤苦落寞情绪的同时，也体现了诗人对现代人之孤独体验的思考。例如：

“心此刻同沙漠一样平，/思想像孤独的一个阿拉伯人;”(《冥思》)

“暮秋梦远，一首诗似的寂寞，/真怕看光影，花般洒在满墙。”(《空想》)

“寒里日光淡了，渐斜……/就是那样地/像待客人说话/我在静沉中默啜着茶。”(《静坐》)

“像个灵魂失落在街边，/我望着十月天上十月的脸”(《十月独行》)

“辽远里，剩下灰色的长空一片/透彻的寂寞，你忍听冷风独语?”(《时间》)

“影子会不会已经/伸得很长/寂寞的横在/衰柔的青草上?”(《日子》)

“时间里悬挂，迎面阳光不来，/就是来了也是斜抹一行沉寂记忆，树下”(《去春》)

林徽因晚期的诗作——发表于 1947 年的《孤岛》，更是一首集抒情与哲思为一炉的佳作。这首诗运用了象征主义的手法，以孤岛的意象贯穿始终。“遥望它是充满画意的山峰，/远立在河心里高傲的凌耸”，外人看到的诗情画意，却无法掩饰这座岛屿的不幸。原来，这座岛是一座孤岛，陆地于它是永远无法抵达的希望。“早晚寂寞它将小舟挽住，/风雨时节任江雾把自己隐去。”“晴天它挺着小塔，玲珑独对云心”，它在千百年的风化作用下形成的盘盘石

① 刘西渭.鱼目集[N].大公报·文艺，1936-04-12.

② 刘西渭.鱼目集[N].大公报·文艺，1936-04-12.

阶，没有人欣赏，它内心的呐喊得不到任何回应。在这无垠的世界哪里能寻找到一点同情与共鸣呢？

对孤独体验的不断书写，首先是林徽因自身经验的真实体现。不了解林徽因生平的人，往往从林徽因身边众多的倾慕者以及30年代著名的“太太的客厅”出发，理所当然地认为林徽因是一个被众星捧月般宠爱的“娇小姐”。实际上，林徽因不仅后半生命途多舛，更终其一生体味着刻骨铭心的孤独。这种孤独感，在林徽因童年时关系复杂的大家庭中就已经埋下了种子。少女时代随父亲游历英伦的经历，多年后留给林徽因最深刻的记忆，竟然是下雨天独自坐在书房中咬指哭泣的情景。林徽因婚后始终徘徊在现代职业与婚姻家庭之间的身份焦虑，更是始终得不到众人理解。她所主持的享誉30年代北平知识界的文化沙龙被讥讽为“太太的客厅”。甚至在林徽因去世多年以后，大众津津乐道的不是她的文学成就，更不是她作为中国第一位女性建筑学家的开拓之功，而是捕风捉影、男默女泪的恋情故事。可以说，无论生前还是死后，林徽因都没有得到真正的理解。其诗歌中始终流淌着的深刻孤独之感，正是林徽因一生最为真实的心声。但林徽因又不是一个仅仅拘泥于个人经验的女性作家，她所孜孜书写的孤独体验，虽然仍保留着浓郁的抒情风格，但已经从具体的个人经验中抽象出来，上升到了整个人类的存在主义高度。以《孤岛》为首的一系列诗歌既是个人情感的真实表达，更象征着现代社会中人与人之间交流、理解的不可能。在工具理性高度发达的现代社会，每个人都像一座孤岛，渴望倾诉却又得不到回应，抑或像艾略特《荒原》中“丁香”，无时无刻不处在失去自我、找不到共鸣的绝望境地。

(四)“死之歌”

死亡，意味着肉身的终结，从古至今都是一个沉重的命题，但也正是死亡的无可体验性，激发了古往今来的哲人对死亡近乎痴迷的思考，以及以死亡为镜像的生命之思。林徽因在20世纪30年代初的诗歌已经出现了与死亡相关的意象，但往往透露出一种浪漫、积极的心态。例如：“算做一次过客在宇宙里，/认识这玲珑的生从容的死，/这飘忽的旅程也就是个——也就是个美丽美丽的梦。”(《莲灯》)随着诗人阅历的增加，30年代中后期林徽因对死亡的书写融入了更多智性思考和灰暗、颓废的现代主义色彩。例如“一叶无声的坠地，/仅证明了智慧寂寞/孤零的终会死在风前！”(《题剔空菩提叶》)“混沌中浮出光妍的纷纠，/死色楼前垂一棵杨柳！”(《过杨柳》)20世纪40年代末，诗歌创作停滞八年之后的林徽因再次出现了创作的高潮。经过多年沉淀之后，林徽因诗歌中关于死亡的意象大量增多，显示了饱经沧桑的林徽因对生命更加深刻的理解。

例如《死是安慰》，从诗歌题目来看，就已经是对中国“乐生恶死”的传统文化观念的彻底解构。在这首诗中，诗人连续对生与死进行了四组形象的对比：

> “生是个结，又是个结！/死的实在，/一朵云彩。”
> “生是张风筝，难得飘远，/死是江雾，/迷茫飞去！”
> “生是脚步，泥般沉重，——/死是尽处，/不再辛苦。”
> “生是种奔逝，永在离别！/死只一回，/它是安慰。”

林徽因之所以会产生这样的思想，首先与诗人的生命体验密切相关。在经过长期战乱流离、衣食无着、严重的肺病折磨以及数次与死亡擦肩而过之后，诗人感到自己的生命已经千疮百孔，“一片轻纱似的情绪，本是空灵/现在上面全打着拙笨补丁”（《小诗（一）》）。生的艰辛，让诗人感到死是一种安慰，一种解脱。《人生》一诗同样如此。回望自己的人生，诗人觉得人生是一支曲子，自己是歌唱者；人生是河流，自己是条船。也就是说，人生与自己竟然不是重合而恰恰是分离的，人生只是造物者给予自己的负担而已。诗歌结尾更是令人震撼："现在我死了，/你，——/我把你再交给别人负担！"

死亡，竟然意味着负担的转移。抗战以来的苦难生活，给予了诗人黑色的眼睛，导致诗人早已看淡了生死，对死亡不再畏惧。林徽因对死亡的思索与20世纪30年代以来的现代主义诗歌也是一脉相通的。但相比而言，林徽因又不像20世纪30年代的“现代派”、20世纪40年代穆旦的诗歌那样“迷恋”死亡，她的诗歌少了一种现代主义的颓废绝望，而多了一种浪漫主义的抒情色彩，其本质仍旧是对生的热爱与依恋。从林徽因1946年以为自己病将不起，故而留下的“遗书”《写给我的大姊》就能明显感受到这种丰富性。正是因为诗人对自己的家庭与亲人有着无限的不舍，她才会反复想象自己离去之后亲人该怎么办。她唯一希望亲友做到的，是在短暂的悲痛之后继续好好地活着。“如果有点感伤，你把脸掉向窗外，/落日将近时，西天上，总还留有晚霞。”

面对亲人生命的突然中止，人们有理由感到惧怕，但更有理由“等待更美好的继续”。林徽因的这首“死之歌”所体现的，更多是一种积极旷达的人生观，一种对生命更加深沉的热爱，而不是现代主义的绝望与虚无。仿佛令人想起多年前徐志摩的那首《再别康桥》：“悄悄的我走了，/正如我悄悄的来；/我挥一挥衣袖，/不带走一片云彩。”对于生死问题林徽因一直都看得十分通透，所以她才会在“七七事变”爆发后冒着生命危险艰辛南迁，不顾身体的透支进行野外考察，以及为了建立清华大学建筑系、设计国徽与人民英雄纪念碑等事业长期忘我地抱病工作，直到生命的终结。正如诗人早期对于人生的预言：“这飘忽的旅程也就是个——也就是个美丽美丽的梦。”

四、结语

林徽因本是中国20世纪30年代的著名诗人，中国现代第一位女性建筑学家。然而，林徽因一生卓著的历史贡献，却长期被她的“美貌”和“恋情”所遮蔽。为林徽因带来极大声誉的诗歌创作，也没有得到充分的学理性研究。作为研究者，我们应该警惕大众消费语境的“风景化”与“传奇化”对林徽因形象的损害，本着严肃的学术态度走进林徽因的文学世界。尽管一生视建筑为主业、文学为副业的林徽因留下的诗歌数量不多，但她诗歌中所蕴含的女性身份焦虑、反思社会现代性的自然观、不断沉潜的生命之思以及“相体裁衣”的诗歌形式，都显示了林徽因诗歌中并未被充分挖掘的丰富意蕴。在对爱情、自然与生命的不倦书写中，林徽因的诗歌表现出了一种浪漫主义与现代主义的浑融贯通、情感与智慧的双重变奏。这种充满个性的独特诗风，显示了林徽因在中国现代文学史上不容忽视的地位。

Love, Nature and Life in Lin Huiyin's Poetry

Jin Meijie
(Xiamen University, Xiamen, 361005)

Abstract: Love, nature and life are the three basic themes throughout poetry creation process of Lin Huiyin. Through the recollections of romantic love, Lin Huiyin constructs a romantic self-image that transcends traditional marriage morality, which reflects potential female perspective of Lin Huiyin, who takes the new road wearing old shoes. As a representative writer of the "Beijing Literary School", Lin Huiyin's writings about nature have abundant emotions and spiritualities, respecting a type of resistances and reflections to social modernity. Thinking on life and death, Lin Huiyin's poems possess a kind of realistic strength and beauty of philosophical thoughts. By constant writing on love, nature and life, Lin Huiyin presents a modern poetic style that integrates romanticism and modernism, the "emotions" and "thoughts".

Key Words: love; nature; life; emotions and thoughts

女性与法律

Women and Law

Women/Gender Studies

清朝以前女性犯罪的主要类型与刑罚研究

——基于现存典籍的考察*

艾　晶**

内容摘要:在清朝以前,中国女性犯罪的机会很少,犯罪类别也比较单一,主要为奸非和杀人罪。统治者因顾虑到女性的性别及角色特点对其采取了特殊惩罚措施,其中最为严厉的便为奸情罪,较为典型的便为宫刑,另也有充满侮辱性的笞杖刑。而于一般的女性犯罪,则多用"拶指"来进行拷讯,而复作、司寇、舂米等则成为专门针对女性的刑罚。有时也会对其进行宽宥处理,提倡"妇女无刑",历朝对女性犯罪的惩罚相对男性来说都有所减轻并给予了一定照顾,但没能改变女性在法律上的低下地位。

关键词:清以前;女性犯罪;性犯罪;刑罚

清以前,关于女性犯罪的资料很少。在中国封建社会,女性深受"三从四德"等传统观念的束缚,生活主要依赖男性,即使她们有所反抗,也主要是和家庭成员之间的矛盾冲突。只有犯了情节严重的罪案,如"三谋"(谋反、谋大逆、谋叛)、人命或盗匪案时,才会依据国家法律予以处置。因此,与男性比起来,女性犯罪的种类及数量显得有些"微不足道",其主要原因似乎与传统社会对女性的严厉禁锢有关。在以往各个朝代,女性在家庭中没有任何地位,①对女性的身心进行了不同程度的严格限制,如《女书》《女诫》等规范女性的"教科书"及"三从四德""从一而终"等观念更是深入人心,特别是宋代理学形成以后,理学家们以"穷天理,灭人欲"作为理想的道德原则,对女子的贞节看得比以往任何时候都要重。他们把男尊女卑、"三从四德"等提到"天理""自然"的高度,只准丈夫出妻休妻,不准妻子要求离婚。自此之后,夫死守节几乎成为女性应尽义务。守节的妇女不但不能涉及性要求,就连其皮肤手臂也不能为男子所触。到了元明两代,守节之风更是到了无以复加的地步,程朱的贞节观开始成为天经地义、无可更改的教条,再加上统治者对守节妇女的褒扬奖励,使得这一时期"守贞、殉节的女性人数急剧增长"。② 这些都使得女性的行为被严格地限制在一定的规范之内,规规矩矩地扮演好"贤妻良母"的角色。在这种禁锢綦严的社会环境中,女性犯罪的机会

* 本文为2021年国家社科基金项目"近代西南边疆少数民族女性犯罪研究"(项目编号:21XMZ074)阶段性成果。

** 艾晶,女,满族,广西民族大学民族学与社会学学院副教授、中国社会科学院社会学所博士后,主要研究方向为女性社会学及历史社会学。

① 林吉玲.20世纪中国女性发展史论[M].济南:山东人民出版社,2001:5.

② 林吉玲.20世纪中国女性发展史论[M].济南:山东人民出版社,2001:5.

相应较少，即使有所过失，也会在家庭内部得到解决。

但这种“少”似乎只是相对于男性而言，在漫长的历史时期，就女性犯罪的绝对数量而言并不小，而且犯罪的类型也并不单一。由于年代久远，关于古代女性犯罪的第一手资料已不易得，但依然可以从大量古文典籍中找到不少相关的记载。笔者阅读了数量颇丰的古文典籍之后，梳理了清朝以前女性犯罪的种类、惩戒和宽宥三个方面，以期对于古代的女性犯罪状况有一粗浅的认知。

一、古代女性犯罪的主要类型：奸非、杀人

在古代社会，奸非罪即性犯罪，指男女之间无婚姻关系，而非法交合所构成之犯罪，如和奸(又名通奸)、强奸等。[①] 对女性来说，主要为和奸，即“男女情愿和同私奸也”。明代又有刁奸之说，谓“奸夫刁诱奸妇，引至别所通奸，亦和奸也”。[②] 从史籍考察，春秋时之非婚交合，以下淫上曰“蒸”、姘居曰“宿”，犹不时而有，且非婚生子女，亦公开于世，尚未成立奸非之罪，最多只是伦理道德所不许而已。战国时，李悝制定《法经》之《杂律》规定“妻有外夫，则宫，曰淫禁”，这可以看作中国历史上“最早的对女性性犯罪的规定”。[③] 女性性犯罪的产生似乎与对女性过度的性禁锢有较大关系，中国古代社会对女性的性行为控制得非常严格，使得她们的性生活长期处于一种压抑的状态之中，但“饮食男女，人之大欲存焉”，有时便会做出强烈的反抗。另在清以前，女性被严格地限制在家庭中，接触外界的机会不多，生活也全都依赖丈夫，因此犯其他类罪行的机会很少，性犯罪成为女性犯罪的突出类型也就不为怪了。

在整个古代社会，对女性的贞节控制在趋强，律法对女性犯奸罪的惩处也相当严厉。例如，《睡虎地秦墓竹简·封诊式》中记录有一件举告通奸的案例：“某里士五(伍)甲指男子乙，女子丙，告曰：‘乙、丙相与奸，白昼见某所，捕校上来诣之。’”意为某李士伍甲，送来男子乙，女子丙，举告说：“乙、丙通奸，昨天白昼在某处被发现，将两人捕获并加以禁戒。”[④]秦国的商鞅提出了一套系统的“法治”理论，以为“去奸之本，莫甚于严罚”，“禁奸止过，莫若重刑”。[⑤]一般情况下，女性的奸情一旦被曝，便会被科以严刑峻法。有确凿史料可以为据的，首推《秦律》有将通奸男女捉到宫里，加以木械，和对同父异母的兄弟姐妹之间的乱伦行为弃市处斩的案例；[⑥]另汉律规定，丈夫与人通奸，处徒刑三年；而妻子与人通奸则处死刑，[⑦]在北魏则有“男女不以社交皆死”的严酷刑罚；[⑧]唐律《杂律》第二十二“奸”条则规定：“诸奸者，徒一年

---

① 瞿同祖.中国法律与中国社会[M].上海：上海书店，1947：38.

② 沈之奇.大清律辑注[M].北京：法律出版社，1998；雷梦麟.读律琐言[M].北京：法律出版社，2002：447.

③ 刘宁元.中国女性史类编[M].北京：北京师范大学出版社，1999：158.

④ 李交发.中国诉讼法史[M].北京：中国检察出版社，2002：38.

⑤ 万安中.中国监狱史[M].北京：中国政法大学出版社，2003：23.

⑥ 高绍先.中国刑法史精要[M].北京：法律出版社，2001：347.

⑦ 睡虎地秦墓竹简整理小组.睡虎地秦墓竹简[M].北京：文物出版社，1978：185.

⑧ 方川.媒妁史[M].南宁：广西民族出版社，2000：58-59.

半；有夫者，徒二年。"《杂律》第二十六"奴奸良人"条规定："其部曲及奴，奸主及主之期亲，若期亲之妻者，绞，妇人减一等；强者，斩。"①唐律在通奸的处置上有以下几个显著特点：(1)苛求有夫之妇，律文规定有夫之妇通奸的要在男女各徒一年半的基础上罪加一等，"有夫者，徒二年"。而有妇之夫与人通奸，法律上则没有加重之规定。(2)特别重处通奸之女道士，女道士(即女官、女冠)与人通奸，要在徒一年半的基础上加重二等。《杂律》(总第415条)疏文说："假有俗人，媒合奸女官，男子徒一年半，女官徒二年半，与女道士通奸之男方并不加重处罚"。(3)处罚撮合通奸人，唐律对通奸双方处罚的同时，也以减一等的规定来惩罚撮合通奸的"媒合奸通者"。法律规定说："其媒合奸通者，减奸者罪一等。"疏文说："假如和奸者徒一年半，媒合者徒一年之类。"撮合普通人与女冠(女道士)通奸的，女道士要重处，徒二年半，撮合者也从二年半减一等处二年徒刑。唐律中规定的"媒合奸通"罪与后来法律中的引诱、容留妇女卖淫罪不同，它在主观上并不必须以营利取得财物为构成要件，只要撮合他人通奸就要处罚。② 五代后晋的法律更是规定通奸者，男女都处死。③《宋律》同唐律，在宋代，甚至出现了对犯奸女性长期监禁的案例。据(清)尹会一所著的《抚豫条教·画墁录》卷一记载，宋仁宗末年，凤翔县有一女子与人和奸怀孕竟被关押经年(在宋，和奸徒一年半至二年)，后来还是因遇赦而得以出狱。④ 同时《元律》规定："诸和奸者，杖七十七；有夫者，杖八十七。"《明律》规定："凡和奸，杖八十；有夫，杖九十。""其和奸者，男女同罪。奸妇从夫嫁卖，其夫愿留者，听。若价卖与奸夫者，奸夫、本夫各杖八十，妇人离异归宗。"⑤而且一旦有上述行为发生，除了国家法律会给予一定的制裁外，做丈夫的一般也很难容忍，往往将妻休弃回家或将其出卖，有的甚至将之处死。

在古代社会，也有些女性的奸情是被家人怂恿或受他人引诱而发生的。例如，在宋代，穷人家为了周转的需要让"贴夫"(家人得钱)留宿，和尚通常最可能成为在寺庙附近的穷人家的"贴夫"(奸夫)，而且有时客人也可能引诱主人的妻子或妾。法律规定只有丈夫提出指控的奸情案才会被受理，女性即使被人强奸或被家人逼勒与人通奸，自己也无控告权，有的还要被处刑。⑥

虽然古代法律对女性的犯奸案有相应的惩治规定，但从目前的典籍来看，一般情况下，女性犯奸很少依国家法律来解决。这是因为女性的奸情都很隐秘，发现的概率不是很大；另外，家族里面的人特别是丈夫也会觉得是一件非常丢脸的事，在家庭内部给以一定的严惩而很少诉诸法律。只有那些伤及人命的奸情案件，国家才会过问。⑦ 在当时的社会条件下，一旦奸情被发现，其后果还是难以让人承担的，部分通奸女性便为此而不惜一切代价地杀死对己身奸情有威胁的人(一般是自己的丈夫)。如东汉时，扬州棱阳县一妇人便因奸而将其夫

---

① 高绍先.中国刑法史精要[M].北京：法律出版社，2001：346.

② 钱大群.唐律研究[M].北京：法律出版社，2000：278.

③ 方川.媒妁史[M].南宁：广西民族出版社，2000：58-59.

④ 郭成伟.关箴书点评与官箴文化研究[M].北京：中国法制出版社，2005：476.

⑤ 黄宗智.民间审判与民间调节：清代的表达与实践[M].北京：中国社会科学出版社，1998：94-95.

⑥ 伊沛霞.内闱——宋代的婚姻和妇女生活[M].胡志宏，译.南京：江苏人民出版社，2004：251-253.

⑦ 周尔吉.历朝折狱纂要：卷一"纵奸诬叔"[M].北京：新华书店北京发行所，1993.

杀害;[①]宋朝一妇人也因担心奸情被发现而将夫杀死后投诸井中。[②] 就典籍中所载的大部分奸情案来说,通奸女性都是因为被本夫告诉或发生了命案,才受到国家法律的惩处。

除了犯奸罪之外,典籍中还记载了大量的女性杀人案。女性除了上述所说的因奸杀人外,有时也会由于其他原因而去杀人。例如,1086 年北宋年间发生了一件轰动一时的登州阿云杀夫案,阿云仅仅因为丈夫面目丑陋让她觉得很讨厌,便用刀欲将之砍死。"阿云谋杀未婚夫,刀斫十余创之多,并断其一指,情形极为凶恶。"[③]明代有一王氏性格泼悍,竟一次性杖杀使女十余人;[④]其时,还有一程氏,穷凶极恶,居然把婢女杖杀后,将其尸体解剖放入木匣中并把另外一婢女的阴部割落而欲杀之。[⑤] 还有的是为亲人复仇而手刃仇人,如东汉最著名的 179 年发生的酒泉赵娥为父复仇案便是一件很典型的成案,不过此种杀人情由因被人们视为"义举"而很快得到了宽宥。[⑥]

由上述案例可以看出女性杀人的手段亦不乏残忍而且隐蔽的一面,因难以察觉,加之当时缺乏有效的侦查手段,很多案件便往往靠审判者凭直觉来断案。例如,春秋时,郑国的执政大夫子产因在路旁听见一个妇人的哭声"不哀而惧",便把她抓来拷问而查出了该妇人杀害亲夫的事实。[⑦] 东汉时的扬州刺史严遵(也称庄遵)在巡行途中,也是因为听到一个妇人的哭声是"惧而不哀",从而查出了该妇人弑夫的残忍之举。[⑧] 后代以听妇人哭声而破获谋杀亲夫案件的还有唐代的杨晃、宋代的张永等。如张永镇守盖州时,一次出巡,亦闻妇人哭声俱而不哀,即加讯问。妇人称其夫暴卒,于是张付吏究治。"吏熟视不见要害,后搜发顶,有大钉陷其脑中,从而侦破一起杀人案。"[⑨]也有的通过实验的方法来断案,如三国时东吴有个妇女杀死丈夫后,又放火焚烧房屋破坏现场,声称其夫是被火烧死的。审判官便用猪做试验,查看猪口,先杀死的猪口内无灰,烧死的猪口内有灰。再开棺验尸,发现死者口中没有炭灰,妇人谎言不攻自破,只好承认杀夫罪行。[⑩]

从古代典籍来看,清以前女性犯罪的类型似乎偏少,多集中在奸情和杀人两类。其主要原因,除了古代女性接触社会的机会不多之外,女性的非人命案的罪行,多数是通过调节或通过收赎的方式解决,也是一个主要的原因。此外,即使女性真犯了其他罪责,一般也是重惩相关的男性,这些原因都可能导致典籍不载或少载。如《新元史 · 刑法志》记载武宗至大二年(1309 年)武昌的一位妇女刘氏上诉御史台,称与她有来往的三宝奴夺走了她进献给朝

---

① 周尔吉.历朝折狱纂要:卷一"润州命案"[M].北京:全国图书馆文献缩微复制中心,1993:13.

② 郭建.古代法官面面观[M].上海:上海古籍出版社,1993:89.

③ 沈家本.沈寄簃先生遗书:甲编"宋阿云之狱考"[M].北京:中国书店,1982.

④ 李国祥,杨昶.明实录类纂 · 妇女史料卷二百八十九"礼部致仕左倍郎杨宣以罪下狱""宪宗实录 · 成化二十三年夏四月癸酉"[M].武汉:武汉出版社,1993:754.

⑤ 李国祥,杨昶.明实录类纂 · 妇女史料卷:卷一〇四"武宗实录 · 正德八年九月"[M].武汉:武汉出版社,1997:777.

⑥ 三国志 · 庞淯传[M]//郭建.古代法官面面观.上海:上海古籍出版社,1993:174.

⑦ 折狱龟鉴:卷二"韩非子 · 难三"[M]//郭建.古代法官面面观.上海:上海古籍出版社,1993:174.

⑧ 宋慈.洗冤集录校译[M].杨奉琨校注.北京:群众出版社,1980:21;郑克编著,杨奉琨选译.折狱龟鉴选[M].北京:群众出版社,1981:9.

⑨ 折狱龟鉴:卷五[M]//程维荣.中国审判制度史.上海:上海教育出版社,2001:127.

⑩ 郭建.中国古代法官面面观[M].上海:上海古籍出版社,1993:136;周尔吉.历朝折狱纂要:卷一"句章奇案"北京:全国图书馆文献缩微复制中心,1993:17.

廷的一个宋代玉玺、一把金椅子和两颗夜明珠。当时为刘氏写诉状的是"书状人"乔瑜，牵线人是尹荣，受状子人是监察院官吏李节。案件经审理后，认定刘氏是诬告。结果，皇帝下旨，判决李节处笞刑，刘氏和尹荣处杖刑，而乔瑜是斩首。[①] 此案中，乔瑜仅仅因为替人写状纸便被处以斩刑，可见其时统治者对协助女性打官司的男性特别是书状人的厌恶程度。古代女性由于智识及生活范围有限等原因，一般来说触犯法律的机会也不是很多。虽然如此，统治者还是对女性犯罪特别是奸非罪加强了控制，同时因考虑到女性自身的生理特点而规定了与男性不同的刑具及刑罚。

二、对女犯专用的刑具及刑罚

虽然有女性因各种原因触犯了当时的法律，但由于其自身的生理特点及本身的社会角色与男性的不同，而在具体的刑名和刑具上体现出了一定特殊性。在古代中国，对女性来说最重要的就是贞操问题，历代统治者都对犯奸女性实行了几近惨无人道的惩罚，其中最典型也最令人咂舌的便为宫刑。[②] 最开始所谓的宫刑，对女性来说为幽禁刑，据说起源于周朝，[③] 属于长期幽禁，使其不能触及男人。宫刑，在汉代对女子采取的依然是拘禁，而非肉体生殖器的残害。[④] 到了明朝，朱元璋下令改幽禁为幽闭，"幽闭"可说是明朝发明的一种专门对付女人与男人通奸的刑。这是一种比幽禁还残酷的刑罚，就是用拴牲口用的尖木桩子，朝女犯阴道里敲打，使其破坏女人子宫的内部结构，然后再"抽去其筋"，使之失去性功能。[⑤] 明朝天启四年(1624 年)，有女子李玉英因继母诬其与人通奸被捕入狱，锦衣卫便对她实行了野蛮的幽闭刑。[⑥] 北周时，还发明了一种专门针对妇女通奸的刑具，名之曰"刺马"。官吏让木匠专门做成木马，马背上竖着尖朝上的大铁钉，将淫妇裸身绑缚在木马上，让尖钉刺入妇人的阴道游街示众。妇人被钉尖刺痛的下身非常痛苦，甚至不能生还。明朝时甚至出现了类似的木驴刑罚。驴背为木制刀刃状尖锋，妇人被裸下体骑在驴背上，尖锋插入其阴，差役推动木驴行走，妇女阴户直接触及驴背如刀子剜割；四脚被束缚得很结实，坐又坐不了，站又站不起来，以致盆骨被颠碎而晕死过去。有些地方官吏甚至在驴背上竖起一根似驴阳具的木桩，妇人骑上后让木桩插入阴户，以示羞辱和残害妇女。[⑦]

中国古代对犯奸女性惩罚时所用的笞杖刑，也对女性充满了侮辱。笞刑，是指用小荆条或小竹板抽打臀部、腿或背部的刑罚。杖刑，是指用大荆条、木板或棍棒敲打臀部、腿或背部的刑罚。二者性质相同，轻重有别。一些朝代规定笞杖之刑是杖臀，即打屁股。宋、元两代都有"去衣受杖"的规定；明代沿袭旧制，规定妇女犯奸罪必须脱了裤子裸体受杖。这对妇女

---

① 何勤华.法律文化史谈[M].上海：商务印书馆，2004:59.

② 杨子鳄.旧中国九大监狱秘录[M].北京：中国人事出版社，1996:9.

③ 尚书·刑德放[M]//李昉等.太平御览：卷六四八"刑法部·宫刑".北京：中华书局，1960:2899；五刑[M]//陈立.白虎通疏证：卷九.北京：中华书局，1994:441.

④ 张涛.列女传译注[M].济南：山东大学出版社，1990:227.

⑤ 宁汉林，魏克家.中国刑法简史[M].北京：中国检察出版社，1997:216.

⑥ 杨子鳄.旧中国九大监狱秘录[M].北京：中国人事出版社，1996:9.

⑦ 杨玉奎.古代刑具史话[M].天津：百花文艺出版社，2004:158.

来说，不仅是残酷的皮肉之苦，也是难堪的精神之辱。受封建伦理道德的约束和影响，女性对杖臀的羞辱反应十分强烈，以致有些妇女受刑后自杀。① 明代的这条规定造成一种社会弊病，民间亲戚邻里若有因小隙而成仇怨者，一方就捕风捉影，寻找事端，指控对方家中妇女有奸情，然后贿赂官府，让官府逮捕妇女裸体受杖。② 除了对犯奸女性的残酷甚至极尽羞辱之能事的惩罚外，古代法律也对一般女性犯罪者实施了特殊的惩罚措施，如当时的“拶指”便是典型的专门针对女性的刑罚。拶指，也叫拶子或拶夹，是一种专门夹手指的刑具，多用于拷讯女性。由五根圆木组成，各长七寸，径围各四分五厘，用绳子穿连小圆木套入手指，用力收紧绳子圆木就会紧夹手指，使人痛苦不堪。这种刑具产生于隋唐以后，在明清两代被公开广泛使用。许多女子因为忍受不了拶子的折磨而被迫屈招，甚至含冤自杀。③

此外，历代统治者也根据具体情况，考虑到女性特殊的生理特点而采取了不同的处罚方法。例如，复作是秦汉对犯轻罪的妇女所判处的一种徒刑，④这类女犯不戴刑具，不穿罪衣，而只在官府服一年劳役。“复作者，女徒也。谓轻罪，男子守边一岁，女子软弱不任守，复令作于官，亦一岁，故谓之复作徒也”。⑤ 有时人孟康曰：“复音服，谓弛刑徒也，有赦令诏书去其钳釱赭衣。更犯事，不从徒加，与民为例，故当复为官作，满其本罪年月日，律名为复作也”，⑥这相当于是对女性的比较宽免的一种惩罚方式。秦汉时还有一种专门用于女性的徒刑为如司寇，《汉旧仪》中说：“寇：男守备；女为作，如司寇，皆作二岁。”⑦《后汉书・张皓传・注》有：“司寇，二岁刑也。”“为令男犯戍守边防，女不任远，故入官罚作。”同时，《刑法志》中补充说：“男子为隶臣，女子为隶妾。鬼薪白粲满一岁为隶臣，隶臣一岁免为庶人，隶妾亦然也。隶臣妾满二岁，为司寇。司寇一岁，及作如司寇二岁，皆免为庶人。”⑧文中所提到的白粲和隶妾也为女子专用的刑罚，白粲为战国、秦、汉时对于女犯所施的一种徒刑，刑期三年。⑨《汉旧仪》载有：“秦制：鬼薪者，男当为祠祀鬼神，伐山之薪蒸也；女为白粲者，以为祠祀择米也，皆作三岁。”⑩《汉书・惠帝纪・注》中有：“坐择米正百为白粲，（与鬼薪）皆作三岁刑也。”也就是说，在秦代，同为三岁刑，男徒名鬼薪，任务是给宗庙取薪，女徒名白粲，任务是为宗庙祭祀择米。汉承秦制，仍有鬼薪与白粲男女刑徒之分。⑪ 隶妾，在秦汉之前指地位低微之女

① 杨玉奎.古代刑具史话[M].天津：百花文艺出版社，2004：124.

② 以上内容参见《难堪的精神之辱：古代女子“笞杖”要裸体》，http://news.QQ.com。

③ 杨玉奎.古代刑具史话[M].天津：百花文艺出版社，2004：162.

④ 孙星衍等.汉官六种[M].周天游点校.北京：中华书局，1990：85；班固.汉书：卷四“文帝纪”[M].北京：中华书局，1962：114.

⑤ 班固.汉书：卷八“宣帝纪”[M].北京：中华书局，1962：235.

⑥ 汉书卷八：宣帝纪第八[M]//四库全书存目丛书编纂委员会.四库全书存目丛书：史部.济南：齐鲁书社，1996：00235.

⑦ 孙星衍等.汉官六种[M].周天游点校.北京：中华书局，1990：85.

⑧ 汉书卷二三：刑法志第三[M]//四库全书存目丛书编纂委员会.四库全书存目丛书：史部.济南：齐鲁书社，1996：1099.

⑨ 司马迁.史记：卷六“秦始皇本记”[M].北京：中华书局，1959：227.

⑩ 孙星衍等.汉官六种[M].周天游点校.北京：中华书局，1990：85.

⑪ 翟麦玲，张荣芳.秦文化论丛第十二辑：“论秦汉法律的性别特征”[M].西安：三秦出版社，2005：4.

子,[①]秦汉时期,隶臣妾则被用来指刑徒,[②]即本人犯罪罚服劳役的徒刑,实为终身的奴婢。[③]如《睡虎地秦墓竹简·军爵》载:“欲归爵二级以免亲父母为隶臣妾者一人,及隶臣斩首为公士,谒归公士而免故妻隶妾一人者,许之,免以为庶人。”[④]《二年律令·贼律》载:“毁封,以它完封印印之,耐为隶臣妾”;“斗殴变人,耐为隶臣妾”;“殴兄、姊及亲父母之同产,耐为隶臣妾”。[⑤] 同时,作为与男性对应的刑罚,秦汉时还有舂,即舂米。[⑥]《周礼·秋官·司厉》载:“奴,男子入于罪隶,女子入于舂稿。”秦汉沿袭,以“舂”为特用于女犯之刑名,与男犯之“城旦”为同刑期的徒刑。《汉旧仪》中说:“秦制,有罪名尽其刑。凡有罪,男髡钳为城旦,城旦者,治城也;女为舂,治米也。皆作五岁,完四岁。”[⑦]《后汉书》则进一步解释说:“舂者,妇人犯罪,不任军役之事,但令舂以食徒者。完城旦舂至司寇作三匹。完者,谓不加髡钳而筑城也。次鬼薪、白粲,次隶臣妾,次司寇作。”[⑧]北齐时甚至为六岁刑。[⑨] 汉朝还有一种特别关照女性的以钱代刑的赎罪方法即顾山,这实为汉代女徒犯的赎刑。《平帝纪》中载:“天下女徒已论,归家,顾山钱月三百。如淳曰:‘已论者,罪已定也。令甲,女子犯罪,作如徒六月,顾山遣归。说以为当于山伐木,听使入钱顾功直,故谓之顾山。’应劭曰:‘旧刑鬼薪,取薪于山以给宗庙,今使女徒出钱顾薪,故曰顾山也。’师古曰:‘如说近之。谓女徒论罪已定,并放归家,不亲役之,但令一月出钱三百,以顾人也。为此恩者,所以行太皇太后之德,施惠政于妇人。’”[⑩]顾山虽是对女性刑徒的一种优待,但只针对论罪以后认真服刑的女徒,论罪以后仍有犯事者则不可享受。《后汉书·桓谭传》载:“今宜申明旧令,若已伏官诛而私相伤杀者,虽一身逃亡,皆徙家属于边,其相伤者,常加二等,不得顾山赎罪。”[⑪]

囚徒的劳作,秦律规定,凡囚犯“高五尺二寸”(约合今 1.2 米)的,都必须劳作。至于囚犯的工作额度,《秦简·工人程》记载,“隶臣、下吏、城旦和工匠等在冬季服役的,得放宽其工作量,三天上交相当于夏天两天的产品”;又规定“做杂活的隶妾,两人相当于工匠一人,一部分时间为官府服役的隶妾四人相当于工匠一人。如果隶妾和一般女子刺绣的,女子一人以相当于男子一人计算”。关于囚犯的生活,《司空》载:“囚徒,居官府之食者,男子叁,女子驷”,意为男子每餐三分之一斗,女子每餐四分之一斗。《金布律》规定:“小(指女子不满六尺二寸,即今 1.4 米)冬季四十四钱,夏季三十三钱,隶臣妾属于老、小,不能自备衣服的,按舂的标准发给衣服。”[⑫]

---

① 春秋左传正义:卷十四“十三经注疏本”[M].杜预注,孔颖达疏.北京:中华书局,1980:1809.

② 沈家本.历代刑法考[M].邓经元,骈宇骞点校.北京:中华书局,1985:297.

③ 刘宁.中国女性史类编[M].北京:北京师范大学出版社,1999:165.

④ 睡虎地秦墓竹简整理小组.睡虎地秦墓竹简[M].北京:文物出版社,1978:93.

⑤ 汉墓整理小组.张家山汉墓简牍[M].北京:文物出版社,2001:136、138、140.

⑥ 地官·司徒[M]//郑玄注,贾公彦疏.周礼注疏:卷九十“十三经注疏本”.北京:中华书局影印,1980:700.

⑦ 孙星衍等.汉官六种[M].周天游点校.北京:中华书局,1990:85.

⑧ 范晔.后汉书:卷二“显宗孝明帝纪第二”[M].李贤等注.北京:中华书局,1965:98.

⑨ 刘宁元.中国女性史类编[M].北京:北京师范大学出版社,1999:166.

⑩ 汉书:卷一二“平帝纪第一二”[M]//四库全书存目丛书编纂委员会.四库全书存目丛书:史部.济南:齐鲁书社,1996:351.

⑪ 范晔.后汉书:卷二十八“桓谭传”[M].李贤等注.北京:中华书局,1965:958.

⑫ 程维素.中国审判制度史[M].上海:上海教育出版社,2001:58.

对于清以前的女性来说，除了上述由自己实施的犯罪而必须承担一定的法律责任外，有时还会因为家族中其他成员犯罪而受到牵连。春秋时秦有族株缘坐①法，所谓三族之罪，指父族、母族、妻族。汉代从坐之律，凡同产者皆诛。② 后来，对女性相应地进行了一定的“照顾”，主要“没为娼和配”，这对于后世的刑罚制度有明显的影响。③ 自此以至后世的官妓中，这种没官女子占了一定的比重。④ 配，为历史上曾专用于女性的特殊刑罚，具体为强制婚配。《汉书·李陵传》说：“群盗妻子徙边者，随军为卒妻。”《梁律》规定：“其劫道者，妻子补兵或得配军士”，所言亦为一种缘坐。⑤ 向来犯了满门抄斩大罪的，妇女往往可以免死，被没收分配到宫廷府邸中去，供淫乐，供役使。如明成祖时代就把犯人家中的女眷：母亲、妻妾、姊妹乃至外甥媳妇，一起罚到教坊司当官妓，实行残酷的“转营”，即轮流送到军营中去，一个女子每一日益要受二十个男子的凌辱，有被摧残至死的，皇帝就下圣谕道：“分付上元县抬出门去，着狗吃了，钦此。”这些妇女免死以供淫，淫之又即以杀之，不用多久，仍难逃一死。⑥ 可见其时统治者对触犯刑律者的苛严，甚至连无辜的妇女也不放过。但是，历朝历代统治者出于对女性生理特点的考虑，有时又会对犯罪的女性给予一定宽宥，以示“仁政”。

三、对女犯的赦囿

赦宥，是对禁囚予以减刑或免罪的制度。封建统治者为了标榜“仁政”，每遇皇帝登基或其他大庆、灾荒之日，对全国禁囚实行大赦活动，以施善于天下，悯囚恤刑（谨慎使用刑罚），以获取“圣明君主”之美名。“纵囚归家约期还”也是悯囚制度的内容之一。主要是对病囚、女囚、轻罪等犯人而言。⑦ 由上述可知，大部分时候，中国传统社会的刑罚对妇女是“从轻”的，不少对妇女的“宽宥”又都是从“妇人无刑”的观念中递演而出。⑧ 所谓“妇人无刑”意指妇人虽犯罪，若非必要，不宜实施公开的刑罚。⑨《左传·襄公十九年》中有“妇女虽有刑，不在朝市”的记载，⑩唐朝也规定若妇女犯罪斩者皆绞于隐处，⑪对妇女采取“隐刑”是因为“不忍与众弃之”。⑫ “妇人不暴尸，是妇人行刑不于市也”，不公开行刑，以表男女有别之视。⑬

对于一般的刑罚，历朝对女性犯罪的惩罚相对男性来说都有所减轻并给予了一定照顾。

---

① 辞海[M].北京：中华书局，1999：2819.

② 罗苏文.女性与近代中国社会[M].上海：上海人民出版社，1996：19-25.

③ 张晋藩.中国法治史研究综述[M].北京：中国人民公安大学出版社，1990：200.

④ 刘宁元.中国女性史类编[M].北京：北京师范大学出版社，1999：166.

⑤ 刘宁元.中国女性史类编[M].北京：北京师范大学出版社，1999：166.

⑥ 苏芜.哀妇人[M].安徽：安徽教育出版社，2004：289.

⑦ 杨殿升.监狱法学[M].北京：北京大学出版社，2001：267.

⑧ 苏拉密斯·萨哈.第四等级——欧洲中世纪妇女史[M].林英，译.广州：广东人民出版社，2003：20.

⑨ 黄嫣梨.中国传统社会的法律与妇女地位[J].北京大学学报(哲学社会科学版)，1997(3)：104.

⑩ 春秋左传正义：卷三十四“十三经注疏本”[M].杜预注，孔颖达疏.北京：中华书局，1980：1968.

⑪ 沈家本.沈寄簃先生遗书[M].北京：中国书店，1990：520.

⑫ 巨焕武.明刑与隐刑—沈家本考论执行死刑的方式及其场所[C]//张晋藩.中国法律的传统与现代化——93种中国法律史国家研讨会论文集.北京：中国民主法制出版社，1996：82.

⑬ 程维素.中国审判制度史[M].上海：上海教育出版社，2001：31.

如女徒复作，便因为“女子软弱不任守，复令作于官”。① 再如上述的顾山等都为对女性犯罪的特殊照顾。另隋朝规定：自犯流罪以下合赎者，及妇人犯刑以下，侏儒、笃疾、癃残非犯死罪，皆颂系之。② 同时隋唐五代规定妇人犯流者，亦流住，流二千里决杖六十，一等加二十，俱役三年。徒刑分为徒一年，一年半，二年，二年半，三年及五年等，均在官府服役，“其中妇人送少府间缝作；外州者，留当地州缝作及配舂”。③《疏议》解释说：“妇人之法，例不独流，故犯流不配，留住，决杖，居作。造畜蛊毒，所在不容，摈之荒服，绝其根本，故虽妇人，亦须投窜。”不流配外地而改为杖刑，杖毕服劳役。另唐《杂律》二十六“奴奸良人”条规定：“其部曲及奴奸主及主之期亲，若期亲之妻者，绞，妇女减一等。”④《宋律》同《唐律》，规定妇人犯罪流二千里的，决杖六十；流二千五百里的，决杖八十；流三千里的，决杖一百，三流俱役三年，如果处以加役流的，也只决杖一百，即劳役四年。由此规定可见，决杖之文在上，亦说明先行决杖然后投入劳役。⑤ 同时，宋朝规定妇人犯杖以下，“非故为，量轻重笞罚或赎铜释之”。⑥ 此外，《宋刑统》卷第二十九《狱官令》规定：“诸禁囚死罪枷杻，妇人及流罪以下去杻，其杖罪散禁。年八十及十岁，废疾、怀孕、侏儒之类，虽犯罪亦散禁。”即是说，犯死罪的囚犯要戴枷杻这种刑具，但若死囚是妇女，则与判处流刑以下的犯人一样，不用上杻这种刑具；若所犯之罪应处以杖刑，则采用“散禁”这种宽管的关押方式。⑦ 特别是(宋)仁宗朝以后，编敕的法律地位一直在不断地提高。神宗时出于变法的需要，更是极力主张：“凡律所不载者，一断以敕。”(《宋史·刑法志》)在司法实践中甚至出现以敕代律的现象。如前所述神宗年间民女阿云砍杀未婚夫一案，围绕着此案应该适用《宋刑统》的有关条文，还是以敕判决，从地方官到中央的朝官，不同意见者展开了一场激烈的律敕之争。卷入这场争论的朝臣之多、持续时间之长，在中国历史上实属罕见。⑧ 在这个案例中，审判院、大理寺论死，刑部定如审判，后被减轻刑罚。(《宋史·刑法志三》)⑨元朝则规定女犯不予刺字，⑩到了明朝更是规定妇女犯徒流，“决杖一百，余罪收赎者，虽罪止杖六十，徒一年，亦决杖一百，律所谓应加杖者是也”。⑪而且对于无辜受累的妇女，法律也渐于宽容。如西汉平帝时下诏：“妇女非身犯法，非坐不道诏所明捕也，皆勿得系。”(《汉书·平帝纪》)到汉武帝时亦下诏书，曰：“妇女从坐者，自非不道，诏所明捕，皆不得系。”(《后汉书·光武纪》)⑫因此妇女凡不是自身犯法，虽是缘坐，只要

---

① 沈家本.历代刑法考[M].北京：中国检察出版社，2003：21.

② 隋书卷二五：志第二[M]//四库全书存目丛书编纂委员会.四库全书存目丛书：史部.济南：齐鲁书社，1996：1049.

③ 程维荣.中国审判制度史[M].上海：上海教育出版社，2001：119.

④ 高绍先，中国刑法史精要[M].北京：法律出版社，2001：176.

⑤ 周密.宋代刑法史[M].北京：法律出版社，2001：43.

⑥ 宋史卷二〇一：志第一五四[M]//四库全书存目丛书编纂委员会：四库全书存目丛书编纂委员会.四库全书存目丛书：史部.济南：齐鲁书社，1996：00705.

⑦ 万安中.中国监狱史[M].北京：中国政法大学出版社，2003：62.

⑧ 张晋藩.中国法制史[M].北京：中国政法大学出版社，2002：183.

⑨ 程维荣.中国审判制度史[M].上海：上海教育出版社，2001：123；何勤华.法律文化史谈[M].上海：商务印书馆，2004：63.

⑩ 元史卷一〇四：志第五二[M].四库全书存目丛书：史部.济南：齐鲁书社，1996：2656.

⑪ 明史第九三：志第六九.刑法志一[M].四库全书存目丛书：史部.济南：齐鲁书社，1996：2299.

⑫ 杨殿升.监狱法学[M].北京：北京大学出版社，2001：267.

不是大逆不道的或朝中的要犯，都不要加以拘系。[①] 而且即使家人共犯，有时也不坐妇女，如《唐律疏议》载："假有妇人尊长，共男夫卑幼共犯，虽妇人造意，仍以男夫独坐。"[②]这些都以礼教为背景，以保护为主义，"惟因妇女生理上之不同，及伦叙上不平"则以"刑教之书，对于妇女时时流露慈祥恺制之意"。[③]

特别是对怀孕的犯妇，历朝的法律都给予了一定的宽松处置，而且对孕妇违法拷讯的官员要负一定的法律责任。此项制度可能起源于汉朝，以儒家思想为主导的正统法学自汉朝开始建立后，区别于前期秦朝的许多不同的新刑罚适用原则也随之产生。[④] 如汉代法律规定："年八十以上，八岁以下，及孕者未乳，师、侏儒当鞠系者，颂系之。"(《汉书·刑法志》)[⑤]颂系，即宽容的意思。这是说80岁以上的老人、8岁以下的幼童以及孕妇未产、乐师、盲人、侏儒等在监期间给以不戴刑具的优待。[⑥]《唐六典·刑部》则规定："笞杖与公坐徒及年八十、十岁、废疾、怀孕、侏儒之类皆容息而待断。"意思是对犯笞杖轻罪或因公务而犯徒罪者以及老、幼、废疾、孕妇、侏儒之类的案犯，审判之前，在监狱中实行散禁，不加戴狱具。[⑦] 宋唐一制，宋代法律规定："年八十及十岁并废疾、怀孕侏儒之类、虽犯死罪，亦散系。"(《宋刑统·断狱·因应禁未禁》)[⑧]由此可推及怀孕妇女在犯罪后，妊娠期间是不准拷讯的。对此最早最完整的记载见于《唐律疏议·断狱》"拷决孕妇"条，规定对于妇女怀孕如欲拷讯，亦须待产后百日方可，否则，杖一百，严格规定怀孕妇女应暂缓刑讯。[⑨] 疏议曰："妇人怀孕，犯罪应拷及决杖笞，皆待产后一百日，然后拷决。若未产而拷及决杖笞者，杖一百。伤重者，谓伤损之罪，重于杖一百者；'依前人不合捶拷法'，谓依上条'监临之官，前人不合捶拷而捶拷者，以斗杀伤论'。若堕胎者，合徒二年。妇人因而致死者，加役流。限未满而拷决者，'减一等'，谓减未产拷决之罪一等。'失者，各减二等'，谓未产而失拷决，于杖一百上减二等；伤重，于斗伤上减二等。若产后限未满而拷决者，于杖九十上减二等；伤重者，于斗伤上减三等。"[⑩]到了明朝，《明律·刑律·断狱》"妇人犯罪"条记载："若妇人怀孕，犯罪应拷决者，依上保管，皆待产后一百日拷决。若未产而拷决，因而堕胎者，官吏减凡斗伤罪三等，致死者杖一百，徒三年，产限未满而拷决者，减一等。若犯死罪，听令稳婆入禁看视，亦知产后百日乃行刑。未产而决者，杖八十；产讫限未满而决者，杖七十；其过限不决者，杖六十，失者各减三等。"[⑪]由此明律更是规定孕妇犯罪后，依律应拷讯的，先交给其夫看管，到产后期满百日才行刑讯，[⑫]可

① 杨鸿烈.中国法律思想史[M].北京：中国政法大学出版社，2004：198.

② 刘宁元.中国女性史类编[M].北京：北京师范大学出版社，1999：170.

③ 贺圣鼎.女生在唐律上之地位[J].法学季刊，1930(6)：53.

④ 李交发.中国诉讼法史[M].北京：中国检察出版社，2002：213.

⑤ 汉书：卷二十三"刑法志"[M]//四库全书存目丛书编纂委员会.四库全书存目丛书：史部.济南：齐鲁书社，1996：1106.

⑥ 万安中.中国监狱史[M].北京：中国政法大学出版社，2003：33.

⑦ 杨殿升.监狱法学[M].北京：北京大学出版社，2001：214.

⑧ 郭成伟.中华法系精神[M].北京：中国政法大学出版社，2001：347.

⑨ 陈光中.陈光中法学论文集[M].北京：中国法制出版社，2000：192.

⑩ 万安中.中国监狱史[M].北京：中国政法大学出版社，2003：33.

⑪ 李交发.中国诉讼法史[M].北京：中国检察出版社，2002：213.

⑫ 李交发.中国诉讼法史[M].北京：中国检察出版社，2002：267.

见法律上对孕妇的照顾。

有时女性在其他方面也会得到一定的赦免。如上述汉朝赵娥为父复仇的案例，便是一个典型的赦免成案。“在复仇问题上，如果说，先秦儒家的基本态度是放任主义，法家的基本态度是干预主义，那么，封建社会新儒家的基本态度就是折中主义。”[①]但由整个封建社会来看，执法者对复仇一般都是给予一定的宽容的。同时，统治者一般都按照“妇人无专制擅恣之行”这一原则规定妇女不得享受完全的法律权利，要求妇女严格遵守“未嫁从父，出嫁从夫”的教条。但在汉代经义折狱中，它也被运用为妇女可以对自己的某些行为不负法律责任的根据。[②] 如据董仲舒的《春秋决狱》记载，有妇甲误以为夫亡改嫁，后被夫控究。审判官因为其本人并无淫乱之心，是被尊亲属改嫁而认为不应有罪。[③] 再如明人冯梦龙所编《醒世恒言·乔太守乱点鸳鸯谱》则载有宋代景佑年间，杭州府孙寡妇与刘秉义因婚姻获罪亦由于孙无自主权而被免刑的案例。[④] 而在《太平御览》记载的一部民之妻与官吏和奸一案中，也因皇帝认为“吏奸民妻，何得言和”而将犯奸女性赦免。[⑤] 虽然统治者对犯罪女性进行了一定的“仁慈”处理，但从整个古代历史来看，这些赦宥有相当的偶然性，并未改变女性因地位低下所形成的恶劣状况。

四、由女性犯罪看妇女法律地位的低下

中国古代妇女一般在法律上依附于她的丈夫，如《礼记》云：“凡妇人，从其夫之爵位”，其注又说：“生礼死事，以夫为尊卑。故犯罪应议、请、减、赎者，各依其夫品，从议、请、减、赎之法，若凡除、免、官当者，亦准男夫之例。”[⑥]元代以前的法律规定，妻子犯法，除犯死罪收禁在监外，其余杂犯，无论轻重都不收监，责付本夫收管。[⑦] 这好像是对女性的“照顾”，但实际上是因为在统治者看来，妻子只是丈夫的附属品，因此应由丈夫起到一定监管之责。[⑧] 传统法律自古即行族诛之制，妻既从属于夫，故夫犯重罪，妻皆依例缘坐，《汉律》而下，并无例外。所谓“祸延父母妻子”中，妻向为不可逃者。而对谋反大逆案，则子之妻，亦在罗织之中。不平等的是妻犯重罪，却一般只坐其身，与夫无涉。[⑨]

在刑事立法上，男女不平等、夫妻不平等的色彩十分浓厚。有些法律义务的承担，女重于男，妻重于夫，有些甚至只是对女性的片面要求；而在权利的分配上则明显地男优于女，夫优于妻。[⑩]

---

① 汪汉卿.中国法律思想史[M].北京：中国科技大学出版社，1993：135.

② 李昉等.太平御览：卷六四〇“刑法部六·决狱”[M].北京：中华书局，1960：2868。

③ 倪正茂，等.中华法苑四千年[M].北京：群众出版社，1987：372.

④ 汪世荣.中国古代判词研究[M].北京：中国政法大学出版社，1997：12.

⑤ 高绍先.中国刑法史精要[M].北京：法律出版社，2001：347.

⑥ 周密.宋代刑法史[M].北京：法律出版社，2001：56.

⑦ 瞿同祖.中国法律与中国社会[M].北京：中华书局，1981：105.

⑧ 高绍先.中国刑法史精要[M].北京：法律出版社，2001：354.

⑨ 刘宁元.中国女性史类编[M].北京：北京师范大学出版社，1999：140.

⑩ 高绍先.中国刑法史精要[M].北京：法律出版社，2001：375.

对于婚姻义务的规定，男女之间存在很大的差异。如关于女子重婚，在秦朝“夫有再娶之义，妇无二适之文”。法律保护一夫多妻制的同时，严禁一妇“二适”，不允许在丈夫未死时离婚改嫁，甚至夫死未葬而改嫁，都要处以死刑。[①]《唐律·户婚》则规定：“妻妾擅去者徒二年，因而改嫁者，加二等。”关于男子重婚，则规定：“诸有妻更娶妻者，徒一年。”[②]唐律中如夫背妻逃亡，向无处罚。且非达一定之年限（三年），不许其妻离异改嫁。若妻背夫逃亡，除加以处罚外，并令听夫嫁卖。[③] 对于婚姻的缔结，元朝的《刑法志·户婚》规定：“男家悔者，不坐”，只是不追聘财，女方则“笞三十七下，若更许他人者笞四十下，已成者五十七下，后娶者知情减一等，妇归前夫”，[④]但对夫却无相应的规定。

违反贞操的，女性就要承受比男性更重的刑罚。例如，唐律规定：“决笞者，腿臀充受；决杖者，背、腿、臀分受，须数等。”因为笞是用竹板，行刑时脱裤击臀，鞭用皮革，行刑时去衣鞭背，妇女为免褪裤受刑之耻，反而去轻就重而受鞭杖刑。[⑤] 在古代中国，对女性贞操的片面规定还表现在对犯奸女性的处理上，依前所述有的甚至被处死。幸免一死的，也会受到严厉的惩罚，如在唐代即使通奸女子的丈夫已与之离，也仍不许与奸夫结婚。[⑥] 在元代则规定：“良家妇女犯奸，为夫所弃。诸受财纵妻妾为娼者，本夫与奸妇奸夫各杖八十七，离之。其妻妾随时自首者，不坐；若日月已久，才自首者，勿听。”[⑦]明代更是规定妇人犯奸者，“律从嫁卖”。[⑧] 刑律中的犯奸罪，首先是对封建伦常关系的维护，其次是对封建社会秩序的维护，而不是对妇女“人身权利”的保护。[⑨] 如《唐律·杂律》（总第 415 条）疏文说：“假有俗人，媒合奸女官，男子徒一年半，女官徒二年半，与女道士通奸之男方并不加重处罚”，[⑩]可见法律对犯奸男女处罚上的不平等。如果奸夫因奸谋害亲夫，奸妇无条件连坐。奸夫杀亲夫，奸妇是否有罪责，按理应据奸妇是否参与杀夫的犯罪而论。但唐律中，对于此种性质的犯罪，把奸妇无条件地置于连坐的地位惩罚。《贼盗律》（总第 253 条）之注文说：“犯奸而奸人杀其夫，所奸妻妾虽不知情，与同罪。”疏文说，“妻妾与人奸通，而奸夫杀其夫”，无论是“谋而已杀，故杀，斗杀”，犯奸的妻妾，“虽不知情与杀者同罪，为所奸妻妾亦合绞”。可见，这是一种“特殊”的刑事制度。[⑪] 对于强奸罪，虽然对犯奸男性处罚相对严厉，如《宋刑统》准依后周广顺三年（953 年）2 月 3 日敕文规定：“有夫妇人被强奸者，男子决杀，妇人不出罪。”[⑫]但从其加重对强奸有夫之妇的惩罚来看，就可知其出发点也是为了维护男权社会所私有的女性贞操权。

在其他刑事法律关系中，也体现了对男性的偏袒。如成年妇女尤其是妻子的法律地位

---

① 睡虎地秦墓竹简整理小组.睡虎地秦墓竹简[M].北京：文物出版社，1978：185.

② 何俊萍.中国古代妇女与法律研究[M].北京：宗教文化出版社，2001：172.

③ 贺圣鼎.女生在唐律上之地位[J].法学季刊，1930(6)：53.

④ 徐适瑞.元代婚姻法规中的妇女问题初探[J].内蒙古社会科学，1999(4)：31.

⑤ 高绍先.中国刑法史精要[M].北京：法律出版社，2001：409.

⑥ 方川.媒妁史[M].南宁：广西民族出版社，2000：58-59.

⑦ 元史卷一〇三：志第五一[M]//四库全书存目丛书：史部.济南：齐鲁书社，1996：2644.

⑧ 明史卷九三：志第六九[M]//四库全书存目丛书：史部.济南：齐鲁书社，1996：2291.

⑨ 郑秦.清代法律制度研究[M].北京：中国政法大学出版社，2000：237-238.

⑩ 钱大群.唐律研究[M].北京：法律出版社，2000：278.

⑪ 钱大群.唐律研究[M].北京：法律出版社，2000：83.

⑫ 王利容.中国监狱史[M].成都：四川大学出版社，1996：84.

与卑幼相同，夫犯妻，其量刑轻；妻犯夫，量刑重。丈夫可以随意打骂、役使以致转让妻子，妻子只能对此容忍。据《睡虎地秦墓竹简·法律答问》载："妻悍，夫殴治之，夬(决)其耳，若折支(肢)指，胅(体)，问夫可(何)论？当耐。"[①]另汉代张家山汉简《二年律令·贼律》载："妻悍而夫殴笞之，非以兵刃也，虽伤之，毋罪。妻殴夫，耐为隶妾。"[②]也就是说在秦汉时期丈夫殴打妻子，只要不使用兵器，哪怕"决其耳""折肢"，也是不承担任何罪名的。但"妻殴夫，耐为隶妾"，对于殴打丈夫的妻子的惩罚，法律是不强调任何前提的。[③] 在唐代妻殴伤夫，"加凡人斗伤三等处罚，殴伤致死者斩；而夫殴妻无伤则不成立殴罪，折伤以上减凡人二等，殴斗致死的才以凡人论。殴妾折伤以上，减妻一等"。(《唐律疏议·斗讼二》)[④]可知唐律于夫妻关系，妻则加凡斗伤三等夫则减凡人二等，其处罚有相去五等之多。[⑤] 宋律如之，偶有特赦，元律根据妻有无过失给予处罚。明律规定，"夫殴妻，非折伤勿论，致折伤以上，减凡人二等(须妻自告乃成)。先行审问，夫妇如愿离异者，断罪离异，不愿离异者，验罪收赎，致死者绞"。[⑥]但只要妻子殴夫，则不问有伤无伤，即杖一百。折伤以上加凡人斗伤罪三等，至笃疾者绞，殴夫致死者斩。故杀，谋杀本夫者凌迟处死。[⑦] 此外，妻子也不能到官府控告丈夫，"夫有罪，妻先告，不收"，[⑧]否则与卑幼告尊长一样犯了"干名犯义"罪。如唐律规定：妻子不可告发犯罪的丈夫，告发即为干犯名义(《唐律疏议·斗讼四》)，要按所告发的罪名予以制裁。唐、宋律处徒刑二年，但夫诬告妻却可减所诬告刑二等。[⑨] 明律更严，妻妾告夫与子孙告祖父母、父母同罪，杖一百徒三年，诬告者绞。[⑩] 因此在古代社会，作为卑幼的妇女是不得控告尊长(包括丈夫)的。[⑪]

妇女在法律上地位的不平等除了夫妻关系外，还体现在其他方面，如对女性侵犯翁姑的行为，便给予了严厉的打击。宋《折狱龟鉴》卷六记载有一妇女吴氏便因骂姑[⑫]致其自缢而受到严惩，[⑬]而且一般情况下"打骂夫之父母之行为不会得到赦免"。[⑭] 封建法律还确认翁姑可以对子媳行使父权，如殴骂翁姑即为不孝，明律进一步规定：子媳对翁姑的侵犯与子孙侵犯祖父母、父母同。如控告夫之祖父母、父母者，杖一百，徒三年，诬告者绞。骂詈翁姑者绞，殴者斩，杀者凌迟。过失杀者杖一百，流三千里，过失伤者杖一百，徒三年，谋杀者或斩或凌迟，而且一概不准收赎。而翁姑则可以借口子媳违犯教令而请求官府给予制裁。翁姑责打子媳，非伤致残、笃疾不为伤害罪。即使非理殴子孙妇令废疾者也仅杖八十，笃疾者杖九十，

---

① 睡虎地秦墓竹简整理小组.睡虎地秦墓竹简[M].北京：文物出版社，1978：185.

② 汉墓整理小组.张家山汉墓简牍[M].北京：文物出版社，2001：139.

③ 贾丽英.汉代有关女性犯罪问题论考——读张家山汉简札记[J].河北法学，2005(11)：118.

④ 倪正茂，等.中华法苑四千年[M].北京：群众出版社，1987：231.

⑤ 贺圣鼎.女生在唐律上之地位[J].法学季刊，1930(6)：53.

⑥ 张晓蓓.清代婚姻制度研究[M].成都：四川大学出版社，2001：177.

⑦ 倪正茂，等.中华法苑四千年[M].北京：群众出版社，1987：410.

⑧ 睡虎地秦墓竹简整理小组.睡虎地秦墓竹简[M].北京：文物出版社，1978：224.

⑨ 倪正茂，等.中华法苑四千年[M].北京：群众出版社，1987：410.

⑩ 林剑鸣.法与中国社会[M].长春：吉林文史出版社，1988：271.

⑪ 薛军，窦铁军.中国法制史问题纵横谈[M].北京：中国商业出版社，1991：114.

⑫ 本文中所谓的"姑"，如非特别说明，一般均指婆母而言，即丈夫之母。

⑬ 郑秦.清代法律制度研究[M].北京：中国政法大学出版社，2000：204.

⑭ 贾丽英.汉代有关女性犯罪问题论考——读张家山汉简札记[M].河北法学，2005(11)：118.

如不为非理殴则不在此限。[①] 同时，对于女性侵犯其他尊亲属之行为，法律也进行了严惩。如汉代《二年律令·贼律》载："妇贼伤、殴詈夫之泰父母、父母、主母、后母，皆弃市。……殴父偏妻父母、男子同产之妻，泰父母之同产，及夫父母同产、夫之同产，若殴妻之父母，皆赎耐。"[②]妻妾对故夫之尊亲属，只要有殴打行为，即使没有任何破损折伤，也构成犯罪，要处以刑罚。而殴祖父母父母、伯叔父、姑、兄姊、外祖父母者构成"恶逆"或"不睦"重罪，最重处斩刑，最轻处徒二年半。若殴伤或殴死，刑罚又大大加重，重至绞斩。即使是过失伤之或杀之，也要处以重刑。如过失杀祖父母父母者流三千里，过失杀兄姊、伯叔父母者徒三年。仅过失伤者，也多处徒刑。到了明代，明律规定妻妾谋杀故夫之祖父母、父母，均较常人谋杀加重量刑，[③]甚至妻妾只要有谋杀故夫之祖父母、父母之"谋"，就要流二千里；对祖父母父母、伯叔父母、姑、兄姊、外祖父母、夫、夫之祖父母父母，只要有谋杀之"谋"，不管有无付诸实行，均构成"恶逆""不睦"之重罪，处以绞斩之极刑。[④] 但上述尊亲属谋杀、殴、殴伤、殴死相应的卑亲属，大多数并无罪责。即使少量有罪责者，也比卑幼犯尊长之罪责大大减轻。如在唐律中，尊亲属对卑亲属基本上没有"殴"罪，只有"殴子孙之妇令废疾者"，才杖一百。期亲尊长、外祖父母、夫、夫之祖父母父母谋杀卑幼，"各依故杀律减二等"。祖父母父母"殴杀"子孙仅徒"一年半"，以刃杀者徒二年；故杀者，徒二年半。[⑤] 另唐律卷第二十二斗讼律"殴兄姊"条规定："殴兄姊者，徒二年半，伤者，徒三年，折伤者流三千里。刃伤及折肢，瞎其一目者绞。死者皆斩，过失杀人者，各减本杀伤罪二等；又若殴杀弟妹，徒三年。以刃及故杀者流三千里，过失者各勿论。"[⑥]

对于同样是女性而言的妻妾和媵之间的相犯，也会因其所处的社会家庭地位而刑法上享有不同的待遇。如在宋代，"妻殴伤杀妾减凡人二等，殴死以凡人论。妻殴夫徒一年，如斗伤重的，加凡斗伤三等，徒二年。媵和妾骂丈夫的，杖八十。如妾骂妻的，与犯夫同罪，殴者徒一年半，致死的斩。媵犯妻的，减妾犯妻之罪一等，殴者徒一年，重伤的从重伤罪上减妾一等。妾犯媵，殴笞五十，折一齿的徒一年半等。媵和妾犯夫和妻，殴杀致死的，都斩"。[⑦] 那些地位较高，经济条件较好的女性，有时还会因丈夫的缘故而被减轻或免受刑罚。如上面所讲到的妻子会因丈夫的爵位而得到一定的减免并可以得到一定的收赎；另如在审判程序方面，西周法律规定："凡命妇不躬坐狱讼。"(《周礼·秋官·小司寇》)根据汉儒郑玄注，命夫指男子为大夫者，命妇，妇人为大夫之妻者，即贵族男女不亲自出庭参加诉讼。[⑧] 但这似乎只是对有地位或有钱的女性而言，那些贫苦的下层劳动妇女并没有享受到应得的实惠。

因此由典籍文献中的记载来看，清代以前的女性犯罪类型和数量相对较少。从对女性犯罪的惩治来看，有两种趋向，一是对女犯进行严厉的惩治，极尽侮辱之能事，由此出现了专门针对女性犯罪的刑罚和刑具。一是对女犯表现出了相当的宽容和照顾，尤其是对于孕妇

---

① 张晋藩.中国法律的传统与近代转型[M].北京：法律出版社，1997：121.

② 汉墓整理小组.张家山汉墓简牍[M].北京：文物出版社，2001：140.

③ 程维荣.中国审判制度史[M].上海：上海教育出版社，2001：164.

④ 范忠信.中国法律传统的基本精神[M].济南：山东人民出版社，2001：106.

⑤ 范忠信.中国法律传统的基本精神[M].济南：山东人民出版社，2001：107.

⑥ 贺圣鼎.女生在唐律上之地位[J].法学季刊，1930(6)：53.

⑦ 周密.宋代刑法史[M].北京：法律出版社，2001：304.

⑧ 郭成伟.中华法系精神[M].北京：中国政法大学出版社，348.

而言。此外，特权阶级女性还享有收赎和减免等权利，可见历史的复杂多样性。但从整体来看，古代女性的犯罪及其所受的惩治较为充分地反映出了女性社会地位的卑下，尤其是相对于男性而言，女性的屈从地位，是其犯罪和受不公平惩治的根本原因。

Prevue on Female Crime in Qing Dynasty Ago
—A Sort of Seeing about Old Scriptures

Ai Jing

(Guangxi University for Nationalities, Guangxi, 30006)

Abstract: Before the Qing Dynasty, there were few opportunities for Chinese women to commit crimes, and the types of crimes were relatively single, mainly crimes of rape and homicide. The rulers took special punishments for women because they were concerned about the gender and role characteristics of women. Among them, the most severe is the crime of adultery, the more typical is the palace sentence, and the other is the insulting punishment with the stick. In general female crimes, "finger" is often used for torture, while duplication, Sikou, and Chongmi have become penalties specifically for women. Sometimes they will be treated with leniency, advocating "women without punishment". The penalties for women's crimes have been reduced compared with men and given some care in the past, but they have not changed the low status of women in the law.

Key Word: before Qing Dynasty; female crime; sexual offence; penalty

“女职工禁忌从事的劳动”规定适用效果分析
——以相关裁判案例为样本

杨伟勤*

内容摘要：由于生理因素、社会文化的影响，当前女性就业仍处于不利境地。“女职工禁忌从事的劳动”规定是我国实行女性特殊劳动保护中的一个具体制度。但是，相关裁判案例也显示，该规定存在范围过于宽泛、保护措施难以落到实处、救济机制与程序不完善的问题。为促进劳动领域女性免受性别歧视，从实质平等与社会性别的视角重新审视“女职工禁忌从事的劳动”规定，有必要更新保护路径，修订完善保护女职工特殊劳动权益的相关立法。

关键词：女职工禁忌从事的劳动；适用效果；社会性别；实质平等

基于女性特殊的身体结构与生理特征，我国法律法规对女职工的劳动保护作出特别规定，以《中华人民共和国宪法》为依据，形成了以《中华人民共和国劳动法》（以下简称《劳动法》）、《中华人民共和国就业促进法》（以下简称《就业促进法》）、《中华人民共和国妇女权益保障法》（以下简称《妇女权益保障法》）中相关规定和国务院《女职工劳动保护特别规定》为主要载体的专门法律制度。立法促进实质平等而非仅仅是形式平等。[①] 即因过去的或者限制的歧视而处于不利境地的个人或团体作为受惠对象，在法律、政策和措施上给予特别关怀。[②] 但此种纠偏须有合理限度，若矫枉过正，会带来新的歧视。作为女职工特殊劳动保护制度之一的“女职工禁忌从事的劳动”虽然发挥了一定的保护作用，但过于烦冗、陈旧的规定却或明或暗地成为拒绝录用女性或解除劳动关系的借口，造成不公与困扰。这一现象的存在，不禁令人深思，“女职工禁忌从事的劳动”这一限制性保护规定是否合理？妇女是否有谢绝此种差别对待“关怀”，自愿从事“女职工禁忌从事的劳动”的自由？本文尝试以相关裁判案件为观察分析样本，探讨“女职工禁忌从事的劳动”制度的成效与可能存在的不足，提出补善之策。

一、既有相关文献综述

2016 年 8 月 22 日，最高人民法院公布的十个典型案例中，“邓某某诉某速递公司、某劳

* 杨伟勤，女，厦门大学法学院硕士研究生，主要研究方向为劳动法与社会保障法、性别与法律。

① Peter, H., Constitution Law of Canada[M]. Student Edition, Thomson Carswell, 2003:1106.

② 张明锋.加拿大的纠正歧视行动及其对我国的启示[J].法学，2006(7):103-111.

务公司一般人格权纠纷案"[①]为就业性别歧视典型案例，其争议焦点涉及"女职工禁忌从事的劳动"。随着社会经济与女性自身发展，"女职工禁忌从事的劳动"这一规定在女性就业、劳动保护中产生了一定负面影响，学界对此问题的研究主要聚焦于以下方面。

（一）"女职工禁忌从事的劳动"规定的作用与不足

出于女性生理机能、身体结构特点与所承担的繁衍后代、抚育子女的特殊需要，在劳动方面需对女职工特殊权益提供法律保障。[②] "女职工禁忌从事的劳动"规定发挥了一定作用。然而，这一基于性别的区别对待，也造成了女性被排斥、就业范围受限的实质不平等结果。首先，该规定对女性就业产生了负面效应。访谈结果表明，"四期"之外的"女职工禁忌从事的劳动"导致的性别歧视迫使女性群体逐渐边缘化。[③] 其次，该规定加深了女性弱势地位。该规定倾斜保护劣势处境的女性，强化了社会对她们的刻板印象。同时，限制女性进入相关行业与劳动种类是对女性实现就业权利的损害，造成"职业性别隔离"阻碍女性进一步发展。[④] 最后，保护费用分担机制不合理影响实效。在福建省范围内的相关立法实施效果的实证调研发现，私营企业容易因特殊保护的额外成本而拒绝录用女职工。[⑤] "性别亏损"实际上转嫁至女职工本人。[⑥] 因此，"女职工禁忌从事的劳动"这一特别保护措施需要重新评估和完善。

（二）"女职工禁忌从事的劳动"的完善之策

首先，"女职工禁忌从事的劳动"范围应当限于女性劳动中的专属性危害。应当以女性特殊生理时期的承受能力及保障后代孕育的特殊需要作为确定女职工禁忌劳动范围的依据。[⑦] 需要根据新的科学发现或研究及时调整"女职工禁忌从事的劳动"的范围，且范围上宜窄不宜宽。其次，将保护性立法改为授权性立法符合现实需求与世界立法趋势。立法与其明确女性禁忌从事的劳动、剥夺妇女的选择权，不如把是否从事这一岗位的选择权赋予妇女。[⑧] 以开放心态尊重女性，更好地促进其自我发展与贡献社会。最后，女职工维权的有效途径仍待探索。各类救济程序的期限仍不明确且相互之间缺少衔接[⑨]。

简言之，对于"女职工禁忌从事的劳动"规定在具体实践中出现的问题，需要给予关注与

① 中国法院网.邓某某诉某速递公司、某劳务公司一般人格权纠纷案[EB/OL].(2016-08-22)[2021-08-07].https://www.chinacourt.org/article/detail/2016/08/id/2061925.shtml.

② 叶静漪，张智霞.女职工特殊劳动保护概况[M]//杨大文，郭建梅.当代中国妇女权益保障的理论与实践:《消除对妇女一切形式歧视公约》在中国执行情况的调查.北京:中国工人出版社，2001:142.

③ 刘明辉.关注女职工职业禁忌的负面影响[J].妇女研究论丛，2009(24):43-45.

④ 秦红美.女职工劳动特别保护研究[D].成都:西南财经大学，2019:25-26.

⑤ 王铀镱.女性主义视角下女职工劳动权立法保障的实证研究[J].甘肃理论学刊，2020(1):86-93.

⑥ 潘锦棠.建立女职工劳动保护费用分担机制[J].妇女研究论丛，2009(2):45-46.

⑦ 蒋月.企业女职工特殊劳动保护实施效果研究——以东南某省为例[J].法治研究，2013(12):58-66.

⑧ 马忆南.女性禁忌从事的劳动再思考[J].妇女研究论丛，2009(12):41-43.

⑨ 蒋月.企业女职工特殊劳动保护实施效果研究——以东南某省为例[J].法治研究，2013(12):58-66.

改进，在女职工特殊劳动保护、促进就业及个人发展之间寻求平衡点。综合看，以往对女职工禁忌从事劳动问题的研究还比较有限。

二、“女职工禁忌从事的劳动”规定适用现状

笔者于2020年5月30日在“威科先行”法律信息库以“《女职工劳动保护特别规定》”“女职工禁忌从事的劳动”为关键词进行全文搜索，筛选出8份民事判决书。筛选条件未限定审判程序，其中有2份判决书为同案件的一审、二审程序的裁判文书，故核实相关案例是7个。在阅读内容基础上，分类统计、归纳该7份裁判案件相关信息，了解该类案件争议焦点及判决结果。

（一）案件所涉职业情况

在样本案件中，所涉职业分别为快递员、机电车间工人、环卫工人、厨房学徒、褐藻胶车间工人、搬运工与收费岗，多数需要付出较多体力劳动，基于女性的生理特征，对此有必要提供一定的劳动保护，但是否属于“女性禁忌从事的禁忌劳动”则需要具体审查分析。根据《中国社会中的女人和男人——事实和数据（2019）》2015年女性就业人员在第一、第二、第三产业的比重分别为48.5%、31.7%和44.9%。[①] 女性较多于第一、第三产业从事相关职业。所调查案件中涉及职业除机电车间工人与褐藻胶车间工人属于第二产业外，均属第三产业，且岗位薪酬较低，属于弱势群体。因此，“女职工禁忌从事的劳动”规定应当与时俱进，反映妇女劳动就业的需求和特点，最大限度地保护女性合法权益。

表1　样本案件基本情况

	案件名称与争议类型	所涉职业
1	邓亚娟等与北京手挽手劳务派遣有限责任公司一般人格权纠纷（二审）	快递员；内容为“任职资格：男，年龄：18～45岁，身体健康，无文身，无前科”
2	高淑慧与北京兰光精密机电有限公司劳动争议（一审）	机电车间工人
3	广东侨园劳动服务公司与林翠芳劳动争议（二审）	环境卫生维护
4	梁海媚与广东惠食佳经济发展有限公司、广州市越秀区名豪轩鱼翅海鲜大酒楼人格权纠纷（二审）	厨房学徒，任职资格及其他条件载明“1.男性，18～25岁……”
5	青岛聚大洋藻业集团有限公司、徐程程劳动争议（二审）	褐藻胶车间工作
6	张翠英与辽源矿业有限责任公司职工总医院劳动争议纠纷（二审）	搬运工
7	上诉人陕西中交榆佳高速公路有限公司与上诉人马怡凡劳动争议纠纷（二审）	收费岗

① 国家统计局社会科技和文化产业统计司.中国社会中的女人和男人——事实和数据（2019）[EB/OL].（2020-01）[2020-08-19]. https://china.unfpa.org/sites/default/files/pub-pdf/Women%20and%20Men%20in%20China%20Facts%20and%20Figures%202019-CN_0.pdf.

(二)案件争议焦点及判决结果

在样本案件中,女性诉求分别为:违反"女职工禁忌从事的劳动"受到就业歧视、未合理调岗而非法解除劳动合同、侵害人身权利。其中,在邓亚娟等与北京手挽手劳务派遣有限责任公司一般人格权纠纷①,梁海媚与广东惠食佳经济发展有限公司、广州市越秀区名豪轩鱼翅海鲜大酒楼人格权纠纷②两个案件中,因用人单位以岗位"不适合女性"为由拒绝录用,侵犯了女性平等就业权;广东侨园劳动服务公司与林翠芳劳动争议纠纷③,青岛聚大洋藻业集团有限公司、徐程程劳动争议纠纷④,上诉人陕西中交榆佳高速公路有限公司与上诉人马怡凡劳动争议纠纷案⑤则对雇主未合理调岗、提供劳动安全卫生保障,是否违反"女职工禁忌从事的劳动"规定而违法解除劳动关系产生争议;张翠英与辽源矿业有限责任公司职工总医院劳动争议纠纷⑥、高淑慧与北京兰光精密机电有限公司劳动争议纠纷⑦中,张翠英、高淑慧请求赔偿因从事"女职工禁忌从事的劳动"所受的身体损害,但均因为无法提供证据证明因工作原因造成人身损害而败诉。

我国法律关于"女职工禁忌从事的劳动"的规定,对女职工实行特殊保护,然而,似乎有过于强调两性生理差异之嫌。这种"过度"与现实中的录用和解除劳动关系中的性别偏见之间有着一定关联,引生出某些负面影响:一是雇主为了降低用工的劳动保护成本而不愿意招录女工;二是在劳动力市场上,女性与男性相比是最后的被雇用者,又是首先被解雇者。⑧

表 2 调查案件争议焦点及法院判决

文书名称	争议焦点	法院判决及理由
邓亚娟等与北京手挽手劳务派遣有限责任公司一般人格权纠纷二审民事判决书	快递员是否属于法律法规禁止女性从事的负重体力劳动	驳回上诉,维持原判。邮政公司在答辩意见中所援引的相关规定并不能证明快递员属于国家规定的不适合妇女的工种或者岗位。对于邓亚娟询问丧失应聘机会的原因是否因其为女性时,李欣作了肯定的答复,能够证明邮政公司拒绝聘用邓亚娟的原因在于其为女性,侵犯了邓亚娟平等就业的权利。邮政公司对其侵权行为给邓亚娟造成的合理损失应予以赔偿。

① 邓亚娟等与北京手挽手劳务派遣有限责任公司一般人格权纠纷二审民事判决书,北京市第三中级人民法院,(2016)京 03 民终 195 号,威科先行法律信息库。

② 梁海媚与广东惠食佳经济发展有限公司、广州市越秀区名豪轩鱼翅海鲜大酒楼人格权纠纷民事判决书,广东省广州市中级人民法院,(2016)粤 01 民终 10790 号,威科先行法律信息库。

③ 广东侨园劳动服务公司与林翠芳劳动争议二审民事判决书,广东省广州市中级人民法院,(2014)穗中法民一终字第 5573 号,威科先行法律信息库。

④ 青岛聚大洋藻业集团有限公司、徐程程劳动争议二审民事判决书,山东省青岛市中级人民法院,(2017)鲁 02 民终 8021 号,威科先行法律信息库。

⑤ 上诉人陕西中交榆佳高速公路有限公司与上诉人马怡凡劳动争议纠纷一案二审民事判决书,陕西省榆林市中级人民法院,(2019)陕 08 民终 4429 号,威科先行法律信息库。

⑥ 张翠英与辽源矿业有限责任公司职工总医院劳动争议纠纷二审民事判决书,吉林省辽源市中级人民法院,(2016)吉 04 民终 85 号,威科先行法律信息库。

⑦ 高淑慧与北京兰光精密机电有限公司一审民事判决书,北京市海淀区人民法院,(2018)京 0108 民初 2421 号,威科先行法律信息库。

⑧ 黄列,陈明侠.性别与法律研究概论[M].北京:中国社会科学出版社,2009:244.

续表

文书名称	争议焦点	法院判决及理由
高淑慧与北京兰光精密机电有限公司一审民事判决书	退磁工作是否属于"女职工禁忌从事的劳动"且因此导致身体损伤	当事人对自己提出的诉讼请求所依据的事实或者反驳对方诉讼请求所依据的事实有责任提供证据加以证明。没有证据或者证据不足以证明当事人的事实主张的,由负有举证责任的当事人承担不利后果。现有证据不足以证明兰光机电公司在高淑慧工作过程中存在过错,亦不足以证明高淑慧从事的工作与其身体损伤后果之间存在因果关系,高淑慧未能尽到举证责任,故对高淑慧的全部诉讼请求,本院均不予支持。
广东侨园劳动服务公司与林翠芳劳动争议二审民事判决书	岗位调整是否违反"女职工禁忌从事的劳动"规定	岗位调整并未违反《女职工劳动保护特别规定》关于"女职工禁忌从事的劳动"的规定,广东侨园劳动服务公司无须支付林翠芳解除劳动合同经济补偿金。
梁海媚与广东惠食佳经济发展有限公司、广州市越秀区名豪轩鱼翅海鲜大酒楼人格权纠纷二审民事判决书	是否侵犯了梁海媚的就业平等权以及应否承担相应的民事责任问题	惠食佳公司发布仅限男性的招聘广告以及名豪轩酒楼前台工作人员相关行为中,的确存在对女性应聘者实施了区别、限制以及排斥的行为。而惠食佳公司、名豪轩酒楼所招聘的岗位并非不适合妇女的工种以及岗位。惠食佳公司、名豪轩酒楼在招聘过程中仅因招聘者性别而产生的区别、限制以及排斥的行为,损害了梁海媚的就业平等权,给梁海媚造成了一定的精神损害。依法判令惠食佳公司、名豪轩酒楼向某媚作出书面赔礼道歉并赔偿相应的精神损害抚慰金。
青岛聚大洋藻业集团有限公司、徐程程劳动争议二审民事判决书	公司未合理调岗、提供劳动安全卫生保障,是否违反"女职工禁忌从事的劳动"规定	根据《女职工禁忌从事的劳动范围》第 6 条规定,徐程程怀孕后,因顾虑工作的车间有甲醛、氯气,请求调整工作岗位,合情合理。聚大洋公司在无法提供检测机构的检测报告证明室内空气质量符合国家职业卫生标准的情况下,应当及时为徐程程调整新的工作岗位。在公司无法提供完全安全无害的工作岗位的情况下,在家待岗未到公司上班,不能构成公司解除劳动合同的理由。聚大洋公司以徐程程旷工为由解除劳动合同,依据不足,一审判决撤销聚大洋公司作出的解除徐程程劳动合同通知书,并判决双方继续按照原劳动合同履行,并无不当,二审法院予以维持。
张翠英与辽源矿业有限责任公司职工总医院劳动争议纠纷二审民事判决书	张翠英是否因从事"女职工禁忌从事的劳动"导致身体伤害	张翠英对自己是否是在工作期间、因工作原因造成的流产没有提供证据,故其应承担对己不利的后果。 张翠英身体受伤害、权利被侵害是因 1979 年夏去渭津拉水泥时颠簸致其流产,即诉讼时效的起算点应为 1979 年,距今已 36 年,远远超过最长诉讼时效,且不存在特殊情况,不适用可以延长诉讼时效期间的规定。在一审中,原审被告矿医院主张了诉讼时效已经经过的抗辩权,故应驳回张翠英的诉讼请求。张翠英提出因工作而导致流产,申请赔偿应先向社会保险行政部门申请工伤认定,未经工伤认定的,不属法院受案范围。因此,张翠英的起诉已丧失法律保护的实体胜诉权利。原审法院认定事实清楚,程序合法,判决驳回张翠英的诉讼请求正确,应予维持。

续表

文书名称	争议焦点	法院判决及理由
上诉人陕西中交榆佳高速公路有限公司与上诉人马怡凡劳动争议纠纷一案二审民事判决书	岗位调整是否违反"女职工禁忌从事的劳动"规定	陕西中交榆佳高速公路有限公司对马怡凡由票管员调整为收费岗，调岗属用人单位的自主用工，未违反法律及合同约定，且调整后的岗位并非女职工禁忌劳动范围，故马怡凡主张陕西中交榆佳高速公路有限公司违法解除劳动合同，并要求赔偿的请求依法不予支持。

三、"女职工禁忌从事的劳动范围"规定适用中存在的问题

"女职工禁忌从事的劳动范围"规定的内容过于宽泛，且采取的"保护型"立法模式可能对部分女性个体的需求关注不够，其合理性在市场经济条件下有待商榷。由于缺乏有效的监督救济途径，该立法的预期目的实现存在较大难度，女职工特殊劳动保护落实难。

(一)一般时期"女职工禁忌从事的劳动范围"规定过于宽泛

《女职工禁忌从事的劳动范围》第一项用3个条款较为详尽规定了一般时期的"女职工劳动禁忌范围"，即矿山井下工作、重体力高负荷劳动。全方位的禁忌从事的劳动范围规定是女职工劳动保护、社会发展进步的体现，然而，强化女职工劳动保护，势必也提高了女性"就业门槛"。

由于过于宽泛的种种限制的存在，用人单位录用员工时在同等条件下优先考虑男性，女性平等就业权的实现障碍因此无形增大。如邓亚娟等与北京手挽手劳务派遣有限责任公司一般人格权纠纷，梁海媚与广东惠食佳经济发展有限公司、广州市越秀区名豪轩鱼翅海鲜大酒楼人格权纠纷两个典型案例中，所涉职业分别为快递员与厨房学徒，工作强度并未达到第四级体力劳动的强度，也不存在需要持续负重或负重强度过大的情形，不属于不适合女性从事的劳动范围，且在现实生活中女性也完全可以胜任。但是，用人单位对应聘人员的性别加以区分、限制或排斥，"女职工禁忌从事的劳动"的规定反而成为"合法合理"拒绝录用女性的借口，减少了女性就业机会。"立法在对某类现象设计规制时，应当设想到可能发生的违规或违法行为，有针对性地设定防范措施，事先堵住漏洞"，①否则用人单位可借该条款冠冕堂皇地拒绝录用女性，规避就业歧视。

(二)特殊生理时期的"女职工禁忌从事的劳动范围"的保护措施难落实

《女职工劳动保护特别规定》第5条至第10条就孕期、产假期间、哺乳期规定了诸多女职工特殊劳动保护措施。《女职工禁忌从事的劳动范围》以10个专项条款对经期、孕期、哺乳期的劳动禁忌作出具体规定，涉及高处、低温、冷水等多方面的作业危害。然而，现实中切

---

① 蒋月，王铀镱.国际公约视野下我国女性职工劳动权的保障[J].天津师范大学学报(社会科学版)，2015(2)：55-60.

实履行特殊劳动保护义务的用人单位较少，且不同地区、不同性质、不同规模的企业的实施效果差距较大，不但使部分女职工无法享受优惠待遇，反而成为女性平等就业路上的障碍。

女职工的特殊劳动保护在国家机关、事业单位以及大型国企的落实情况相对较好，而部分私营企业基本未能承担起该职责。例如，青岛聚大洋藻业集团有限公司、徐程程劳动争议纠纷中，用人单位拒绝在充满甲醛、氯气的车间孕期女职工的调岗请求，无法提供安全无害的工作环境，甚至以女职工旷工为由解除劳动关系。此外，当女职工处于孕期，却依旧安排加班、降薪调岗甚至予以辞退，哺乳期不能保证哺乳时间等严重侵犯妇女劳动权益的现象早已屡见不鲜。当前述侵犯女职工合法权益的情形发生时，女职工面对就业压力，多数选择忍气吞声，不愿意也没有能力抵抗。女职工特殊劳动保护责任的承担主体几乎都为用人单位，对女职工提供特殊劳动保护将增加企业的用工成本，造成"性别亏损"，①面对保护妇女的社会责任与营利性目的之间的利益矛盾，部分企业就会基于经济效益最大化考虑，不愿意投入保护女职工的成本，甚至不招收女职工。男女平等依赖于政府行政上的直接干预和推动。若政府能通过相关政策或者社会保障措施对招录女职工较多的企业提供合理补偿，将会大大减少女性在劳动领域遭遇到性别歧视。

(三)救济机制与程序规定不完善

若无救济的途径，则权利与自由难以保障。当女职工劳动权益受到侵犯时，因我国法律规定中的救济通道过于狭窄，各种救济途径相互关系不明晰，可能导致女性享有的劳动权益特殊保护"有名无实"。缺乏具体明确的救济机制，女性劳动者"投诉无门"。《女职工劳动保护特别规定》第 14 条规定"用人单位违反本规定，侵害女职工合法权益的，女职工可以依法投诉、举报、申诉，依法向劳动人事争议调解仲裁机构申请调解仲裁……"。然而，立法未明确各类救济途径之间的关系，"未规定向哪个机构或部门投诉、举报、申诉?受理机构应当在何期限做出答复?答复形式和程序是什么?投诉、举报、申诉程序之间是什么关系?"②现实中，女职工通常通过以下途径寻求救济：第一，向妇联请求帮助，但妇女组织作为公益性质的社会团体，不能直接解决争端，实际仅起协调作用；第二，向仲裁机构申请仲裁，但仲裁机构往往侧重于劳动合同纠纷的解决，且仲裁结果亦缺乏强制执行力；第三，向法院提起诉讼，但由于劳动者举证意识薄弱、举证困难，通过司法救济保障女性劳动权益仍困难重重。司法实践中很少有关于用人单位违反"女职工禁忌从事的劳动"的案件，但劳动力市场中未履行该规定或因该规定产生隐形歧视的现象普遍存在，并不是没有该矛盾而是难有途径发现此问题。因此，我国现行立法建构起妇女劳动权益保障的法律框架，尚不够精细化，各种相关制度之间存在一定缝隙，导致实施效果明显被打了"折扣"。

---

① 叶文振.男女平等：一个多维的理论建构[C]//陈力文，蒋月.厦门大学妇女理论研讨会论文选集(1997—2010)，厦门：厦门大学出版社，2012：258.

② 蒋月.企业女职工特殊劳动保护实施效果研究——以东南某省为例[J].法治研究，2013(12)：58-66.

四、修订完善“女职工禁忌从事的劳动”规定的建议

(一)科学合理界定“女职工禁忌从事的劳动”范围

“女职工禁忌从事的劳动”规定应当从男女两性生理机能与生理结构的不同出发,基于“母性机能保护”的目的,针对女职工特有的专属性危害,严格界定“女职工禁忌从事的劳动”的范围。基于女职工不同于男性的生理机能与身体特点,对女职工须提供相应保护;妇女担负孕育下一代的特殊任务,对女职工的特殊保护不仅是对女职工本身的保护,也是对下一代的安全和健康的保护。① 根据《消除对妇女一切形式歧视公约》中的国家义务原则,采取一定的适当措施解决妇女面临的特殊问题,维护妇女的尊严也是我国应承担的国际义务。

应当根据社会经济发展的情况除旧布新,合理确定“女职工禁忌从事的劳动”的范围,及时剔除不合理的部分。随着社会进步与先进科技的普及应用,许多岗位已经不能简单以性别作为区分条件,简单的男女差异的界限正在被打破。如矿山井下工作在美国、南非、中国台湾地区已对女性开放。② 一些女职工禁忌从事的劳动已不属于基于职业内在需要而作出的限制,如果立法仍然作出缺乏合理性、严谨性的界定,不但难以达到保护女性平等就业权的目的,反而阻碍女性进入劳动市场,造成性别歧视合法化的后果。

(二)转变保护方式,赋予女性选择权

“女职工禁忌从事的劳动”规定对妇女、社会产生了与立法初衷相悖的不利影响。一方面,这一限制性保护使部分妇女被排斥在她们能胜任的职业之外,阻碍了有能力的妇女充分运用自己的技术与能力,既束缚了女性,也使社会未能充分开发女性人才资源。另一方面,妇女一旦被排挤出相关职业,就丧失了提高技术的动力和机会,而最初妇女可能具有胜任此项职业的技术,却因为缺少接触工作与积累经验的机会,使她们被迫落后于社会发展的要求。“女职工禁忌从事的劳动”所导致的排斥现象不仅造成不平等的机会、不平等的收入,事实上还是非效率的。这一限制性保护所带来的非效率将以复利的形式增长,降低女性的可持续发展能力,造成恶性循环。

应当转变保护方式从禁止限制到尊重妇女选择权。首先,女性从事某些行业或岗位的劳动能力的确受到特殊生理特征的影响。但是,妇女之间存在个体差异,有些妇女未必不能承受男性所能承受的劳动强度,即能否从事高强度劳动取决于个人能力而非性别。不应当一律禁止妇女从事相关劳动,对于没有生育需求的女性,如果她们的体能足以适应一定劳动强度的工种,就应当由妇女根据自身情况做出合理选择,不能再搞“一刀切”。其次,根据“有利原则”倾斜保护劳动者劳动权的本位思想。③ 如果没有其他工作可供女性选择,过度的保

① 廖泉文,邱雯.论妇女的劳动保护与就业保障[C]//陈力文,蒋月.厦门大学妇女理论研讨会论文选集(1997—2010),厦门:厦门大学出版社,2012:11.

② 马忆南.女性禁忌从事的劳动再思考[J].妇女研究论丛,2009(12):41-43.

③ 李雄.论平等就业权的界定[J].河北法学,2008(6):66-72.

护性措施可能限制女性就业机会。此时，对于未考虑妇女个体差异、实行“一刀切”式的不合理规定，应当根据有利原则，给予女性选择的自由，使其拥有谢绝“关怀”自愿从事“女性禁忌从事劳动”的权利。例如，邓亚娟等与北京手挽手劳务派遣有限责任公司一般人格权纠纷，梁海媚与广东惠食佳经济发展有限公司、广州市越秀区名豪轩鱼翅海鲜大酒楼人格权纠纷这两个典型案例中，用人单位分别以快递员、厨房学徒属于“女职工禁忌从事的劳动”为由拒绝录用，但双方在快递员与厨房学徒是否属于法律法规禁止女性从事的负重体力劳动这一问题上存在争议时，应当通过赋权植入社会法特有的“倾斜保护”价值理念，尊重女性选择权，作出有利于劳动者的解释。

(三)着力改善工作环境和减少劳动禁忌，扩大女性就业面

以排斥女性整体工作机会为保护方式的立法思路应当被提供工作条件的立法进路所取代，形成“更高水平的男女平等”。“确定女职工禁忌劳动范围的依据，应当是女性特殊生理时期的承受能力及保障后代孕育的特殊需要。”①只有当采取相关保护措施仍不能减少或消除工作环境对女性特殊生理情况的不利影响时，才能作出禁止性规定。因此，用人单位应积极改善劳动岗位的条件与环境，减少特殊岗位存在的危险与工作强度，提高可适度，使更多工作岗位适合不同时期的女性参与。为扩大女性就业面，可以通过提高生产技术、改善工作条件，消除工作场所中潜在的安全事故或疾病的隐患，减少不适合女性的行业或岗位的数量。女性的生存与发展空间应当是逐步拓展的，而不是逐步受限。制定实施法律的目的在于让岗位“适合妇女”或帮助妇女适合岗位，而不应首先“禁止妇女从事”或让用人单位以此作为拒绝妇女就业的借口。当然，政府在此过程中，也应承担相应的责任。如对积极改善女性工作环境的企业加大资金支持或给予一定的补贴优惠，从而分担企业的用人成本，共同为女性创造安全友好的劳动环境。

(四)设置专门机构，完善救济机制

对女职工实行特别劳动保护“立规矩”只是一个方面，另一方面需要有法必依，通过强有力的执法和司法救济，使相关法律规定切实得到执行。我国救济机构及运作制度不完善，导致妇女遭受劳动权益损害时通常处于无从救济的境地。因此，切实实现女性特别劳动保护，须设置专门机构，完善救济机制。

英国、中国香港特区的平等就业机会委员会以及台湾地区的两性工作平等委员会和就业歧视评议委员会为专门的平等就业保护机构。② 由于我国立法未明确规定救济部门，妇女的特殊劳动保护“有名无实”。在充分借鉴相关经验的基础上，我国可于劳动保障机构下设立两性工作平等委员会，聘请一定数量的有劳动法实务经验的优秀律师担任顾问，协助该部门工作人员专门处理用人单位违反《女职工特别劳动保护规定》的纠纷。通过该组织落实相关法律制度、提供协商解决的平台、予以劳动者法律援助。③ 如此，可防止机构烦冗导致的行政执法的混乱，更主要的职责在于全方位地促进女职工特别劳动保护的实现。此外，对

---

① 蒋月.企业女职工特殊劳动保护实施效果研究——以东南某省为例[J].法治研究，2013(12)：58-66.

② 李雄，吴晓静.我国反就业歧视法律规控研究[J].河北法学，2010(12)：53-61.

③ 蔡定剑，张千帆.海外反就业歧视制度与实践[M].北京：中国社会科学出版社，2007：416-424.

于《女职工劳动保护特别规定》第14条未明确救济机制的问题，应当予以妥善解决。女职工的投诉、举报应当分别对应违反本规定侵犯自身合法权益的行为、用人单位违反本规定但未直接侵犯自身权益的行为，当对前两项处理结果存在异议或不服时，则可以行使申诉权。同时两性工作机构平等委员会应当以书面形式直接答复劳动者并书面告知用人单位处理结果。

为改善妇女的社会地位、实现女性解放，实现女性平等就业与劳动保护是必不可少的系统工程。这不仅需要一部良善的法律，也需要切实有力的执行、及时有效的救济与社会环境的改变。针对"女职工禁忌从事的劳动"规定存在的问题，需要我们给予关注与改进。应当合理界定该范围、赋予女性自主选择权、改善工作环境、完善救济机制，以实现"女职工禁忌从事的劳动"保护措施的贯彻落实，最大限度地维护女职工的合法权益。

Analysis of the Effect of "Female Taboo Labor"
—Based on Relevant 7 Judgment Cases

Yang Weiqin

(Xiamen University, Xiamen, 361005)

Abstract: Due to the influence of physiological factors and social culture, women are at a disadvantage in employment. Therefore, the state has formulated a series of policies and regulations to give women special employment protection. Although the "female taboo labor" has played a role in protecting the special rights and interests of female employees, it can be seen from the analysis of relevant cases that the regulations are too broad, protection measures are difficult to implement, and relief mechanisms as well as procedures are not perfect. Based on the existing problems in practice, it is suggested to re-examine the provisions of "female taboo labor" from the perspective of substantive equality and gender, and to update the protective path such as giving women right to choose, on the perspective of achieving more in-depth and effective protection of women workers' special labor rights.

Key Words: female taboo labor; applicable effects; gender; substantive equality

书　评

Book Reviews

女性、家庭与社会变迁

——读《欲望的驯化：爪哇的女性、财富和现代化》

许肖静*

The Domestication of Desire: *Woman*, *Wealth and Modernity in Java*（《欲望的驯化：爪哇的女性、财富和现代化》，以下简称为《欲望的驯化》）的作者是美国人类学家苏珊·布伦纳（Suzanne Brenner）。苏珊·布伦纳，美国加利福尼亚圣地亚哥分校（University of California San Diego，简称 UCSD）的人类学副教授，1991 年获得康奈尔大学博士学位。她的研究兴趣为性别、性和社会转型，其中特别关注印度尼西亚和美国的性别、宗教和政治的交叉点。《欲望的驯化》是布伦纳基于在印度尼西亚的梭罗市（Solo）的拉维扬（Laweyan）社区进行的两年田野调查（1986—1987）而完成的一部城市社区民族志。

梭罗（Solo，也被称为 Surakarta）位于爪哇中部，在历史上曾是梭罗苏丹国①的首都。爪哇战争（1825—1830）之后，梭罗苏丹国就处于荷兰殖民者的控制之下了。为更好地统治殖民地，殖民政府赋予了苏丹国王和王宫象征性的权力，将王宫文化视为高级的爪哇文化。时至今日，梭罗和日惹特区仍保留着王宫，被认为是爪哇文化的中心。拉维扬社区位于梭罗市的西北角，曾经是重要的巴迪克（batik）②蜡染布生产中心。拉维扬社区的"以女性为中心"可以追溯到殖民晚期的贸易女性化，家庭企业成为蜡染生产的中心，妇女在蜡染生产和贸易中脱颖而出，并在市场上获得了不小的控制权。当拉维扬社区在 20 世纪的最初几十年开始主导爪哇蜡染行业时，女性站在了现代化的最前沿。但战后的资本主义，以及新秩序时期（1966—1998）国家制度和意识形态的入侵，使曾经繁荣的社区走向衰落。拉维扬成为非现代（unmodern）的场所，其妇女、家庭和蜡染生产成为传统的象征。

苏哈托构建的政府被称为"新秩序"（New Order），宣告了一个经济发展和现代化的时代。苏哈托依靠军队力量建立了一个威权统治体系，为印尼获取外部援助、开展经济建设提供了长期的政治保障，印尼经济由此进入到一个较为繁荣的阶段。但是正是在这个印尼经济飞速发展的阶段，繁荣的拉维扬社区开始走向了衰落。《欲望的驯化》一书探讨的是拉维扬社区在殖民时代的后期成为一个自觉的现代化社区的原因，以及为什么在国家追求发展的浪潮下仍然放任自己走向衰落，呈现出非现代的景象。

布伦纳将家庭领域作为拉维扬现代化分析的中心。不仅关注家庭如何应对外部现代化

---

* 许肖静，女，厦门大学社会与人类学院人类学专业博士生。

① 1755 年，由于王位继承的分歧，位于中爪哇的马塔兰苏丹国（Mataram Sultanate，1586—1755）分裂为日惹苏丹国（Yogyakarta Sultanate）和梭罗苏丹国（Surakarta Sunanate）。

② 印尼特有的一种蜡染花布，也泛指用这种花布制成的服装。

的影响，也关注它如何从根本上塑造现代化的形式。同时“性别”以及“性别在现代化进程中的作用”也是本书关注的重点，布伦纳认为对性别的理解是理解家庭以及家庭与经济和政治领域之间联系的核心①。本文主要从家庭和性别两个方面，展示拉维扬商人社区从殖民后期到新秩序时期的等级制度、家庭观念、家庭分工、性别观念等的变化，来看拉维扬社区的现代化是如何形成以及如何在国家制度和意识形态的影响下走向衰落的。

一、家庭、财富与地位

不同于其他将家庭领域或者家庭经济置于边缘地位的现代化研究，布伦纳将家庭领域和家庭经济作为现代化分析的中心。布伦纳认为“家庭”作为拉维扬社区蜡染业发展的核心，其物质和精神再生产功能的逐渐式微是拉维扬社区衰落的主要原因。受殖民贸易的影响，拉维扬社区在 20 世纪 20 年代成为梭罗蜡染生产的中心。拉维扬的蜡染企业主要以家庭为中心，家庭不仅是财富生产的场所，同时也是财富向爪哇意义上的文化价值、社会地位转化的场所。20 世纪 60 年代之后，一方面新秩序政府将经济生产的功能与家庭相分离，使得拉维扬家庭的物质再生产的功能逐渐下降；另一方面，改革派伊斯兰动摇了传统的爪哇观念，尤其是关于祖先的价值观，使得拉维扬家庭的精神再生产的功能从根本上面临着挑战。

（一）以女性为中心的“家庭经济”

19 世纪中叶，在殖民经济的带动下，爪哇的蜡染企业得到了较快的发展。拉维扬的女性以家庭为核心来发展蜡染业，为家庭带来了绝大部分的财富。但是在爪哇传统观念中，地位和等级的维持和提高比追逐财富更为重要。所以，对于拉维扬的家庭来说，财富的价值不在于其作为资本的作用，而在于其转化为维持和提高社会地位和社会声望所需要的文化价值的能力。所以家庭不仅承担了经济生产的功能，也成为财富向爪哇意义上的文化价值转化的场所。在此基础上，布伦纳扩展了“家庭经济”这一概念，不仅包括物质资料的生产和消费，也包括欲望、精神的管理和控制。

1. 财富的生产

蜡染技术的发展和殖民经济对于拉维扬蜡染企业的产生和发展起到了重要的作用。巴迪克是爪哇蜡染工艺以及由蜡染制成的花布和服装的总称，被印尼人视为“国服”，深受印尼人民喜爱。巴迪克于 17 世纪早期开始兴盛于中爪哇的王宫贵族之间，在 19 世纪中叶之前，仅有手工制作一种方式，被称为手工巴迪克（batik tulis），是爪哇宫廷妇女的专营手工业。

① Suzanne, B. The Domestication of Desire: Women, Wealth, and Modernity in Java[M]. Princeton: Princeton University Press, 1998: 9.

由于手工蜡染耗时耗力[①]，所以价格昂贵，是仅供爪哇王宫贵族穿着的奢侈品。19世纪中叶，在印尼出现了印章巴迪克(batik cap)，指用印章制作巴迪克的方式。以往手工方式所需要的手绘图案和封蜡两道工序，印章巴迪克只需要用刻有图案的铜印章蘸取蜡液，然后按压在白布上就行了，大大缩短了蜡染布的制作时间。依据工作效率和设计的复杂程度，手工制作一条纱笼[②](约2.5米长)需要花费几天到半年的时间；而使用印章进行制作，一个工人一天可以制作20条纱笼大小的蜡染布。印章巴迪克的发明改变了蜡染生产的规模和方式。手工蜡染生产方式烦琐，需要女性来完成，也不需要专门的空间，这就意味着女性可以在家利用空闲时间来做蜡染布补贴家用。而印章巴迪克的生产需要专门的场地和全职的劳动力进行规模化的生产。但是印章巴迪克的发明并没有影响人们对于手工巴迪克的需求。爪哇上层阶级和欧洲人仍是偏爱价格更高的手工巴迪克。

欧洲对具有异国情调的巴迪克蜡染的需求促使殖民政府投资于该行业。19世纪中叶荷兰私人资本的投入和种植经济的快速增长、爪哇岛人口的迅速增长为蜡染业带来了国际和国内市场，19世纪70年代梭罗铁路的发展为拉维扬的蜡染业发展提供了便利。到20世纪20年代，拉维扬已成为梭罗蜡染行业中无与伦比的中心。

拉维扬的蜡染企业主要是以家庭为核心，大多由女性经营，妇女可以在几乎没有丈夫帮助的情况下管理企业及其家庭。人们认为与配偶以外的任何人合伙经营业务会导致独立性丧失和不可避免的冲突，对于独立性的强调影响了商业的组织形式和人际关系。兄弟姐妹，甚至父母与子女之间，倾向于将对方视为商业对手而不是潜在的合作伙伴。在结婚之后，子女在父母的帮助下会迅速地建立自己的家庭企业而不是加入父母的企业中，所以，在拉维扬社区，蜡染企业以家庭为核心，并且很少有维持超过一代的蜡染企业。

拉维扬蜡染企业的发展为家庭带来了财富，在其鼎盛时期“大多数爪哇人住在带有编织竹子或木墙的简陋小屋中，但许多拉维扬企业家拥有一座或多座大型、装修豪华的房屋，这些房屋可以世代相传”[③]。

2. 等级制度

对于拉维扬的家庭来说，财富的价值不在于其作为资本的作用，而在于其转化为维持和提高家庭社会地位和等级所需要的文化价值的能力。拉维扬社区内外的等级制度对这一观念起着决定性作用。对于拉维扬社区来说，对于地位的追求实际上是一种“内卷”现象。在拉维扬社区之外，贵族阶级以文化、生活方式等为标准，将商人阶级置于社会的底层；在拉维扬社区的内部，商人精英以财富为标准将人们分为精英和非精英，以此来挑战传统爪哇的等

---

① 手工蜡染工艺复杂烦琐。绘染之前需要将白布洗净，涂上花生油，然后晾干、过浆，然后在白布上绘制图案，接着用蜡液覆盖绘制的图案，蜡液凝固之后清洗布料，之后投到燃料盆中浸泡，染色后再用特殊的材料将颜色固定在布料上，再用热水煮去布上的石蜡，晾干，原本被蜡盖住的地方没有被染色，而呈现为白色，其他地方则被染为各种颜色。如果一匹巴迪克需要呈现出两种以上的颜色，就需要反复重复前面的工艺。

② 用一条布裹身做成的宽松裙子，在腰部用塞或卷的方法加以固定，主要为马来群岛和太平洋岛屿上的男女穿着。

③ Suzanne，B. The Domestication of Desire：Women，Wealth，and Modernity in Java［M］. Princeton：Princeton University Press，1998：40.

级意识形态，同时也将等级和地位的压迫转移到更底层的群体之中。

爪哇的等级制度通常与伦理、审美和文化价值的思想有关。在爪哇，人们使用一对概念对人及其行为方式、语言风格、职业等进行判断和划分：alus，精致、文明、文雅、超脱、镇定等，与上层阶级相关；kasar，粗俗、野蛮、贪婪等，与下层阶级相关。安德森在其早期的文章《爪哇文化中的权力观念》中指出爪哇贵族不仅是通过等级、职业将自身与其他人群区分开，也与生活方式、是否自觉采用独特且高度精细的伦理和哲学信仰体系有关。在这个信仰体系中，统治者及其他地位较高的人的权力是基于一种强大的精神力量和物质的积累。在爪哇的政治传统中，财富跟随权力而非权力跟随财富[①]。贵族阶级蔑视商人阶级试图通过财富积累而获得地位的行为。在贵族阶级看来，商人阶级追求金钱的生活方式是粗俗的，商人通过贸易获得的财富没有历史渊源、没有高贵的血统、与爪哇祖先没有联系，总之没有文化价值和真实性。

布伦纳认为殖民主义加深了贵族阶级和商人群体之间的矛盾。19世纪中叶，梭罗王宫的国王失去了实权，但王宫仍具有象征性的权力。一方面，荷兰人确定了贵族阶级（特别是中爪哇的王宫贵族）作为高级爪哇文化的旗手，并让他们在殖民官僚机构为殖民政权的利益服务。然而，通过殖民政府和国家的确认而产生的象征性资本并不能完全使贵族阶级的政治统治和等级观念合法化。另一方面，殖民政府限制了爪哇人在贸易中的参与，爪哇商人在社会中逐渐边缘化，地位甚至不如作为“中间人”的中国商人。一些学者认为原因在于商人阶级和贵族阶级在价值观上的背道而驰，但是布伦纳认为“商人阶级拒绝接受将他们置于社会底层的霸权主义意识形态，但是他们并不拒绝等级制度本身，而是重新定义了确定地位的标准”[②]。换句话说，拉维扬社区仍然被困在等级制度的文化逻辑中。

拉维扬社区内化并复制了贵族阶级的价值观，在社区内再现了精英与非精英的区别。布伦纳认为拉维扬社区的生活是“爪哇的等级制度、社会关系与商品生产为中心的生活方式的相互交织”[③]。在拉维扬社区内部，基于财富和职业，分为商业精英和村民。商业精英是指富有的商人和企业家。村民主要包括工人、女佣、黄包车司机、建筑工人以及收入较低的艺术家等。在两者之间还有小企业家、中低级别的公务员、私营企业雇员等。商人精英在社区内构建等级的意识形态，以便在“道德社区”中将剥削行为自然化。雇主和雇员之间的关系不仅仅是经济关系，也是一种对维持日常生活中基本的等级制度具有重要意义的社会关系。商人精英将财富看作是祖先将有价值的东西传给他们的标志，以此宣称自己是社区的合法继承人。通过将工资委婉地称为“礼物”，重新构建了雇主和雇员之间的等级逻辑和道德纽带。村民除了为精英们提供日常基本的薪水劳动，还在精英们举办各种仪式时帮助准备和提供食物、打扫卫生等等。

存在于拉维扬社区内外的等级制度使得商人对于地位和等级的关注始终要高于经济利

---

① Anderson. The Idea of Power in Javanese Culture, in Anderson, B. Language and Power: Exploring Political Cultures in Indonesia[M]. Ithaca: Cornell University Press,1990: 53.

② Suzanne, B. The Domestication of Desire: Women, Wealth, and Modernity in Java [M]. Princeton: Princeton University Press, 1998: 57.

③ Suzanne, B. The Domestication of Desire: Women, Wealth, and Modernity in Java [M]. Princeton: Princeton University Press, 1998: 105.

益，所以在拉维扬的商人家庭中，家庭经济不仅仅包括创造物质财富，也包含如何将财富转化为维持和提高社会地位所需要的文化和精神价值。

3. 财富的转化

在一个家庭中，财富向精神和文化价值的转化也是通过女性来完成的，这对于在爪哇社会中建立和维持家庭地位至关重要。女性主要通过物质和精神实践两种形式将经济资本转化为爪哇意义上的文化和精神价值。

爪哇人认为真正的财富是世代相传的，而不是短暂地拥有。遗产（warisan）在拉维扬的家庭中具有重要的作用。遗产一般是珠宝、土地、房子、短剑（keris）的实体，在拉维扬社区中，传统的蜡染技术也会作为遗产传递给下一代。人们希望通过具有经济价值的遗产来为后代提供物质保证。布伦纳认为可以使用莫斯的“礼物”概念来理解爪哇人的“遗产”。遗产不仅是具有经济价值的物体，也包含了祖先的祝福和意志。所以除了经济功能之外，它还在精神上将几代人联系在一起，成为代际延续的标志。但是拉维扬将财富转化为遗产形式而非继续投入生产的行为，在一定程度上也影响了资本的再生产。

除了保存遗产传递给下一代，女性还通过各种类型的牺牲（pribatin）来维持和提高家庭的地位，主要包括祷告和斋戒。人们相信如果放弃一些基本欲望，长远来看可以得到回报。对于女性来说，牺牲不仅与自身利益相关，更多的是为了后代和家庭的利益。拉维扬社区的很多女性会在周一和周四进行全天斋戒①，在孩子考试当天进行斋戒或者孩子生病的时候半夜进行祷告等。人们相信若能控制欲望进行牺牲，就能同时积累物质和精神的功德。布伦纳认为在拉维扬社区，女性不仅主导了家庭物质经济的生产，也主导了家庭精神领域。

布伦纳将拉维扬女性关于家庭物质和精神领域的实践称之为“家庭经济”。人们不利用财富来扩大蜡染企业的规模和业务，而是将财富作为遗产进行保存，并通过财富和地位的展示实现对声望的投资，这种实践有别于资本主义逻辑。通过对拉维扬的研究，布伦纳展现了另一种现代化实现的方式，即以家庭为依托，家庭成为财富生产的场所，也体现了人们对于地位和声望的需求。由此，我们得以触摸到更多爪哇的文化神经，看到人们关于财富和地位的观念，看到爪哇等级制度的建构性。

（二）新秩序时期：家庭与现代化

布伦纳总结了拉维扬社区的封闭性、对教育的忽视、较小的通婚圈等影响了社区的进一步发展，但是布伦纳认为新秩序政府和现代主义改革派伊斯兰对家庭的蚕食，是导致拉维扬社区蜡染业衰落的主要原因。

新秩序时期国家试图用中央权力机构来取代以地方为基础的等级制度，同时将大部分现代化努力集中在家庭上，使其适应国家目标的方式对其进行重新概念化。从国家的角度出发，家庭再也不能享有纯粹的自主权，它成为国家整体的一部分。而拉维扬女性将家庭和企业联合在一起，家庭的财富、社会地位和社会声望与女性息息相关。由此，拉维扬的家庭功能违背了新秩序政府对于现代化社会的设定。于是政府通过国家力量、大众传媒、资本强

① 在印尼，根据斋戒的时间，分为全天斋戒（puasa ndino）和半天斋戒（puasa mbedok）。全天斋戒从早上的萨乌尔（saur）（三点半到四点）吃东西之后，一直到傍晚开斋（大概五点半）之间都不能进食和饮水。而半天斋戒是中午有大概一个小时的时间可以进食。在上小学（7 岁）之前，小孩子都是半天斋戒。

迫等形式使得“家庭正在转变为一个具体化的家庭场所，在那里产生忠诚和温顺的公民消费者”①，把经济生产的功能从家庭中抽离出来，更好地塑造一个西方式的现代化和资本主义化国家形象。

国家加大对经济的控制力度和国家渗入家庭领域的过程同步进行，造成许多爪哇商人家庭跳出之前的商品生产范式，不再固守原来的家庭产业，试图在其他的资本领域发展。同时，这些商人尤其注重和不同等级的政府官僚建立友好亲密的关系，充分利用国家各种资金项目。男性在这个转变过程中获得比之前蜡染家业中更重要的经济地位。总体而言，新秩序时期的家庭被改写成为西方中产阶级的家庭形象，而不是爪哇，甚至是印度尼西亚本身真实的样子。

另一个侵入家庭领域的力量是改革派伊斯兰(Reformist Islam)。在爪哇，改革派伊斯兰从 1912 年在民间组织穆罕默迪亚联合会(Muhammadiyah)的推动下开始广泛传播，其目的是改革地方的宗教融合现象和具有异端倾向的宗教实践。拉维扬和其他爪哇人的宗教信仰实践是一种爪哇伊斯兰(Islamic Java)，除了信奉伊斯兰教，他们也相信其他超自然的存在，例如祖先，认为他们的精神仍存在，并有祭奠祖先的仪式。起初，拉维扬的人们认为改革派伊斯兰过于现代化和激进，并不接受。20 世纪 80 年代，新秩序政府培育有组织的宗教组织来维持社会稳定和防止共产主义，要求所有的印尼人必须接受一种被官方所承认的一神论的宗教。同时随着世界全球伊斯兰运动的开展，爪哇伊斯兰的宗教信仰变得更加正统。改革派伊斯兰正试图消除祖先相关的仪式，而这些仪式是拉维扬社区价值观的重要组成部分。

拉维扬社区衰落是有多种原因的，但是布伦纳强调了“家庭”在社区发展中的重要地位，以家庭的视角来展示拉维扬社区的现代化及其衰落。在 20 世纪 90 年代中期，在拉维扬社区仍然有一些人继续向他们的祖先寻求祝福，一些人仍然鄙视那些为服务国家而生存的人，还有一些女人跑去市场卖蜡染布匹而她们的丈夫留在家里等等。在这个地方和国家对抗中，布伦纳认为拉维扬社区对过去的依恋不应被视为古怪的，而应被视为一种争取文化合法性和自主权的策略。

二、女性、欲望与控制

对于欲望及其控制的理解是拉维扬社区性别观念的核心，影响了商人阶级家庭性别分工、社会地位和社会声望等。布伦纳认为从拉维扬蜡染企业的发展到衰落时期，女性对个人欲望的控制始终是一种社会期待。在拉维扬社区，从殖民晚期到 20 世纪 60 年代，女性需要为家庭控制自己及丈夫的欲望，与被认为是粗俗(kasar)的金钱和市场打交道；而在新秩序政府的统治下，女性被要求为国家控制自己的欲望，成为一名母亲和妻子，为社会稳定做出贡献。布伦纳强调对欲望和控制的关注对于理解爪哇的性别和社会变迁具有重要意义。

---

① Suzanne, B. The Domestication of Desire: Women, Wealth, and Modernity in Java [M]. Princeton: Princeton University Press, 1998: 238.

(一)欲望的驯化

东南亚女性作为商人与管理者在经济活动中的参与被认为是地位较高的一个体现①。但是以往的学者并未对这一现象进行进一步的分析，在《欲望的驯化》中布伦纳用本土的概念“欲望”(nafsu)及其控制来解释拉维扬女性主管家庭经济的原因。

商人阶级的女性为家庭带来了绝大部分的财富，但她们在社会声望方面却远输于男性。布伦纳认为赋予爪哇妇女家庭自主权和经济权力却是削弱她们相对于男性地位的主要因素。在爪哇的主流社会意识中，参与经济活动的女人或者商人不会被纳入贵族阶层中。过多接触经济事务、过于追求财富是一种低层次、没有教养、没有价值追求和涵养的体现，关于钱的事情，尤其是讨价还价、计算利润，都会被认为是粗俗(kasar)的。一方面，商人阶级的女性作为妻子和母亲，负责家里经济事务——合理地利用家里的每一笔钱；另一方面，商人阶级的女性需要在市场上售卖蜡染布，她们比男人更自然地用低俗、粗鄙的爪哇语在各种场合不顾颜面地处理事情，例如女商人之间相互拍打胳膊以表示友好，或者在过道上互相扔衣服，或者大声吆喝过往的客人等。这样，商人阶级的女性被认为是“低地位”的、是爪哇社会文化中“粗俗”的代表。

爪哇的男性，作为一家之主，尽管并没有处理日常家庭事务的权力，仍然代表家庭在社会上的地位，并决定着家庭其他成员在社会上的地位，而女性也需要借助丈夫之名来处理具体事务。爪哇男性通常会远离市场贸易，布伦纳认为其原因是对“失控”的恐惧：害怕失去克制、冷静的个人形象。男人比女人更愿意去讲一种复杂的、更加克制的高级爪哇语——被认为是一种真正的艺术。高级爪哇语的使用可以维持一种得体的语言礼节、优雅的行为举止和稳固的社会关系，从而维持社会地位。但在讨价还价的过程中，是不可能保持一种理性、克制、冷静、无欲无求的形象，但是这种形象恰恰是与社会地位紧密联系的。拉维扬的女性通过将丈夫与贸易和金钱事务隔离开来，在保护丈夫和家人的社会地位方面发挥了关键作用。

布伦纳认为女性而不是男性负责家庭财务的主要原因在于人们对于欲望及其控制的理解。金钱被认为是一种欲望，而女性被认为比男性更有能力控制自己的欲望，并能驯化金钱的无序和粗俗，将其转化为保持和提高家庭社会地位所需要的文化价值，这一过程就是“欲望的驯化”。

爪哇人认为人的一生经历七情六欲是再正常不过的事情，但如果不受控制，这种欲望就会威胁到家庭福祉和社会秩序。尽管很多爪哇和伊斯兰所记载的观念都认为男人比女人在本能和情感方面拥有更强大的控制力，但爪哇人普遍认同男性比女性有更强的欲望，尤其是在金钱和性欲方面。对于男人而言，金钱和性欲，是同一硬币的两面，这意味着男人为了满足性欲必须拥有金钱。“男人永远无法长期持有金钱，因为如果你给他们钱，他们就会把钱

① Errington, S. Recasting sex, gender, and power: a theoretical and regional overview, in Atkinson, J., Errington, S. eds., Power and Difference: Gender in Island Southeast Asia [M]. CA: Stanford University Press, 1990: 1-58.

花在找女人上。"[①]而对于女人而言，比起丈夫的不忠，她们更重视家庭财产的安全，尤其是孩子的利益。作为一名妻子，她不仅要控制自己的欲望，还在一定程度上控制丈夫的欲望。基于对男性/女性欲望及其控制的基本判断，爪哇人总结出"女人天生比男人在管理家庭财务、市场贸易方面合适"的结论。

所以，爪哇传统的价值观念影响了拉维扬社区的性别分工模式，该模式中女人作为家庭财产的保卫者和男人欲望的看守者，男人则作为一家之主和家庭社会地位的生产者。虽然权与名的分配不利于女性的社会声望，但是女性的出发点是家庭，在为家庭创造财富，即为家庭取得更高的社会地位做准备。

(二)新秩序时期:女性与现代化

新秩序时期关于女性的定位是矛盾的。一方面，大众媒体将西方的"职业女性"概念等同于现代化；另一方面，在新秩序政府追求现代化的浪潮下，作为"妻子"和"母亲"的女性成为政府追求稳定发展和控制的工具。

在印尼历史上，几乎各个阶层的女人都一直在家以外工作。但是从西方传来的关于"职业女性"的概念则认为女人在家以外工作是一种完全现代化的现象。大众传媒是新秩序时期传播性别观念最有效的方法之一，"职业女性"成为大众媒体关注的焦点。大众媒体把"职业女性"发展成为一个新的概念，即只包括从事"白领"工作的女性，如秘书、银行雇员或者公司行政人员。相反，作为商人和农民的女人均不被认同为"职业女性"。但是一个"职业女性"往往也成为现代化进程中消极面的代表。当一个女人参与到现代化的经济建设中的同时，也让人怀疑她本身的自私和对家庭的忽视。在一些主流的观点中，更多地倾向于刻画职业女性的危险。职业女性的身份往往与妻子、母亲身份冲突，直接导致了她把大量的时间投入在工作上，忽视了家庭的需要，更严重的是，职业女性的独立有可能让她陷入婚外情，毁掉婚姻和家庭。

学者将新秩序时期国家关于性别的意识形态总结为"母性主义"(Ibuism)，即它"鼓励女性照顾她的家庭、团体、阶级、公司或国家的行为，而不需要权力或威望作为回报"[②]。每一个女人都被告知必须控制她们的欲望，为了她们的家庭和国家必须做出贡献和牺牲。新秩序时期，国家不仅已经拥有和"职业女性"相关的培训组织，还在社区和乡村里大量建设和家庭妇女相关的组织，培养她们的家庭技能、塑造她们"正确"的家庭观念。其中至今仍有影响力的组织是 PKK(家庭福利建设)[③]，PKK 推广"妇女五大职责"(panca harma wanita)，即：成为丈夫忠诚的伴侣、为国家生育、教育和指导他们的孩子、管理家庭以及成为一个有用的社会成员。所有这些任务最好按照"女性的本质"(kodra wanita)的方式进行，即女人软弱，

---

① Suzanne, B. The Domestication of Desire: Women, Wealth, and Modernity in Java[M]. Princeton: Princeton University Press, 1998: 150.

② Djajadiningrat-Nieuwenhuis, M. Ibuism and Priyayization: Path to Power, in Scholten, Elsbeth, L., Anke N. (eds), Indonesian Women in Focus Past and Present Notion[M].USA: Foris Publications, Dodrecht Holland/ Providence, 1987.

③ PKK 最早源于 1957 年在茂物(Bogor)举行的"家庭经济研讨会"，现在仍流行于印尼基层地区。PKK 建立的初衷就是让女性参与家庭和社区建设，所有的成员都是女性，由支持的部门/机构负责人的妻子和村长的妻子负责活动及其预算。

不大声说出来，不要把自己的利益与丈夫和父亲的利益对立起来，而应该成为顺从的妻子、母亲和孝顺的女儿。其实历史上女人同样为了她们的家庭控制欲望，但如今她们为了国家控制欲望——因为家庭已经成为国家的重要组成部分。

家庭观念投射在一个女人和一个家上，反映出一系列的社会焦虑和问题，和现代化进程、国家威权主义的控制息息相关。一个家庭主妇，是社会稳定的象征，是现代化的化身，她在本质上已经变成把国家观念融入日常生活以达到社会控制的国家工具。

三、结论

《欲望的驯化》正如一件精心制作的蜡染布，经得起细节的推敲，使读者在一字一句地品读之中汇成一幅宏大的图景，这也是该书获得 2000 年美国亚洲研究学会(AAS)的 Harry J. Benda Prize 的原因。该书对爪哇的一个商人社区进行了精彩的研究，不仅提供了着眼于爪哇城镇的日常生活结构的民族志描写，也对家庭、性别进行了细致入微的理论反思。布伦纳通过报纸、杂志、小说等文献资料以及田野考察和访谈资料，分析了爪哇蜡染业的发展的历史和社会联系，再现了当地社区日常生活的结构和细节，对于爪哇的性别、欲望、权力、地位等观念进行了分析和历史追溯。从时间跨度上来说，覆盖了将近一个世纪即从荷兰殖民时期至布伦纳做调查的新秩序时期；从空间上来说，虽然是一个城市社区的民族志，但是也关注到了国内的政治、经济和宗教以及殖民贸易、全球化对于社区经济、政治和宗教的影响。

(一)家庭领域的再思考

通过将家庭置于研究的中心地位，布伦纳将女性、欲望及其驯化、社会地位及等级制度联系起来，不仅展示了围绕着蜡染生产的经济和社会生活，同时也刻画了人们关于欲望、财富和地位的观念。在布伦纳的研究中，拉维扬的家庭经济是通过与更大的政治经济和意识形态体系的相互作用而形成的，家庭领域是拉维扬商人阶级财富和地位再生产的中心，同时也是新秩序时期国家意识形态深刻影响的领域。布伦纳通过研究反驳了将家庭领域和公共领域进行对立的观念，现代化并非建立在家庭领域和公共领域的严格划分之上，相反通过分析私密的家庭是如何影响市场的运作和政策的制定，布伦纳认为家庭成为影响市场交换和国家政策的力量。

(二)性别和主体性

在对东南亚女性的研究中，早期的西方学者们致力于总结出地区性的性别风格系统以异于欧美本土社会，后来逐渐开始关注本土的文化价值与实践。人类学家试图以劳动力的划分、财产的掌控、生存机会的把握等为指标来描绘东南亚平等的性别关系。而东南亚本土学者认为西方人类学家的研究是将西方知识结构套用于本土的、非西方的知识系统中[1]，对

---

① Wazir, K. Women and Culture: Between Malay Adat and Islam[M]. Boulder: Westview Press, 1992.

本土的性别建构需要建立在对当地的价值观的理解之上[①]。对本土概念欲望及控制的关注对于理解爪哇的性别、主体性和社会变迁具有重要意义。新秩序政府强调对于欲望的控制，并将其从原来的背景和意义中抽离出来，强烈要求公民需要抑制个人欲望以实现对秩序的控制和现代化民族的发展。当拉维扬本土关于性别建构的观念与国家的性别意识形态背道而驰，如果与国家的发展保持一致则被认为是“现代”的，如果仍与过去保持一致，则被认为是“传统”的。

布伦纳强调“我所写的女性不是一个无差别的爪哇妇女，我无法根据主要在一个城市社区进行的研究对所有爪哇妇女进行全面概括，我也不希望将这种民族志作为关于爪哇妇女的一般性陈述来阅读”[②]。通过分析爪哇的性别建构、主观经验及其更广泛的社会历史环境之间的联系，布伦纳认为性别观念和主体性是在特定地点和历史中产生的。

(三)现代化的反思

布伦纳把家庭和性别作为分析工具来开展对拉维扬社区社会变迁的研究，并在此基础上对于“现代化”的概念进行了反思。当人们谈论现代化时，有两件事是理所当然的。第一是认为一个社会必须达到现代化，传统社会的停滞必须通过社会、政治、经济的进步即创造现代社会制度和现代主体性的形式来克服。第二是人们通常认为现代化的状态是进化进程的最终产物，在这个进程中，现代化可以一劳永逸地取代过去。布伦纳认为与其将现代化理解为按照时间顺序确定的社会进化的固定阶段或者是发展过程的高潮，不如将其理解为一个变化阶段的社会经验，充斥着内部矛盾、不断分裂和重建的过程[③]，或者将其看作是一种独特的时间意识，一种对时间的反思性理解，强调当前时代的新奇及其对过去的质的超越。

---

① Atkinson, J. S. Errington eds., Power and Difference: Gender in Island Southeast Asia[M]. CA: Stanford University Press, 1990: 1-58.

② Suzanne, B. The Domestication of Desire: Women, Wealth, and Modernity in Java [M]. Princeton: Princeton University Press, 1998:19.

③ Suzanne, B. The Domestication of Desire: Women, Wealth, and Modernity in Java [M]. Princeton: Princeton University Press, 1998: 13.

综　述

Summary

Women/Gender Studies

女性发展与国家治理现代化学术研讨会综述

吴　衡*

一、会议简介

在推进国家治理体系和治理能力现代化进程中，中国妇女是国家治理体系和治理能力现代化发展的重要参与者、贡献者和受益者。为交流、探讨女性发展与国家治理现代化的理论和实践，厦门大学妇女/性别研究与培训基地、福建省社会科学界联合会于2020年12月11—13日联合主办“女性发展与国家治理现代化”学术研讨会。主要研讨议题有四个：(1)国家治理现代化进程中女性的主体地位和作用；(2)新时代背景下的女性创业就业问题；(3)女性和妇女组织在重大社会事件中的作为；(4)国家治理现代化目标下的女性发展研究。福建省社会科学界联合会、福建省妇女联合会、中国妇女研究会、厦门市妇女联合会等有关部门和研究机构，厦门大学、北京大学、南京大学、福建医科大学、河北大学、华东交通大学、汕头大学、广西师范大学等高校，来自人民法院等单位的领导、专家学者和法官近百人出席了研讨会。本次会议收到来自妇联系统、高等院校、研究机构、政府部门、人民法院等单位的征文共计60余篇，精选其中54篇论文汇编成70万余字的《论文集》，打印成册供研讨会交流使用。研讨会通过线下与线上相结合方式进行，并实现网络同步分享。福建省妇女理论研究会、福建江夏学院公共事务学院协办本次会议。研讨会在厦门大学(思明校区)校园内举行。

二、开幕式与嘉宾访谈

开幕式上，厦门大学党委常委、副校长、厦门大学妇女/性别研究与培训基地主任邓朝晖，中国妇女研究会副会长、福建江夏学院教授叶文振，福建省社会科学界联合会党组成员、副主席王秀丽，福建省妇女联合会党组成员、副主席包方先后致辞祝贺研讨会召开。邓朝晖表示，探讨女性发展与国家治理现代化的理论和实践，交流分享在推进国家治理体系和治理能力现代化进程中女性发展遇到的突出问题并寻找其解决方案，非常有意义。厦门大学妇女/性别研究与培训基地是由全国妇联、中国妇女研究会与厦门大学共同建设的，自2006年

---

* 吴衡，男，厦门大学法学院民商法专业博士研究生，主要研究方向为婚姻家庭法与继承法。

成立以来，注重发挥综合性大学的学科优势和所处地缘特点，着力于服务国家和地方经济社会发展的重大需求，也以海峡两岸妇女研究与交流为特色之一，多途径地积极倡导性别平等，推进妇女/性别研究多出成果。叶文振副会长充分肯定厦门大学的妇女研究做得好，在全国有影响力；他要求妇女研究应以马克思主义为指导思想，共同推进中国妇女研究进入世界的中心舞台。王秀丽副主席表示，研讨会贯彻党的十九届五中全会精神，主题响应国家治理体系和治理能力现代化总体要求；相信参会人员的思想交流和碰撞能进一步深化女性参与国家治理的认识、实践、理论探索，推动女性获得更多更好发展。包方副主席表示，本次会议旨在促进男女平等落到实处，提高妇女参与社会治理的水平，保障疫情背景下的妇女权益，促进福建省妇女研究事业的凝聚力、创造力和新发展，推动国家治理现代化与女性发展。开幕式由厦门大学法学院教授、厦门大学妇女/性别研究与培训基地常务副主任蒋月主持，她表示，研讨会自从 2020 年 6 月发出征文邀约，受到有关各方热烈响应，特此致谢！

开幕式后，创新地安排了“嘉宾访谈”环节，王秀丽副主席，包方副主席，叶文振副会长，山东女子学院党委书记、全国妇联山东女子学院妇女/性别研究与培训基地主任郭翠芬四位嘉宾应邀同时接受采访，厦门大学招生办公室主任、厦门大学妇女基地副主任刘艳杰担任现场采访者。就女性职业发展应具备的主要能力和素质、如何培养女性的领导力、正在编制的新一轮妇女发展纲要应当突出关注哪些主要方面和问题、创业就业市场存在的性别歧视等问题，嘉宾们坦诚交流分享了看法，一致认为，女性应当自尊、自爱、自立、自强；用人单位、家庭和社会都应当尊重妇女的权利；性别平等教育应当进入课堂；针对近期网络热议的妇女辞职回家做“全职太太“现象，呼吁建设更多育婴托幼托老等支持家庭的公共服务，减轻家庭负担和老幼照料者的负担。

三、大会主旨报告

在大会主旨报告阶段，厦门大学蒋月教授、北京大学马忆南教授、山东女子学院郭翠芬教授、福建师范大学吴宏洛教授、华东交通大学女性研究中心主任李东风、汕头大学熊金才教授分别作了报告。

蒋月教授以《反家庭暴力法的争议问题、干预路径和完善对策——基于法学研究文献的检视》为题，聚焦家庭暴力类型、家庭暴力主体、人身安全保护令等预防干预措施、家庭暴力的证明责任、损害赔偿责任等热点问题。指出现行法未明确前配偶、同居者是否属于家庭暴力主体范围，家庭暴力受害人“以暴制暴”所负刑事责任能否减轻存争议；关于家庭暴力的公众认知和执法、司法中的性别平等意识有待提高，儿童、老人作为家庭暴力受害群体受关注度不足；人身安全保护令作为反家庭暴力的有效制度，其申请数少、核准率低；涉家庭暴力的损害赔偿金额太小。提议制定“反家庭暴力法实施条例”，进一步明确家庭暴力类型，扩大干预范围和受保护对象范围，从扩大适用范围、规范送达程序、增加保护措施等完善人身安全保护令制度；完善告诫制度；制定适应反家庭暴力特点的证据规则，合理分配举证责任，改善《反家庭暴力法》的司法适用状况。呼吁加强宣导、培训，以对家庭暴力“零容忍”为标准改造社会文化心理建构，共建共享安全文明的家庭。

马忆南教授以《民法典时代妇女权益保障的进展与挑战》在线视频演讲，马教授认为，保障妇女权益是《中华人民共和国民法典》实现男女平等和实质正义的必然要求。《民法典》总则编、婚姻家庭编、物权编、人格权编等各编的制度构建中都充分体现了对妇女合法权益的关注和保护，彰显了立法的时代精神和人文关怀，《民法典》相关规定的落实还有待具体实施细则以及实践中的正确适用，在条件成熟时，还需要补充《民法典》的一些缺漏和不足。这个过程中，应考虑妇女的特殊需要和诉求，给予妇女相应的照顾和保护，有利于保障妇女权益，增进妇女福祉。

郭翠芬教授以《破解妇联组织参与基层社会治理困境的思考》为题，阐析了妇联组织深耕基层、广泛联系群众、积极实践的独特优势和作用，分析了妇联参与基层社会治理时遇到组织架构的挑战、人才队伍素质、资金匮乏、工作机制和运作模式的适应度等方面的困境，提议重视妇联组织建设，放活政策环境，突破路径依赖。郭教授认为，提高基层社会治理水平和发挥群团组织在社会治理中的作用已作为"十四五"时期的经济社会发展主要目标和要求提出，在深入理解基层社会治理的内涵和方式的基础上，总结和分析妇联组织参与基层社会治理的过往经验和存在问题，探讨更好发挥妇联组织在基层社会治理中作用的现实路径。明确妇联在基层社会治理中的组织优势和工作领域，与本组织以外的各种治理力量建立良好的互通互补合作机制，将十分有利于妇联组织全方位融入基层社会治理工程，发挥更大的群团组织作用。

吴宏洛教授的报告以《农村老年女性多维贫困精准治理路径研究》为题，论述农村老年女性贫困的主要表现与特征，实证测量和分析了农村老年女性贫困，提出治理农村老年女性贫困问题，应建立健全农村老年贫困治理瞄准机制，对农村女性老年贫困精准分类施策，构建农村贫困女性精准扶贫的社会福利支持体系，建立农村老年女性困难家庭的求助网络系统。以乡村振兴战略下"农村女性老年贫困治理"作为着力点，围绕老年贫困现实问题，深度剖析农村女性老年贫困独特的生成机理和治理困境，重点考察习近平同志《摆脱贫困》一书原型闽东地区农村老年贫困治理模式与经验，提出农村女性老年贫困识别的科学化、动态化、靶向化精准机制。宏观层面，通过集成协同治理，消解老年性别福利的制度性贫困，加快建设多层次分类别的农村社会保障体系，完善农村女性老年群体的贫困救助制度；微观层面，提出对农村贫困女性老人分类施策，分别治理，增强治理的多维靶向，实现精准脱贫。

李东风主任以《女性网格管理员在城市社区网格化管理中的作用探析》为题，探析了女性网格管理员在城市社区网格化管理中的作用，网格管理员女性远超男性，女性在城市社区网格管理中具备优势同时也有劣势，提升女性网格管理员的作用可通过加大培训力度、加大财政投入、保障女性家庭和谐等方式。

熊金才教授以《农村社会保障制度与农村女性参与社会治理的关系探讨》为题，探讨了农村社会保障制度与农村女性参与社会治理的关系，认为二者之间呈正相关关系，农村女性参与社会治理是农村社会治理体系和治理能力现代化的应有内涵，当下农村女性养老育幼等家务劳动负担是制约农村女性参与农村社会治理的重要因素之一，健全农村社会保障体系有助于农村女性参与社会治理。要提升农村女性参与社会治理的机会，推进农村社会治理过程中的男女平等，更有效保障农村女性的政治权利和社会权利，必须建立健全农村社会保障体系，构建符合农村实际情况、能落地的家庭保障社会对接机制，舒缓农村女性繁重的家务劳动压力，为农村女性参与社会治理创造条件。

厦门大学社会与人类学院副院长、厦门大学妇女/性别研究与培训基地学术委员会副主任徐延辉教授主持此单元。

四、大会交流单元

大会交流单元包括三个分单元，分别聚集于下列三个议题：国家治理现代化进程中女性主体地位和作用；新时代背景下的女性创业就业；国家治理现代化目标下的女性发展。

（一）国家治理现代化进程中女性主体地位和作用

福建医科大学讲师苏映宇以《性别视角下讲好女性“抗疫故事”的理论内涵与实践机制研究》为题，从议题导入、故事赋意、故事赋权、故事赋能四个方面论述讲好女性抗疫故事的发声现状评价、社会性别意义、理论自觉、叙事实践。文章认为，中国故事是时代命题，讲好抗击新冠肺炎疫情的中国故事是时代赋予的历史使命，是新时代国家叙事的应然话题。女性在抗击新冠肺炎疫情中发挥了重要作用，讲好女性抗疫故事关系到真实、立体、全面的抗疫实况的展现。讲好女性抗疫故事需要以习近平新时代中国特色社会主义思想为理论内涵，以国家—性别—社会—个人关系为具体思路，形成性别视角下的叙事实践策略。

浙江省妇女干部学校编辑高立水报告《女性主体地位的回归与确立》，认为历史发展和文化进步有赖于人类所有成员的共同参与，有赖于男性两性各自奋发，优势互补，形成合力。阐释了对女性主体价值的轻视乃至无视造成了对女性主体价值的遮蔽，而对女性主体价值的遮蔽，又成为压抑女性主体意识、贬低女性主体地位的根本原因。女性主体价值亟须全面去蔽，女性主体意识亟须深度觉醒，女性主体地位亟须广泛确立，这是女性充分发展、社会全面进步的必然要求。

福建省妇女干部学校高级讲师陈福英的报告是《乡村振兴语境下的女性参与社会治理实践——以福建为例》，以福建省 3807 个行政村的 12614 名农村女性调查为基础，阐明了农村女性作为产业融合的推动者、生态文明的守护者、文明乡风的传承者、乡村事务的参与者、健康生活的弘扬者的地位，农村女性打破自身阶层界限是基层社会治理体系完善的必然要求，农村女性已经成为基层社会治理的重要力量。但农村女性参与社会治理的主观能动性仍有待加强，参与路径有待优化，参与潜能有待激发。政府需要对农村女性参与基层治理加以思想引领，完善农村女性发展的制度机制，加强培训指导。妇联组织要提供农村妇女参与基层治理的经验和范式。描画了农村妇女参与社会治理样貌特点，发现农村妇女参与社会治理的不足，探求推动农村妇女参与社会治理的思路，为推动农村妇女参与社会治理提出了引领、扶持、赋能三个关键词，帮助更多农村妇女参与社会治理。

福建江夏学院讲师郑玥以《基于妇联组织建设改革的专业化人才队伍建设》为题，讨论了女性社会工作人才培养的相关问题，认为女性社工人才培养课程具有跨地、跨系统的经验可复制性，现有通识性社会工作人才培养可充分保留和延续，顶层设计思路和组织体制的政策保障和继续教育策略具有复制性。文章通过目的性抽样的典型性个案进行质性研究，论证了女性社工实务的专业化、职业化教育的路径与策略：第一，省级市级地方区域之间的女性社工人才培养课程的目标与内容共性大于个性，并且针对妇联干部的继续教育在教学目标、内容、方法上具有跨地域、跨系统的可复制性，现有的通识全才型本科社会工作人才培养可充分保留，鼓励各高校开设女性社工独立课程，有专业受训背景的社工毕业生可以更好满足现行女性服务项目的要求。第二，在职专业化、再教育需结合职称评定或薪酬奖励制度化、常态化，并且在教学内容上结合现行项目目标，优先选择临床实操性较强的应用心理学，如心理教练技术、多元艺术治疗等。

中共福建省委党校林怡教授、福建省社会科学院副研究员郑斯扬对这四位的报告进行了精彩点评。厦门大学档案馆馆长石慧霞主持该单元。

(二)新时代背景下的女性创业就业

厦门大学学生工作处的任艳青老师报告《疫情背景下大学生就业信心及影响因素实证分析——基于社会性别的视角》。她利用"疫情期间大学生就业信心的影响因素"调研统计数据，实证分析了性别视角下男女大学生在疫情背景中的就业信心和影响因素，结论是总体大学生就业信心低，但是男生就业信心高于女生并且差异明显；通过对男女生样本的分别统计，发现就业信心受大学生人力资本、求职准备、学科理解、家庭背景等方面的影响；在影响大学生就业信心的显著影响因素中，女生自我评价整体低于男生。为提升大学生信心和就业质量，高校需要根据影响因素和性别差异采取针对性的教育措施和就业指导，女大学生应积累人力资本、提高抗压能力。

山东省妇女发展研究中心研究室副主任赵真编审报告《疫情背景下山东巾帼家政服务业的现状及对策研究》。她通过对家政公司及其管理人员、家政服务员、家政客户进行2240份电子问卷调查，从供给情况、需求情况、满意度视角等方面，分析山东省巾帼家政服务业发展存在的问题，梳理并借鉴典型地区家政服务业发展的经验做法，提出对策建议，积极促进妇女就业和家政服务法制化、规范化、标准化、产业化发展。家政服务业与保居民就业、保基本民生、保市场主体、保产业链供应链稳定的关系密不可分。尤其在促消费、促就业方面的作用日益凸显。因此，加快推动家政产业升级，对于服务民生有着重要作用。加快家政高质量发展，政府要发挥主导作用，完善制度供给。企业要深化培训工作，提升职业培训质量，同时借鉴先进国家和地区管理经验，在组织管理方面，推广员工制的组织化管理，发展企业文化，增强员工的向心力，最后要走入社区，提高服务质量，拓展业务范围。社会层面要营造积极氛围，家政企业要规范管理，发展企业文化，家政员工要提升自身素质，广泛获取社会支持。

福建省社会科学院助理研究员王铀镱报告《照护者平等就业权法律保障机制的检视与探索》，探究了照护者平等就业权的法律保障机制，从"照护者处罚"现象讲到我国消除"照护者处罚"的法律机制。"照护者处罚"是指照护职责影响劳动者就业表现的现象。我国当前促进工作家庭平衡的法律机制尚无法消除照护者处罚，其原因在于意味着照护职责的家庭化、照护职责女性化的现象等，甚至使女性面临更严重的照护者处罚。建议结合消除照护者歧视，社会保障制度逐渐全面认可并满足公民"照护需求"；将向无自理能力者提供"照护需求"的福利计划纳入社会保障体系；构建消除照护者歧视的工作家庭平衡制度，包括将"照护者歧视"纳入歧视事由的就业制度、向无偿照护者提供两性间平等分配的高薪亲职假制度、灵活就业制度。

浙江省妇女干部学校讲师高辉报告《千鹤妇女精神助力家政职业道德素养提升》，论述了提升家政职业道德素养的路径，发挥妇联在家政职业道德价值观上的引领作用，做好"联"

字文章，发挥妇联在维护家政妇女合法权益上的服务作用。报告者认为，千鹤是“妇女能顶半边天”思想的重要发源地。如今，家政服务行业中女性从业者数量超出“半边天”，是中国家政服务最重要的人力资源。然而，当前家政服务业发展面临着家政员的文化、职业素养参差不齐，部分人缺乏诚信守约意识和敬业精神，尚未形成较完备职业道德规范等瓶颈。以浙江“常山阿姨”巾帼家政培训为例，探讨了妇联参与社会治理，在提升巾帼家政职业道德素养的社会治理中的实践经验，提出了妇联在引领、服务、联系等方面提升巾帼家政职业道德的策略。

南京大学社会学系教授闵学勤评议时建议，妇女应做好自我规划，在关键时刻和重要机会面前应当勇于“向前一步”。厦门大学教授石红梅点评表示：妇女应当关心自我认同，其他人应当承认、尊重妇女的价值和权利。福建省妇女理论研究会副会长、泉州师范学院陈秋燕教授担纲主持。

(三)国家治理现代化目标下的女性发展

集美大学法学院社会学系巨东红副教授以《台湾青年女性在厦门的社会参与及其影响因素》为题，介绍了台湾青年女性在厦门的社会参与及其影响因素，建议以经济参与为核心，建立两岸青年融合发展的机制，提升台湾青年参与意识和行动能力，培育台湾青年领袖和骨干。厦门市与台湾地区“地缘相近、血缘相亲、文缘相承、商缘相连、法缘相循”，能够成为台湾青年创业就业的热土。以在厦门居住的台湾青年女性为研究对象，在态度—行为分析框架下，考察台湾青年女性的经济参与、文化参与和社区参与和政治参与状况。其研究发现，态度上，台湾青年女性在文化交流、公益服务方面的参与意愿高，政治参与的意愿相对较低；行为上，经济参与的主动性不足，文化参与和社会公共事务参与的频率高。提出关注台湾青年女性的特点和需求，提供社会参与平台，提升台湾青年的参与意识和行动能力，分类引导，切实促进两岸青年融合发展。

河北大学郭璐老师报告《我国高校教师群体性别结构变化趋势、成因及其影响》，认为我国高等教育应在社会性别视域下调整、制定相关教师评价、激励和支持政策，帮助高校中、青年女教师在职业发展与平衡家庭中健康自由发展，避免过度压力产生职业倦怠；提升科研能力与学术产出，用高质量教学与科研引领学生学术之路，用高能量的人格魅力陪伴学生的人生之路。推动我国高等教育教师队伍在普及化阶段的可持续发展。高等教育的性别结构分为两个方面，一是接受高等教育学生的性别构成，二是高校教师的性别构成。随着我国高等教育由大众化向普及化快速发展，高等教育女生参与人数比例已超过男生，被称为“高等教育女性化”现象；同时，长久以来高校教师群体的男性数量优势悄然发生变化，2018 年高校女性专任教师比例超过 50%；但职称结构仍保持显著性别差异，职称层次越高，女性比例越低。高等教育大众化、计划生育政策及社会性别角色的身份认同，促使高校教师人数性别比例逆转。新时代知识女性的角色冲突是高校教师职称结构性别差异的主要原因。高校女教师人数的增加有助于提升女性学术话语权与社会地位；高校教师性别结构变化将强化高等教育领域的社会性别意识；应关注普及化阶段高校教师群体的可持续发展与高等教育质量提升。

厦门大学人文学院哲学系陈玲教授报告《基于女性主义视角对中国现代女性科学家科学思想的探究》，论述了女性科学家对自然的思考、女性科学家科学观的彰显、女性科学家研究方法的运用;强调目前有必要深入探究女性科学家科学思想,女性科学家科学思想中的精髓有待发现。女性主义在经济和政治等方面为女性争取平等的社会权利做出了贡献。随着女性主义进入科学、文化等领域,其衍生出了不同流派与理论,这些流派从不同视角和理论框架聚焦于解释和批评各个学科领域中女性受到性别歧视或是压迫的原因。当前女性科学家数量呈现了良好的正增长趋势,研究她们的科学思想有利于女性科学家社会形象的建构,也可以对女性科学家的科学思想、话语体系有所洞见,同时也能在促进科学发展的性别平衡上凸显女性科学家的力量。

厦门城市职业学院副教授王慧敏报告《注重发挥家庭家教家风在基层社会治理中的重要作用》,主张优良家风建设应以家庭需求为导向,建立信息化平台,发挥妇联传统优势,加强专业化队伍建设,强化评价激励机制。阐释"家庭家教家风在基层社会治理中重要作用"的机理,选取厦门市妇联家庭工作作为研究对象,运用文献法访谈法了解厦门市妇联开展家庭家教家风的实践活动情况,运用田野研究和调查法发现新形势下家庭家教家风助力基层社会治理存在的问题并进行原因分析,提出了确定新观念、以家庭需求为导向、建立需求监测机制、建立信息化平台、整合社区资源、加强专业化队伍建设、推动政策出台和开展支持特殊家庭和弱势家庭等对策建议。

华侨大学陈钦兰教授报告题目是《男性有更强的代言驱动力吗?——对女性消费者购买彩妆用品的心理影响研究》,关注男性代言女性化妆用品现象,探讨男性代言的长处与应当坚持的原则,即适度原则、真实性原则、社会效益与经济效益相统一原则。研究男性逆向代言女性彩妆用品对女性消费者购买驱动力的影响。通过问卷调查,运用相关分析及回归分析方法,从消费者购买心理的知晓、喜欢、偏好三个自变量和生理体验为调节变量视角,研究男性逆向代言女性彩妆用品对女性消费者购买驱动力的影响。她得出两个结论,第一,男性代言女性彩妆更容易被女性消费者接受、被重视、引起注意、怀有好感、有较强的吸引力、较好的独特性、更真诚、真实感较好、更热情、效果更好等优势,因而对消费者有购买驱动力。第二,愉悦感、视觉冲击力、内心想象对女性消费者购买驱动力有调节作用。

厦门大学社会与人类学院唐美玲副教授、闽南师范大学郑育琛副教授担任评议人。厦门市翔安区人民法院院长、二级高级法官刘友国担纲主持。

五、闭幕式

闭幕式上,厦门大学人文学院教授、厦门大学妇女/性别研究与培训基地副主任王宇总结发言时表示,大会上多种形式的发言交流都极具启发性,相互碰撞擦出的思想火花将进一步激发大家对主题的关注和思考,研讨会的意义将进一步延展;而平等地保障妇女权益应当在制度建设层面做得更多、更好。福建省妇女理论研究会表彰了其2020年度优秀论文的作者和作品。厦门大学台湾研究院副院长、厦门大学妇女/性别研究与培训基地学术委员会委员彭莉教授主持闭幕式。参会代表纷纷表示,研讨会开得非常成功。

本刊征文启事

《妇女/性别研究》(Women/Gender Studies)系厦门大学妇女/性别研究与培训基地创办的综合性学术刊物。本刊本着学术至上原则,刊发在文学、哲学、历史学、社会学、法学、教育学、政治学、经济学、公共管理、公共卫生等领域里的妇女/性别研究优秀论文,诚挚邀请海内外学者惠赐大作。现将相关事项知会如下:

1. 本刊暂定为一年刊,每年 10 月出版。投稿截止日期为每年的 5 月前。投稿后一般在一个月内会接到有关稿件处理的通知。

2. 来稿限用中、英文发表,中文 20000 字以内,英文 15000 字以内。

3. 切勿一稿多投,本刊所发论文,以未发表者为宜。来稿务必原创,凡涉抄袭、侵害他人等权利之事,概由作者承担包括法律在内的一切责任。

4. 每篇论文正文前须有 300 字左右的中文论文摘要,3 至 5 个中文关键词。同时提交英文篇名、作者名、摘要与关键词。

5. 来稿请附作者信息,包括姓名、单位、职称、邮编、通信地址、电话、电子信箱,以便联系。

6. 为实行环保,请作者通过电子邮件提供稿件的电子版。

7. 本刊刊登稿件均为作者研究成果,不代表本刊意见。来稿一经采用,即付稿酬,并寄样刊 3 册。

8. 联系方式:

地址:中国福建省厦门市厦门大学,厦门大学妇女/性别研究与培训基地《妇女/性别研究》编辑部

邮政编码:361005

电子邮箱:xdfnjd@xmu.edu.cn

附:本刊注释技术规范

1. 采用页下注(脚注)

2. 注释格式为:主要责任者.题名:其他题名信息[文献类型标识].版本项.出版地:出版者,出版年:引文页码.分类示例如下:

(1)引用古籍:

康熙字典:巳集上:水部[M].同文书局影印本.北京:中华书局,1962:50.

汪昂.增订本草备要:四卷[M].刻本.京都:老二酉堂,1881(清光绪七年).

(2)引用近人著作:

徐复观.中国文学精神[M].上海:上海书店出版社,2005:50-51.

北京大学哲学系美学教研室.西方哲学家论美与美感[M].北京:商务印书馆,1980:54.

陈登原.国史旧闻:第1卷[M].北京:中华书局,2000:29.

冯友兰.冯友兰自选集[M].2版.北京:北京大学出版社,2008:第1版自序.

钱学森.创建系统学[M].太原:山西科学技术出版社,2001:序2-3.

(3)引用析出文献:

宋史卷三:本纪第三[M]//宋史:第1册.北京:中华书局,1977:49.

李约瑟.题词[M]//苏克福,管成学,邓明鲁.苏颂与《本草图经》研究.长春:长春出版社,1991:扉页.

姚中秋.作为一种制度变迁模式的"转型"[M]//罗卫东,姚中秋.中国转型理论分析:奥地利学派的视角.杭州:浙江大学出版社,2009:44.

(4)引用近人论文:

王宁,黄易青.词源意义与词汇意义论析[J].北京师范大学学报(人文社会科学版),2002(4)90-98.

李炳穆.韩国图书馆法[J].图书情报工作,2008,52(6):6-21.

(5)引用译作:

杜夫海纳.美学与哲学[M].孙非,译.中国社会科学出版社,1985:52.

(6)引用网络电子文献:

李强.化解医患矛盾需釜底抽薪[EB/OL].(2012-05-03)[2013-03-25].http://wenku.baibu.com/view/47e4f206b52acfc789ebc92f.html.

吴云芳.面向中文信息处理的现代汉语并列结构研究[D/OL].北京:北京大学,2003[2013-10-14].http://thesis.lib.pku.edu.cn/dlib/List.asp? lang=gb&type=Reader&DocGroupID=4&DocID=6328.

3. 标识代码:

(1)文献类型和标识代码:

普通图书 M,会议录 C,汇编 G,报纸 N,期刊 J,学位论文 D,报告 R,标准 S,专利 P,数据库 DB,计算机程序 CP,电子公告 EB,档案 A,舆图 CM,数据集 DS,其他 Z。

(2)电子资源载体和标识代码:

磁带 MT,磁盘 DK,光盘 CD,联机网络 OL。

厦门大学《妇女/性别研究》编辑部

2021年12月